U0962207

实战手筋

股市操盘智慧

丁洋 著

中国经济出版社
CHINA ECONOMIC PUBLISHING HOUSE
北京

图书在版编目 (CIP) 数据

实战手筋 : 股市操盘智慧 / 丁洋著 . -- 北京 :
中国经济出版社，2025.7. --ISBN 978-7-5136-8227-5

I. F830.91

中国国家版本馆 CIP 数据核字第 202562TU12 号

策划编辑 贺 静
责任编辑 杨元丽
责任印制 李 伟
封面设计 财学堂·视觉设计部

出版发行 中国经济出版社
印 刷 者 四川省平轩印务有限公司
经 销 者 各地新华书店
开　　本 787mm×1092mm 1/16
印　　张 18.5
字　　数 206 千字
版　　次 2025 年 7 月第 1 版
印　　次 2025 年 7 月第 1 次
定　　价 99.00 元
广告经营许可证 京西工商广字第 8179 号

中国经济出版社 **网址** http://epc.sinopec.com/epc/ **社址** 北京市东城区安定门外大街 58 号 **邮编** 100011
本版图书如存在印装质量问题，请与本社销售中心联系调换（联系电话：010-57512564）

版权所有 盗版必究（举报电话：010-57512600）
国家版权局反盗版举报中心（举报电话：12390）服务热线：010-57512564

前言

中国资本市场在30多年的发展中取得了显著成就。从交易所的成立到监管体系的完善，从法律法规的实施到市场创新与产品的丰富，再到对外开放与合作的不断深化，中国资本市场已经发展成为一个功能完善、规模庞大的金融市场体系。在过去数十年中，投资承载了许多人的梦想，也让一些投资者获得了可观的财富。然而，市场行情颠簸不定，给一些投资者造成严重损失。

在这个日新月异、波澜壮阔的时代，市场中的变化与机遇如潮水般汹涌而至。我们心怀激情和使命，深信财经教育对于每个人来说都是一项非常宝贵的投资。财学堂作为一家深耕财经领域并致力于推动财经教育事业蓬勃发展的企业，成立近10年来，始终致力于为个人提供财经职业规划和帮助股民进行财经知识系统化学习，以及协助投资者享受中国资本市场红利。

随着数字化和金融科技的不断进步，金融行业正经历着前所未有的变革。同时，在全球化的背景下，金融市场日益多元化和高度融合，国际金融活动不断增加，这使得金融行业人才需要具备更广泛的国际视野和更强的跨文化沟通能力。因此，培养金融人才与推动金融创新，提升公众金融素养，在当前全球经济环境中显得尤为重要。如今，财学堂推出系列财经书籍，旨在满足不同投资者的学习需求，让财经实际投资技术生动浅显，财经教育系统丰富，更加贴近生活。系列丛书既涵盖了技术形态的精妙解析，又深入探讨了微观经济、中观经济、宏观经济的广阔天地以及趋势政策分析。同时，我们汇聚了学术派的严谨与市场派的活力，全面覆盖了财经教育领域的各个方面。我们深知，财经教育有助于提升公众的金融素养和风险意识，可以帮助投资者更好地理解金融市场的运作规律和风险特征；通过接受财经教育，投资者可以更加明智地进行金融决策，避免陷入金融陷阱和遭遇金融风险；同时，可以减少金融市场的信息不对称和投机行为，降低金融风险和金融危机发生的可能性。

系统的财经教育可以培养出具备专业知识和实践能力的金融人才，为金融行业的发展提供有力支持；同时，财经教育学习还可以帮助人们更好地管理个人财务和企业财务，提高经济效益和社会效益。

因此，财经知识不仅仅是冰冷的数字和复杂的模型，它更是一种智慧，是能够指引我们在市场浪潮中稳健前行的“灯塔”。因为每一次投资决策都是一场实打实的真金白银的较量，我们希望通过这些内容，将对市场走势的理性解读和对行业发展趋势的深刻分析，传递给每一个热爱学习投资、渴望成长的人，让投资者能够更好地理解市场、把握机遇，实现投资的稳定增长。

当然，想要在投资中生存并受益，就必须掌握抗风险的本领，要有全局意识和思维，同时要善于总结经验教训，善于学习并掌握一套投资方法。财经知识应该被更多的人接触和掌握，而不应该局限于少数精通金融术语的专业人士中，“传承投资智慧，播种希望工程”，真正实现普惠金融。

“一万小时定律”指出一万个小时的锤炼是任何人从平凡变成世界级大师的必要条件。顶尖的运动员、音乐家、棋手需要花一万个小时，才能让一项技艺至臻完美。同样地，只有经过大量交易和不断优化，才有成为专业人士的可能，才可以完成从普通投资者到操盘高手的蜕变。

时间的投入固然重要，但更重要的是持续地学习、实践，并不断反思和调整投资策略，还需要结合市场实际情况，总结每一次的交易经验和教训，从而不断提升自己的投资能力。通过学习财学堂投资系列丛书，相信你在短时间内，可以掌握投资的核心知识和技能，找到学习投资的捷径，得到点拨和指引。财学堂希望每一位读者都能从中受益，不仅能提升投资技能和认知水平，在市场中获得实实在在的收益，还能构建个人投资者职业财经知识体系，成为金融行业专业人才。

面对数字化、全球化、监管加强等挑战和机遇，金融行业需要不断提高自身的竞争力和创新能力。而财经教育作为提升公众金融素养、培养金融人才、推动金融创新的重要手段之一，应该得到更多的重视和支持。未来，财学堂将响应国家号召，致力于培养更具国际化金融视野的高层次财经职业人才，推动中国金融市场的建设与发展。我们希望通过不断学习和积累，为财经领域注入新鲜血液，使其焕发新的活力和创造力，为金融行业的持续发展和社会经济的繁荣做出更大的贡献。

不忘初心，砥砺前行。财学堂始终秉承“人人都做合格投资人”的办学宗旨，我们相信，在未来的日子里，这些书籍将伴随着更多的读者走过市场的风风雨雨，见证投资者的成长与成功。

序言

2005年6月，我出版了著作《股市黑客理论》，预判1000点将成为股市历史性大底，并将永载史册。书中指出“坚定信心、主动买套，‘全流通’何时推出，大盘何时启动”，还详尽阐述了巨型牛市形成的所有技术条件。随后两年，大盘站到6000点，书中预言的轰轰烈烈特大牛市得以完美验证。

党的二十大以来，资本市场获得了前所未有的重视，新“国九条”的分红机制和减持限制，使得市场供求关系得以逆转，新一轮大牛市即将展开。养老金扩大入市比例，是证券市场未来走牛的重要资金来源。“耐心资本”的出现，使市场具有了慢牛的制度基础，颠覆了以往快牛慢熊的形态格局。

注册制改革是最大的机遇。专业机构队伍在市场化竞争中的成熟，成为证券市场的主力军。趋利资本向理性专业的优秀机构集中，是证券市场社会分工的必然。

证券市场是利益再分配的场所，盈亏是资金较量的结果。股民跟机构相比，在资源、资金、经验上都处于劣势。对大部分股民而言，股市并没有带来财富，也没有带来太多欢乐。与短暂的获利喜悦相交替的，是斩仓的痛苦和漫长的熊途。以下是投资者常见的思维误区：

总是天天关心大盘，但关心大盘的人恰恰是最不赚钱的人；

认为天量天价，但牛市从来不惧大量；

总是担心利空，但利空从来不是头部的标志；

开始研究价值，可一轮牛市过去后，发现蓝筹股也有泡沫；

信奉了价值投资理念，可最具成长性的却是垃圾股；

天天计算供求关系，但供求关系无法精准衡量，并互相动态转化；

厌恶亏损，可亏损是投资的一部分……

正是这些误区导致了投资者总是走在市场后面，而博弈的精髓就是敢于逆向投资。可以说，多大的胸怀决定了多大的利润。

每一轮新的行情，都会颠覆以往的认知规律；每一次新的财富，都是为有准备的投资者而奖励。《实战手筋：股市操盘智慧》一书是逆向思维和投资时钟的结合体系，是机构系统性投资思维的提炼。

第 1 章“投资哲学”，提出市场波动本质的思维哲学。

第 2 章“博弈之道”，通过投资者误区揭示反向投资逻辑。

第 3 章“技术精华”，对多年股票交易技巧进行归纳。

第 4 章“操盘智慧”，提出十大机构投资盈利模式。

第 5 章“经典回顾”，是对近年研究成果和基金报告的回放。

培养长线投资意识，形成正确价值理念。本书是我 30 年证券市场投资理念的精华提炼，从政策背景、投资心理、博弈行为、坐庄原理等方面，解读证券市场各阶段的投资生态和主力模式，全方位展示机构思维的投资哲学和操盘智慧。

“财富可以让人更加善良”，这句话引人深思。拥有不同的财富，会从不同的角度思考人生意义。

巴菲特曾说过，最好的投资，是为自己的学习进行投资，可惜他年轻时不懂。对于比巴菲特年轻的投资者而言，学习是改变投资命运的机会。

“传承投资智慧，播种希望工程”是我们的核心价值观。布施社会，助人提高学习认知，可以改变命运！帮助投资者认识市场的本质，把握投资思维的真谛，是我们从事证券投资事业的终极目标！

投资是为了对社会做出更大的贡献。只有纯净心灵，才能具有哲学高度！只有善意投资，才能长存资本市场！

丁　洋

2024 年 9 月

目录

第1章 投资哲学

证券投资是一门艺术，它超越了投资概念本身。

每年股市中产生的印花税和手续费的总和是大于上市公司分红总额的，所以总体上来说，证券市场并没有创造财富。牛市中大多数人赚钱，熊市中大多数人赔钱，任何牛市本质上都是资金推动的结果。

证券市场从来遵循少数人正确的规律，多数人认同的观点往往就是错误的。对于长线盘的项目研判上，则更是如此，盲点才是判断价值洼地的必要条件。证券走势预测上也存在着事后验证的情况，结果证实市场中的实际风险远高于多数人看到的市场表象中的风险。

基本面分析可以用来排除隐患，指导投机之中的相对投资，但想要仅靠这一点实现盈利是行不通的，其只能用来指导相对投资。投资理论需转化为风险监控理念，它拥有投资行为的否定权而没有决定权。投资行为应是动态的，相机抉择非常关键。

成功的资金管理人要做到充分利用市场波动，辩证地处理好投资与投机的关系，在寻求资本长期稳定价值增长的前提下，跟随趋势，跟随热钱。热钱属于热点，可以是债市，可以是楼市，可以是股市，也可以是板块，等等。

在证券市场中，热钱是市场波动的主导力量，活跃热钱带来的利润超过市场平均利润的两倍。跟随热钱是赚取超越市场平均利润的制胜之本。

专业资产管理机构应把投资的知识框架作为风险控制的理论基础，把交易技术与经验作为风险投资的技术支持。

股票操作既是心理尺度的博弈，也是交易行为的艺术。这两点对于上亿投资规模的资产管理行为尤为重要。

1.1 投资的本质是把握时机

选股与选时是交易者的核心操作。资金规模和从业背景不仅决定了参与者观察和思考的角度与心态，还影响了他们在长短期价值取向中的角色变化。

对于专业的机构资金管理人来说，审时度势是必备的素质之一，尤其是对市场运行方向和顶底的准确预判。2024 年年初，政府开始整肃高频量化交易机构，雪球基金纷纷爆仓敲入。在 3000 点以下，国家队多次直接入市。此时，优秀的基金管理人，就应该对过分暴跌的行情，做出相反判断。2024 年的两次大底，都是恐慌砸盘导致。读者可以理解为，3000 点以下是主力机构的长期诱空区间。今后会看到这一现象的长期存在。

成功投资者对市场最需要关注以下两点。

（1）市场本质和价值洼地的形成。“市场”二字实际指的是供求关系，是资金进出的过程和意向。市场中短期走势由供给需求决定，中长期是价格围绕价值波动。公司基本面变化与二级市场股价始终会存在一定差异，这也使得证券市场客观上存在有待挖掘的价值洼地。

（2）成功投机的基础保障。成功的投机必须有安全退出机制作为基础保障。证券市场及交易品种的活跃度，决定了投机本身的成功率，也决定了退出效率。流动性管理是以复杂而系统的技术体系为支撑的，形而上学的片面的技术方法只能适得其反。

风险和收益间的非线性对称关系使入市者拥有获取超过市场平均利润的机会。交易人应在波动中确定自己的交易模式，并依纪律严格执行交易规则。

基金管理人的责任是为投资者量身打造战略资产配置方案，以达到风险和收益的最佳匹配。不同时期因政策方向和市场风格的变化，组合策略也会随之变化，因此市场博弈的本质是时机把握能力。

1.2 证券投资第一要素是生存

在投机市场中，“活下来”始终是第一位的，而控制风险则是投资的灵魂。

资本市场首先要做到的是生存。从来，只有少数人能够把握证券市场的走向，多数人认同的观点往往是错误的。市场二八定律说明，成功的投资者永远不要和多数人站在一起。

要用怀疑一切的眼光看待上市公司的报表和公告，尤其在长线盘的项目研判上。盲点是价值洼地的必要条件。多数人看到的市场表象通常蕴藏着很大的风险。

二八现象就是对从众思维的惩罚。通过交易获得金钱，本质上不是金钱的增加，而是一次思维上的胜利，金钱的增加就是对辩证思维的奖励。

人的天性决定了人是社会性的动物，他们的喜悦和恐惧往往惊人地一致，并相互感染和不断强化。市场则在人们喜悦和恐惧的交替循环中达到波峰和冰谷，并完成牛熊的转换。

频繁交易使得手续费不断叠加，并推高交易成本，是长期投资的敌人。投机市场中不要轻易出手，要拥有足够的耐心等待理想的价格，就像潜伏在草丛中的豹子静候最佳出击时机一样。宁可错失，绝不冒进。

对多数人来说，证券市场并没有给他们带来快乐。事业和金钱都只是人生的一部分。投资应该是一种轻松的生活方式——在这种投资生活里，不必去预测原油的价格，也不必猜测股指期货的涨跌，更不必对各种事件的发生感到忧心忡忡。

一切坏的事情都会过去，明天会更好。即使发生二战这样的大事件，美国股市依然不断创出新高。只有幸存者才能享受未来的美好。

1.3 趋势理论和相反理论

趋势形成初期往往与大众心理相悖。在趋势的第一阶段，股价回归到市场合理水平，此时趋势尚未被大众察觉和认可，交易相对低迷。趋势的第二阶段则是股价逐渐走高，且速度较快，较易被识别，容易得到市场的承认。趋势的第三阶段则是股价疯狂加速上涨，上涨的大趋势得以完成。

在趋势运行中，会受到小级别相反趋势的干扰，但大的推动波会带动高点和低点不断抬高，就如同无线电发射技术中的载波原理一样。

各种图表形态本质上是买卖力量对抗的表现，从对抗到终结，一定隐含着双方力度强弱的对比，直至有一方获胜，新的模式就此形成。

在趋势认同程度极高的时候，投资者需拿出勇气进行反向思考。一般认为，股市中赚钱的人只有 20%，其余 80%都或平或亏。因此应与大众背道而行。

投资者最保险的做法是与舆论对着干。不要理会那些“价值被严重低估”的套话，而应持币观望直到经济全面不景气的情况到来，即经济学家和分析师都不看好的时候，就可以用比原来少很多的钱买到心仪的筹码了。

“投票统计”是媒体经常推出的游戏。尽管很少有人真的认为个股价格会跌到每股净资产以下，但是每当大盘跌破一个台阶时，“破净论”者总占有不小比例。这是一种泄愤心态，但情绪总会被感染，大多数人所做的决定是一种理性和感性的掺杂物，很多时候这些抉择判断所估计的价值与真正的价值相去甚远。

只有少部分人能坚持与众人反向而行且泰然自若。人们实际上是通过会扭曲景象的透镜来看金融市场的。理想与现实相去甚远时，是认清真相的时刻。

虽然大多数情况下投资跟着趋势走，但是关键的时刻需要拿出勇气与群众“为敌”。任何暴利都是对独到眼光的奖励，但愿你的理论体系不要被市场当作“反向指标”。

1.4 相反理论的精髓是预期差

冷门股往往是黑马的摇篮。中国股市历年的大黑马大多是以往被众人忽视的股票，而每年券商推荐的十大金股，几乎都沦为下跌的重灾区。

2024 年的最大黑马是人工智能板块，其实启动的股票都是前几年涨幅垫底的，尤其是通信行业，连续三年跌幅第一。

2017 年钢铁、有色金属等资源类股票崛起，实际上这是 10 年都没有炒作过的行业。这类周期性的股票在成长性方面没有任何想象空间，当年投资者不愿去触碰。

2016 年以来，互联网概念的股票接连腰斩，实质上是上轮创业板牛市的价值循环。以乐视为代表的创业板股票，就在互联网杀估值、挤泡沫过程中走向了衰落，成为资本市场的弃儿。

在 2012 年创业板启动之初，我们看到的是“史上最严厉的退市政策”。这个“利空”砸出了创业板特大牛市，后来几乎每个小盘股的涨幅都达到了1000%。同样，当投资者还沉浸在互联网、成长性的思维时，杀估值、杀互联网就成为了超级主力必然的做空思路。

价值本身就是一个动态的变量，且每个人的角度不同，就会造成“横看成岭侧成峰”的不同结果。只有大多数人不看好的行业和板块，才有存在洼地的可能，只有楼市崩盘的时候，才有跳楼价，才有“笋盘”。

预期差为主力资金运作提供了波动的空间，利润就在此诞生。主力必然要在市场不看好的时候，才能拿到筹码，然后在市场一致乐观的时候，完成出货。市场每年都在颠覆上年的投资理念。利空利好都只是一次次的筹码交换而已。

1.5 制造定式与打破定式

兵法中常言“兵不厌诈”。股市中主力机构制造规律现象，是为了吸引投资者跟风效仿，然后达到自己反向操作的目的。超级主力既可在一片欢呼声中制造牛市幻影完成出货，也可在牛市初期制造权证等的短线暴利，误导投资者放弃长线筹码，追随短线机会，从而拿到长线底仓。

投资者交易习惯都来自过去的经验和定式，交易习惯和模型就是以“既往”的历史为依据得出的结论。

“既往”的意思是曾经发生过的，未来还要再次发生。这样的问题是：既往数据越多，“规律”就越明朗、越显著，分析者就看得越清楚，对结论就越深信不疑，对可操作性越笃定。殊不知定式越持久，反定式的破坏性就越大。

交易习惯超越纪律导致亏损的主要原因就在于反应滞后于趋势。具体体现为以下四个阶段：

（1）行情起来之前，大众往往预测不到。

（2）行情发展到一定阶段，大众才会有所反应，数据越多，“模型”也就越灵验。

（3）行情快结束了，大众仍然不知道。而此时支持模型的数据是最多的，所以大众往往是行情终结前才会“对”。

（4）行情结束后，大众往往态度强硬、坚持己见，硬抗过整个下跌阶段，承担所有风险。

对于机构投资者来说，风格转换和仓位调整是最重要的，个股走势的好坏次之，纪律远胜于预测。对市场规律的探索与创造，私募基金永远要走在市场前面。

1.6 题材与舆论的配合

趋势理论的主要拥护者是散户，因为趋势一眼就能看得清楚，显而易见。散户最大的交易特点就是跟风，“助涨助跌”。于是，趋势就在舆论的渲染和散户的自我认同中形成了。

当观点被一致认同的时候，对事物的认可程度越来越高，甚至能左右其他人的思想和观点，使趋势运动达到极限。当信念不再强化，趋势的运动就开始迟滞不前，失去信念会使趋势反转。

这种跟风心理往往会被主力利用，然后大做文章。改变人的观念是世界上最难之事。在顶部告诉投资者要清仓，会被很多人认为是“坏人”。

上涨本身就是最好的宣传，市场也不断强化题材的重要性，引发舆论不断。

连涨的股票一定是市场热点，上涨原因会在舆论中出现，诸如高科技、扭亏、重组等，实在没有内容了，就用“有重组的可能性”“主力资金介入”这类模糊的语言来解释。

例如，“艾艾精工”在2024年3月上涨了两倍，仅仅是因为名字中有“AI”两个拼音，就被市场树立为AI龙头炒作，实际上这个公司是做工业传输带的，和AI没有什么关联。

股价上涨就是最好的题材，主力资金对其进行拉升之后自然会生出很多理由。媒体会解释现象，加深认识，强化热点，引导跟风，从而主力和黑嘴顺势出货。

题材为股价上涨服务，舆论只会推波助澜。

1.7 短线交易实质是心态

根据荷花定律，荷花开满半个池塘，需要 29 天，但开满整个池塘，却只需要再增加一天。热点就像荷花短线绽放的速度。

短线指的是速度，因为短线交易必须是确定性的，每一笔交易都在确定的范畴之中完成，包括止损、止盈、时间、形态等，这个定位对短线非常重要，它是交易的参照系。

短线交易类似于竞技体育，它与人的状态密不可分，人在任何一种意志、欲望、梦想笼罩下的行为都会产生过激特性。

对于短线交易的老手，捕捉机会实现利润并不难，难的是怎么能不亏回去，难的是超越不贪图最后一个铜板的人性宿命循环。超越是心境问题不是技术问题，而是一种境界的探索，这就需要操盘手心理上对诱惑有相当的承受力，实践中对错误操作有纠正能力。

交易者的致命错误，往往不会发生在初学阶段，恰恰是在老手阶段。在顺手的时候沾沾自喜，放松警惕，天天看到账户资产爬升，却不知风险已在眼前，几天就可以回吐掉一轮牛市的利润。

短线交易的实质就是心理交易。不做自己未知的事，就规避了大部分风险的不确定性，就知道参照系的尺度在哪里，也就是标明了风险的界限。这里涉及心理学的范畴，如果仅停留在技术层面，就不可能完成这个跨越。

这就是新手喜欢研究技巧，老手更看重心态的原因。

1.8 权证活跃与股市涅槃

2005年，上交所在股权分置改革期间推出创设机制。表面上，权证活跃争夺了A股资金，导致市场低迷，但实质上这是大盘洗盘的标志。新主力要拿长线筹码，不搞点短线暴利刺激，怎么能建到仓呢？

2005年末，上交所对权证异常活跃的情形提出了警告，但之后并没有对相关违规券商进行处罚。这很容易让交易者理解为：权证的活跃已被政策默许。市场在低迷已久后，政策和主力都需要解决“合理投机”的资金出路问题。

权证的局部牛市运动，繁荣了证券经纪业务，满足了多年没有解决温饱问题的证券经纪人的胃口。权证虽然运行在相对高位，但大多数投资者的收益为负值。对于这一“赚了指数没赚钱”的现象，我们理解为经纪人的刻意交易行为。

经纪人带领客户进行的“倒量”交易，与券商的经纪业务成为共同体，形成了证券经纪业务的“局部牛市”，使券商股具有“权证受益”的概念，中信证券等券商概念股具备了上涨的机会。

由权证带来的多年没有的“T+0”行为，迎合了短线投机资金的胃口，也为场内留守的短线资金找到了一条出路，可以说权证的活跃符合了各方的利益。

长线主力为了达到建仓的目的，营造了权证的局部繁荣，诱使中小投资者卖出手中的A股筹码去追随权证热点，这样才能使A股筹码得到松动和清洗。2005年在市场具备大转折的条件下，权证活跃所导致的A股低迷现象，正是股市“涅槃”的标志。

1.9 楼市与股市的交易机理

“跳楼价”“崩盘”等股市术语，都是来源于楼市。

楼市的按揭，相当于股市的融资盘。当楼市形成长线趋势之时，有筹码就是赢家，有融资就有暴利。

股市的分红和住房的租金是一个原理，股票市盈率大致可以类比为地产的租金回报率。房地产投资，以取得租金作为回报是一种投资方向，等待房价上涨后卖出是被国人所青睐的投资方式，至少在过去二十年是这样的。这和购买股票不是为了分红的道理一样，所以等待股票分红本质上并不是投资的主要目的。

房地产被列为国家支柱型产业之后，一直被当作增量资金的蓄水池，因此享受到了流动性红利。中国的 M2 在 2008 年时是 47.5 万亿元，2016 年时是 155 万亿元，房地产总值在 2008 年时是 45 万亿元，2016 年时是 150 万亿元。M2 的增量基本都被房地产消化了。

地产空头来临时，拥有的多个物业单位的业主，最先考虑抛售的绝对是最差的物业，因为好物业还可以自己留着住。股市遇利空时，垃圾股回落速度也是最快的。

1.10 牛市最珍贵的礼物是筹码

绝大多数证券投资人遇到风险的本能反应是卖出。可是，只要一卖掉，你就失去了在多头市场里最重要的东西——筹码。

在牛市中谈论投机的泡沫，如同在熊市中期去谈论投资的价值一样，是幼稚的，是对投机和人性缺乏最起码的了解。在牛市中过早意识到泡沫并放弃投机，进行清仓甚至去放空极容易错过赚钱的机会。

预测回档或者修正并不难，很多技术都可以做到。最难的是，即使你知道短期内会回调，依然坚持持有你手中的筹码，不动如山。牛市里回调是短暂的，上涨是长期的。所以，牛市时珍惜你手上的筹码，那是能给你带来巨大财富的东西。

对大部分人来说，只有抛掉了所有筹码之后才会坚决看空，所以，看空的人越多，市场越不会下跌。技术仅仅是观测市场的一个角度。对于一个机构投资者而言，在市场中保持清醒和理智非常重要。但是，过早的清醒和理智，将会因为市场的非理性而错失机会。

不要患得患失，不要见异思迁。波段性行情，能把握好差价和节奏更好，不能做也没多大关系，因为牛市依然存在！

牛市中千万不要放弃你的筹码，这是最重要的原则，与熊市的操作正好相反。在牛市中看不清楚的时候就坚决持股，而熊市中当你没有把握的时候就坚决持币。

牛市需要理解，牛市更需要包容。在房地产大牛市中，无论一线还是四线城市，无论别墅还是农民房，只要是房子，其价格都能大幅上涨。而一轮股市牛市下来，绩优股和绩差股的涨幅也差不多，最重要的就是看好你的筹码，等待它不断上涨给你带来丰厚的回报。

1.11 疯狂冲刺是风险的先兆

牛市中散户每天不看看股票，心里总会觉得少点什么。在熊市的时候是这样吗？下跌行情中，即使股民满仓，也不会每天都看盘。这就是“没得到就是失去，做好了失去的准备就不再那么热衷”的心理造成的。多数人都有这种心理，因此高位购买股票筹码接盘的，全部是散户。

牛市中做到空仓是很难的，要拿出非同常人的勇气来做到这一点。如果卖掉的股票还在继续涨，会使股民感到非常沮丧，纵然已经获利颇丰，但还是会为提前下车，没能获得更高的收益而感到遗憾。于是再战的心蠢蠢欲动，不相信有些股票已经见顶了。当真正的空头来临，如何收场？

牛市中散户蜂拥而进股市。说某股票涨疯了的人往往是没有买到这只股票的人，买到了肯定不会这样说。在牛市中，散户赚钱比机构还容易，散户疯狂跑步入场，不让他买股票，比杀了他还让他难受。

在大牛市中，任何人说股市有风险，都不会有人相信。而此时就是机构出货的最好时机。如果机构错过这个时机，后面出货将面临很大的问题，再涨就会成为庄股。

在牛市的晚期，每天开户数量呈现笔直上涨态势，和股市的走势形成明显背离，这种依托散户力量推高行情的阶段，已经到了主升浪的晚期。

散户就像非洲大草原上奔跑的羚羊群，狮子都挡不住。牛市行情中散户入市犹如发了蝗灾一样，成群结队涌入，没有人相信股票会下跌，殊不知，机构正准备好了大口袋，让你往里钻。

1.12 安全投资需要稳健保障

要想在市场中生存下来，需要记住以下三个要点：第一，等待；第二，懂得判断对错；第三，改正错误。

波动的本质是不同投资者的认知、判断、期望和愿意付出的对价不一致。在波动中获取利润的关键并不在于如何预测行情，而在于如何认识行情，并加以有效判断和控制。

投机市场中失败最主要的心理原因是贪和怕，这两种心态会时时刻刻以各种方式隐藏于人的心境中，平静安适是走向成功的基础。

专业投资水平的高低，并不以获利速度和比例为唯一依据。好的投资人或者投资机构还应具备以下素质：成熟的投资体系，全面透彻的分析研究，坚定不移地执行，从容的心态和健康的体魄。

实战中关注的中心点不是利润大小的变动，而是风险量大小的变动。进入市场前必须学会如何衡量风险量，并在实战中不断提高控制风险的能力。

证券市场的风险控制，就如同横穿马路，保证安全的方法是“一慢二看三通过”。在交易中要多看、多等、少动手，只有等到安全时机出现后再做交易。同样，投资者应该在购买股票时设置一个安全边际，通俗的说法是有折扣的时候，才值得去交易。只有车与车之间间隔很大时才算安全，在交易中则在一个时间跨度足够长的“浪”当中去操作才叫安全。因此必须事先判断出这个“浪”运动的时间跨度和距离跨度，才能保障安全。在确保生存稳定之后才能追求做单成功率。

对于投资而言，要在机会出现之后再动手。真正的底部只有一个，判断出来的“底部”越多，判断出错的次数就会越多。

机会出现的确认信号，是投资模型制胜的关键。因此，波动的预测是左侧交易，波动的确认是右侧交易。

1.13 通货膨胀阶段资产估值

由于产业结构具有刚性且升值预期具有不可逆性，因此 2007 年国内流动性过剩的问题很难通过紧缩政策完全解决。这时若出现外部金融冲击则会使流动性过剩问题愈演愈烈。管理层除了对指数进行调控以外，还需要对未来大趋势的判断进行重大修正。当时预计指数的调整幅度可能不会小于 30%，甚至高达 50%。

当时的经济数据表明，高通货膨胀（通胀）时代已经到来，此阶段任何货币都将缩水，每个人都将面临资金保值问题。让货币变为资产与通胀一起成长是唯一可以对抗通胀的手段。当时通胀得越多，后面弥补缩水的机会就越大。

因此史无前例的牛市到来，股价涨到匪夷所思的地步。让人目瞪口呆的价格，并不代表它值这个钱。尽管如此，这种上涨已经别无选择。吉姆 · 罗杰斯说，凡是人民币的相关资产都在升值，包括垃圾。

仔细考虑价值创造的背景和表现形式可知，很多价值膨胀类个股的上涨完全基于市场不同阶段的估值差异，个股缺乏绝对合理的价格衡量标准。如果流动性逆转、资金匮乏，那么价值创造这个主线也会因为绝对估值过高而缺乏合理支撑。

所有大牛市都是在通货膨胀初期开始的，通货膨胀中期之后股市会率先见顶，到了通货膨胀的后期，股市早已经跌得一塌糊涂。证券价格领先商品价格的特征比较明显。牛市必然会呈现的一个现象是，所有优质股都没法估值。

1.14 企业家是核心资源

上市公司的价值，本质上是企业家的价值。

一个公司从无到有，从小到大，需求企业家投入全部资源，呕心沥血。尤其是民营企业，在完全竞争的环境下野蛮生长，残酷厮杀，做大做强，直至上市，创造了企业最需要的价值，因此企业家是企业最有价值的资源。

价值创造是什么？价值创造就是有效地满足社会需求。《民营企业促进法》的颁布，更加肯定了企业家在企业中的作用。

这些企业领袖的共同特点是眼光敏锐，能够及时发现社会需求，甚至创造社会需求。他们具有承担风险的勇气和能力，在市场前景并不明朗的情况下，开发和制造或提供社会所需要的产品和服务。他们以个人的名誉和资产承担失败的后果，也以个人的名誉和资产赢取成功的收益。

就如同电影《中国合伙人》中的成冬青亲自去换灯泡那样，企业家把企业当家是成功的基础。像小鸟爱惜自己羽毛一样，企业家会为了企业的价值，厮杀在利润的每个角落。

在上市公司调研中，很多董事长告诉我，他们每天要把工厂巡视一遍，公司的每个流程节点，事无巨细都非常清楚。在一家 IDC 工厂现场，我甚至看到董事长斥责工人投料不准。这家公司是电子行业上市公司中的龙头，市值不断创历史新高，老板管理能力的边界和细节把握的颗粒度，就是企业的价值内涵。

上市公司董事长不能做“甩手掌柜”。靠收购模式做大做强的案例，在中国的成功率极低，主要原因就是不知道老板是谁。如果企业家不能身先士卒，把握一线，企业的成长就无从谈起。

1.15 创新企业应当享受溢价

2008 年的金融危机重击了诺基亚，催生了苹果，消灭了雷曼，催生了华谊。中小企业板在 2009 年行情中茁壮成长，勇攀历史新高。2015 年全民创业在中国掀起高潮，推动创业板创出历史新高。

曾经的美国通过吸引人才、技术和资本，成为全球最强大的国家。中国未来的竞争力也在于激发民族和人民的创造力，创业板的崛起正是未来经济走向的缩影，也是在经济增长目标下，最有潜力可挖的增长极。

未来中国经济继续保持高增长的路径应该是推动民营经济资本化，推动全民创业，这不仅能解决就业问题，而且能发挥人民的创造力。这种基本面极易催生创业板巨人。二十年前的阿里巴巴和腾讯就是创业企业。

民营企业家创造了企业最需要的价值，抓住了细分行业的市场机遇，做大做强，直到企业上市。这类企业家，把企业看作自己的生命，投入全部的精力和热情，为企业的经营发展保驾护航。这样的民营企业是中国最具创造力的经济体之一，也是民营经济的核心竞争力。

经历过 2008 年危机的中小企业，心理上已经产生了免疫，知道寒冬熬一熬就会过去，春天来临的时候，活下来的就会长成巨人。科创板试点注册制，IPO 超募资金比小型银行的注册资本金还多。新股停发后，充足的并购标的，为上市公司源源不断地提供并购资源。有雄厚资金实力的企业，成为实力最强的行业整合者。未来的十倍股，在科创板里最容易出现。科技股的魅力，就是基本面令人琢磨不透。不分红的成长股比高分红的价值股，更具有上涨特质，小股票更应该享受市场溢价。

1.16 投资需要包容

一个人在股市中的成功，不能仅用赚取的财富量来衡量，还应包括他面对投资的心态。炒股的人如果患得患失，经验和技巧都不可能得到最好的发挥。那么我们应该拥有怎样的心态，才能获得良好的投资收益呢？

社会需要包容，投资行为本身更需要包容。在财富积累的过程中，A股经历了多少根大阴线，经历了多少次大跌和崩盘，都无法击破我们投资的初心，指数不断创出新高就是最好的回馈，信任让坚守的人们分享到了时间的芬芳。

坚持投资风格不易，战胜市场不仅需要执着的信念，更需要高尚的人品。

海纳百川。大海珍惜每一条小溪，它有着博大宽广的胸怀，具有无限的包容性，无论滚滚江河还是潺潺溪流，也无论清澈或浑浊，都能欣然接纳，无偏爱挑剔之心，从不拒绝流向自己而来的每一滴水，所以成其大。

大海最突出的品格是包容、柔和。以其博大，故天下无所不容；以其能下，故天下无所不归；以其能柔，故天下莫能与之争。

世界上最宽阔的是海洋，比海洋宽阔的是天空，比天空宽阔的是人的胸怀。成就大事业者无不具备海纳百川、包容天下的宽广胸怀和气度。可以说，心胸有多大，事业就有多大；包容有多少，拥有就有多少。

现代社会是一个竞争与合作的社会，投资机构处于竞争与合作的环境中。无论是商业行为还是人际交往，归根结底就是“争”与“合”二字，合则相容，争则互抑。投资管理不是要去改变公司、改变他人。

政策的影响、朋友的影响都会导致我们的投资失误，进而影响投资情绪，真正的高手应拥有宽容的心态。

1.12 高手心态是孤独地攀登

投资就像孤独地攀岩，成功的道路只能靠自己走出来。世界上不存在所有人都赚钱的投资模型，江恩做不到，巴菲特也做不到。

欲得之物易失。投资者应该按照自己的想法和判断来采取行动，这需要勇气与意志。技能的最高状态是一种处于局外的超脱心境，即技进于道。

大自然本身是由规律性和随机性共同组成的。任何想彻底精确地把握世界的想法，都是狂妄、无知和愚蠢的表现，追求完美就是表现形式之一，能改变的只有自己，不要寄希望于外界。

立志投身于投资事业的人如同孤独的攀登者，在征服高度和极限的过程中，没人能够帮得了你，只有靠自己！在投资过程中，犹豫恐惧等人性特点将显露无遗，只有不断地调整自己，才能迎接新高度。螺旋式地攀升与发展才是根本规律。

交易是门综合的艺术，是计划、决策、资金管理等方面的综合应用，三者之间是乘法关系，哪一个环节出现漏洞，都会导致致命后果。

重仓和频繁交易导致成绩巨幅起落，是庸手的表现，且两者相互作用，互为因果。至于输家，途中再怎么辉煌都只是震荡的过程，最终逃不脱输光的命运。职业交易者只追求最可靠的利润，只有庸手才仅仅关注利润最大化和满足于短暂的辉煌。这也是多数人辉煌易现，成就难保的根本原因。

独立、自信、果断、逆向思维，并顽强地执行下去，才是成功的关键。优秀的交易者应该能够连续多年获得回报，而不是一朝暴富；应常赚而不是大赚。资本市场是孤独攀登者的游戏，高额利润来源于长期的累积。

只有在无欲状态下，才能有更多收获。在交易中，投资者必须克服对收益率的过度关注。贪婪和恐惧情绪的放大势必会造成战术混乱、战略走样，最终将本应做好的事搞砸。股市不是寻求刺激的场所，更不是取款机。

1.18 经验决定功力

一次，一些中医接受媒体挑战，题目是确诊“喜脉”。结果有经验的老中医在测试中获得了成功。中医诊脉断病对西方人来说简直是不可想象，摸摸手腕，听听心跳就能判断疾病？而中医都知道，“滑脉”表明“有喜”，但心电图波动却看不出是否怀孕。这说明以感觉为判断的依据，也能够形成体系。

预测技术和中医体系一样，都是根据经验找规律，透过现象看本质。脉象可以反映各脏器的情况，足部反射区是人身全息的缩影，小小局部可以投射人身系统全貌。

科学进步，使得天气预报的准确度也越来越高，计算机的出现，使大量的统计工作变得更加简便。

预测技术是不断接近真相的过程。预测技术来源于统计学，是一项结合经验与指标参数进行选择和容纳的技术。通过统计学将数据图表化，根据经验进行有效判断，对错误的样本进行参数调整。

就像中医学，每个医生诊断的结果会不一样，但医生的能力会根据经验不断提高，医疗水平会随着人类的不断发展而进步。

每个人在市场中生存，都必须要掌握一种方法，无论是基本分析，还是技术分析。高手都是在多次失败中成长起来的，没有人生下来就会走路，人总是在不断摔跤的过程中学会走路。

要拥有老中医的把脉功力，就需要时间积累和经验磨炼。资本市场是一个可以从事一辈子的事业，要想像老中医一样历久弥香，就需要不断提高自身认知，不断在一线获得经验。

1.19 股市如莲

股市投资就像莲花，成功是浅浅地浮在水面上那朵看得见的花，花能否开放得美丽灿烂，取决于水面下看不见的那些根系和养分。

我们太在乎成功，往往全部心思都专注于水上的花朵，却疏于关心决定其绚烂与否的水面下的根和本。

投资体系就像是莲花的根，这个根决定着我们的价值观、理念和信念，进而决定着我们对人、对事、对世界的态度、标准、行为取向和作风。这些东西就像是莲花的根，这些根和本决定着我们的人生能否最终开放出成功的花朵。

普通老百姓并不使用“投资体系”“价值系统”等文绉绉的词语，但同样睿智地解读了人生成功的秘诀，通俗地表述为：态度决定命运！所以，要想使我们的投资走向成功，必须潜到人生的水面下去，从关心根和本着手。

换句话说，要想投资成功，必须端正自己的价值观！价值观不对路的人，神仙也帮不了！如果价值观都错位了，成功意义又何在？

要想取得最终的成功，必须端正价值观。一是态度决定投资命运，二是气度决定人生格局，三是底蕴决定事业高度。

从某种意义上说，投资是一个人目标选择和实现的过程。投资历程中的一路跋涉，充满着变数、矛盾和困惑，要想蹚过这一路的泥泞，就需要投资价值体系的根和本来支撑你的信念！

牛市的初期，整个市场弥漫着绝望，这种情绪让人怀疑人生。身边的投资者极少有人赚钱，不被亲朋好友看好，自己都不好意思说自己是投资经理。而投资的每一次暴利，都是经过这样的痛苦沉淀后修炼而来的。

莲花初绽，动人心魄，观者如云，岂知绚烂芳华背后，是长久的寂寞等待和心灵煎熬。能够在这种煎熬中坚守，日后必定能取得一番成就。

1.20 水的智慧

道法自然，上善若水。投资悟道要借鉴水的智慧。

水在任何情况下，都从容变化。它包容万物，汇聚成海。水能顺应任何外在环境。水的智慧，不仅可以滋润灵魂，还可以为我们指引投资道路。

水愈深，流愈静，“静水流深”是不显山露水和“大象无形”的智慧，象征着股市对人性的包容。《道德经》说“水善利万物而不争”。老子认为，水性最接近大自然“道”之本性，依“道”而行，才能“道法自然，融通四海”。

顺其自然是水的品格和本性。当流则流，当止则止，翻云覆雨，为江为海，一切皆由自然本性而定。投资也不能背离自然规律，尊重趋势、顺其自然才能到达成功的彼岸。

歌德说：“流水在遇到抵触的地方，才把它的活力解放。”江河不曲水不流，河以逶迤故能远。自然界中水最具“以迂为直”的智慧。

河流在前进过程中遇到阻力，不是正面直撞，而是因地制流，根据环境改变自己，随势弯绕，千回百转流向远方。最通达的道路往往不是直线距离最短的路径，而是阻力最小的道路。

“一江春水向东流”，无论地势多么险要，无论多么酷暑寒冬，水自出发就奔流不息，一直向前。面对各种阻挡，水流或漫过、或改道，冲出崭新的道路，始终坚持心之所向，志之所趋，风雨兼程，万古不已。这也应该成为我们对待投资事业的态度。

观水悟道，溪水之自在，湖水之平静，江水之坚定，海水之包容。江水从上游逶迤而来，穿越群山，穿越岁月，蜿蜒曲折，流向远方……

净空法师说，心灵能改变水的结构。我认为世界本空，好坏都在人心，心灵改变的不是水之世界，而是我们自己。

1.21 视野广度决定收获高度

投机市场中能赚多少钱，首先要看你有多长远的眼光和多大的气度，整天盘算几角几分钱，研究指数几十个点波动的人永远不可能赚到大钱。即使有运气的因素，一个人的运气不会永远好，也不会永远差，长期来说总是差不多的。

每个人在进入风险市场时，都认为自己是聪明人，认为自己能够赚到别人的钱，能赚到差价！但总是想做差价的人永远赚不到大钱，他们只会距离盈利越来越远。

长线散户也好不到哪里去，忍受不了洗盘的煎熬的本质是对市场和个股心中没底，买了股票就担心，卖了心里也不踏实，拿着的股票不涨，一卖就往上飞。

股市是一个心理博弈场所，散户的心理承受能力与机构相比，存在很大差距。

即使是在牛市中，中期调整和大阴线也是常态。筹码交换不充分，行情便无法向上延伸。大众恐慌时，正是散户投资心理最脆弱的时候。此时，大多数股民所做的，是受不了底部的折磨把股票卖掉，等趋势看清楚后高位买进。这样在股市中根本不可能赚到钱。

战场是一个动态的庞大系统，胜利不仅仅是依靠军事装备、人员多少等物质条件就可以去量化结果的，影响结果的因素还包括政治作风、指挥等精神变量。

股市如战场，知识结构和军事素养的水平不是战役胜败的决定因素，战略和方向的判断才是制胜的关键。要拥有战略的高度，就必须拥有广阔的胸怀。

在市场巨人面前，我们都是学生。如果没有一个包容的胸怀、向市场不断学习的精神，便会被市场抛弃。

所以，谦虚是成功的首要因素。谦虚，使你拥有更多的朋友；谦虚，使你不断学习；谦虚，使你拥有更广阔的胸怀。

1.22 成功需要奋斗和坚守

珠峰登顶者说，登山冲动有时是不理智的，而一旦决定去做，每一步攀登都必须理智，因为这种极限运动注定不会轻易成功。投机市场也是一样，选择进入投机市场是不理智的，而一旦选择了，此后的每一笔交易都不能再有侥幸心理。

“两万五千里长征”与“八十一难后才取得真经”告诉我们，只有信念执着和意志顽强，才能取得最后的成功。中途的任何放弃，都将使自己前面付出的一切努力湮没在历史长河中，使自己成为无声无息的失败者。

一个人遇到挫折，若只能坐守空等，那就太可怕了。若还能挣扎，还能抵抗，那就没什么可怕的。只有在这种时候，才能看得出一个人的勇气。人失去了所有依赖后，往往会变得坚强起来。

尼采说：“无数的人在岸边空忙，达到彼岸者只能是少数。”职业投机生涯没有中间路线，不是生存就是死亡。在风险市场中如果有侥幸心理，只能说明惩罚得还不够。任何一位游刃有余的操盘手，都一定经历过太多的痛苦与教训。

不要试图让身边的人都来理解你，你永远应该按照自己的节奏行进，信念是你奋斗和坚守的动力，只有自己努力才能完成灿烂人生。

资本市场中对错本身并不是最重要的，没有人会永远对，也没有人会永远错。重要的是你要坚定自己的信念，坚持努力的方向。在市场没有击垮你，并否定你的方向之前，不能轻易否定自己。

一天中最黑暗的时候，也正是最接近光明的时候。人生也一样，只要能熬过艰难的黑暗时刻，生命立刻就会充满了光明和希望。

1.23 股票不是生活的全部

投资的直接目的是增加财富，最终目的是享受生活。但大多数投资者既不能增加财富，更谈不上享受生活。多少人因为错过了一只股票而后悔，多少人因为自己长期投资失败而伤感，多少人因为融资爆仓而遗憾终生……

落日无边江不尽，行情往复无始终。

任何事物都会被替代，股票、钱财、房子……但是时间不会被替代。如果我们还拥有时间，一切都没什么大不了。用经济学的眼光来看，时间才是真正的财富。站在时间的巨人面前，穷人富人都是平等的。在今天和明天之间，有一段很长的时间。心态存在于生活之中，并创造了生活的原貌。

人生最大的快乐不在于拥有的结果，而在于追求的过程。要想生活得快乐，就必须热爱生活。领悟到生活的本意，活在世上才是真正快乐的自我。

一个人的快乐，不是因为他拥有得多，而是因为他计较得少。杰出人物之所以杰出，并不是因为他不曾遭遇过挫折，而是因为他能从挫折中站起来。

一个成功的投资人，必有广博的知识、坚强的性格、不屈的毅力和宽容的心态。

人无泰然之习惯，必无成功之投资。大的股灾和困难到来时，往往是一次大的机会。

认可熊市和亏损，因为亏损是投资的一部分；学会休息，因为投资不是生活的全部。

波动的价格，宛如江河波动中的一朵浪花，宛如我们人生行进中的一段历程，欣赏它的下跌与上涨，如同我们享受人生。

我非常喜欢的一部经典歌剧——《猫》的主题曲“Memory”中的一句歌词，与你分享：“A new day has begun！”

第2章 博弈之道

多数股民在投资博弈中往往处于劣势，同时对舆论、对政策的理解总是感到不合节拍，技术分析失效，消息泛滥使其无所适从，究竟怎样做才是正道？

投资者信任舆论本身不是错误。但有没有想过，舆论本身也是在迎合投资者的思维呢？发行量、收视率都是做给投资者看的，必然是一种从众思维。

如果承认“赚钱的人是少数”，那么“让大多数人赚钱”就是在违反规律。无论是股票交易软件，还是咨询机构会员制，只要是从众行为，都只是在为一些蝇头小利而忙碌，难以真正把握住市场机会。

换言之，那些能够控制市场的力量要吸货时，必然要放出利空消息，让你交出筹码。而他要出货的时候，舆论必然是描绘了美好的前景，引诱你去承接。大盘在“全流通”推出时见底，在“让更多群众拥有财产性收入”政策推出时见顶，这样的案例你是否记忆犹新？

分析师在电视节目中经常会说错，造成这种错误的主要原因是，他是站在散户的立场上揭穿机构的秘密——与机构为敌！当某人代表多数人利益的时候，他往往就会成为市场的反向指标。

软件指标也能够发现主力的蛛丝马迹，但这些秘密武器被广为使用的时候，主力机构就会放弃原有的套路，使原有的规律和格局发生变化。这个市场是有实力的机构说了算。

真正赚到大钱的，都是那些有逆向市场思维和敢于做市场冷门的交易者。所以，我们首先要学会的是逆向思维。

本章通过分析常见的舆论口号，揭示投资者的思维误区，通过反向推理，找到成功之路和博弈之道。

2.1 权威媒体——从众思维要不得

中小投资者在投资博弈中往往处于劣势，对舆论和政策的理解也常常滞后，技术分析失效，消息泛滥令其无所适从。那么，究竟怎样做才是正道呢？

投资者信任舆论，本身不是错误。但如果舆论本身也是在迎合投资者的思维呢？发行量、收听率、收视率，都是为了满足受众的需求，也因此会形成反向指标。

如果承认“赚钱的人是少数”，那么“让大多数人赚钱”就是在违反规律。无论是股票交易软件，还是咨询机构会员制，只要是从众行为，都只是在为一些蝇头小利而忙碌，难以真正把握住市场机会。

换言之，那些能够控制市场的力量要吸货时，必然要放出利空消息，让你交出筹码。而它要出货的时候，舆论必然是描绘了美好的前景，引诱你去承接。

2020 年股市砸出特大底部，随后上涨千点。2025 年 4 月美国针对全球发起加征关税政策，全球股市暴跌，但是随后全球市场都创出政策后的新高。

媒体中最受欢迎的栏目通常是答疑热线。这类节目通常需要分析师在几秒内判断预测一只股票未来的涨跌，显然这种预测是不准的。除非他是这只股票的庄家，否则他是神仙才能准确预测。

投资不能受别人指挥，个人感觉和观点远不及市场正确。通常咨询机构、经纪人、分析师是使你遭受损失的主要原因，因为他是站在散户的立场上，揭穿机构的秘密，是与主力为敌的。真正赚到大钱的，都是那些拥有逆向市场思维的和敢于做市场冷门的交易者，但你又有多少专业素质和勇气来与整个市场为敌呢？

22 预测大盘——担心大盘最不赚钱

很多人进行股票投资，关心的不是个股而是大盘，这类投资者往往难以赚钱。

大盘的调整往往是板块运动切换的结果。当指标股带动指数上涨时，大部分股票并不会随之上涨；而当指标股带动指数下跌时，大部分股票往往已经提前调整完毕。

由指标股带动的大盘，无论指数是被拉高还是打压都是为了引起市场恐慌。个人认为，凡是依靠大盘股拉升出现的上涨都是无效的，而凡是大盘股暴跌砸出的低点都是有效的。主力利用大盘股的权重来调控指数，使市场向对其有利的方向发展。

指数大幅波动对投资者的心理影响极大，因为他们总是在参考大盘来进行投资。而大多数情况下，指数和个股的节奏不同步。

牛市格局是市场股价重心整体上移，一线蓝筹的股价上涨之后，二线股、三线股，甚至垃圾股的价格都可能上涨。这是市场规律，是资金逐利的体现。

如果挑选一个处于低位的两倍股的眼光都不具备的话，那么万一它涨10倍、100倍，你将如何呢？牛市做空是最倒霉的一件事。牛市其实比的就是定力，谁的定力更强，持有的时间越长，盈利就越大，但大部分人都做不到这一点。

牛市中不敢长期持有将导致盈利不足，特别是行情走到中途以后更甚，人们通常会在牛市达到顶峰时才恍然大悟，应该长期持有。于是在熊市开始后一路长期持有，巨亏就是这样产生的。相反，在牛市中长期持仓的投资者，熊市开始后逃得比谁都快。

所以天天担心大盘的人是最不能赚钱的人，个股研究透了，保证比参考大盘赚得多。关键的股票一年研究两三次就可以了，而不是每天跟着大盘走。

2.3 底部特征——底部出现之后才是底

投资者都知道，最低的股价往往出现在技术形态最差的时候，而底部的基本特征通常是缩量，很少会出现“底部放量”的情况。换句话说，如果能够判断个股处于“底部”，就无须用“放量”来描述。

在机构眼中，个股出现底部放量是一种“诱饵”形态，换句话说，最像底部的形态就不会是底部。

过早介入市场，容易倒在黎明之前。这就是所谓“领先三步是先驱，领先两步是烈士，领先一步是先进”的道理。马云的阿里巴巴不是第一批互联网电商，摩拜单车也不是第一批共享单车，在此之前的公司已经不见了踪影。一将功成万骨枯，成功企业往往不是第一个吃螃蟹的人。

从板块角度来看，每年涨幅最大的行业，在启动之初也是风险最大的板块。比如 2001 年入世时的汽车板块，2003 年长江电力上市，2014 年创业板退市政策，等等。这类不亚于一波牛市的板块行情，都是主力在利空中完成的建仓。

每当上市公司高管出现问题时，股价都毫无例外地出现下跌，但很多主力却借此机会吸货，造就一波行情。

当所有的股票完成补跌之后，底部才会出现，新行情才会启动。补跌，顾名思义就是强势股相对弱势股的补偿回归行为。补跌是周期现象，是马太效应的纠偏。所谓物极必反，是市场回归平衡的标志，是新周期开启的标志。

换个角度讲，底部需要的勇气，是思维的艺术。趋势形成后，第一波炒预期，第二波炒数据，第三波炒兑现。所以如果第二波的数据都出现了，还不敢进场，那么投资注定不能成功。

底部的确认技术，是普通散户所忽视的，这需要胆识和智慧相结合。

2.4 天量天价——牛市多头不惧大量

我们常听到“天量天价”这样的股评术语，但这是对技术分析的滥用。

凡是大级别的头部都会出现量价背离。第五浪在成交量上通常不会超越第三浪，第三浪的成交量总是最大的。所以，2007 年的“5 · 30”后的行情是缩量上涨，创出新高，一直到行情完全结束为止。

1996 年大牛市的成交量峰值出现在 12 月利空之后，大盘出现了三个跌停，随后又在无量中匀速创出新高，时间长达半年，涨幅超过 50%。1999 年“5 · 19”行情的成交量峰值在 2000 年初释放，此后股市一直涨到 2001 年 6 月，此波行情持续时间长达 1 年半，涨幅超过 40%。2005 年后大牛市的成交量峰值在 2007 年 5 月到达，但行情一直延伸到 2007 年 10 月上证指数达到历史峰值 6124.04 点才结束，天量后的涨幅达到 60%。

通常，牛市中的主流板块不会因为利空而见顶，相反大顶往往出现在利好之后。这就像在熊市中，任何利好都不能改变下跌，大底往往形成于重大利空之中。

有涨就有跌，只要股价到了周期的对称点，就会产生不以人的意志为转移的循环周期，运用周期规律便可以发现市场的顶部和底部。

股市本身并不创造财富，本质上是个多空博弈场所，场外资金进来形成牛市，场内资金出去形成熊市。天量往往是多空博弈最激烈的位置，一旦多头胜出了，自然会向上打开空间。巨量推动后，往往还会有一段无量推动来延续空间。所以，最大能量释放之后多头向上是一般规律。

更简单地说，牛市中的上升三浪作为主升浪，需要带量推动。五浪作为末升浪，量价允许背离。

因此牛市中，投资者无须恐惧天量天价。反之熊市放量则是卖出时机，因为市场给了存量主力出货的机会后，就可以下跌了。

2.5 利空见顶——利空不是头部的标志

事实上，2007 年市场本身就有调整的要求，没有“5 · 30”印花税上调，大盘一样要跌，也许节奏和方式会不一样，但下跌一定会发生。所以，大盘还是按照自身的方向在运行，不会因为利空而发生丝毫改变。

2007 年“5 · 30”行情后，市场处于空头一边倒的境地，完全不存在多头力量。股民会对有较大获利盘的品种进行抛售，特别是两年来市场始终没有大级别做空过，这时的抛盘是两年做空势力的一次集中兑现。

此前股价连绵不断上涨培养了投资者持股不动的习惯，主力机构借助这次机会顺势进行大幅度清洗，没有这样猛烈的一次打压动作，后市是无法继续推高的。

连续单边下跌个股的未来只能依赖于新资金开仓。如果新主力资金没有对筹码进行交换式建仓，那么老主力个股从哪里来就会到哪里去。换句话说，筹码交换彻底的股票，在未来行情中就有创新高的能力。

媒体和公众舆论在这场“战役”中起到了非常重要的作用，各路人马竭尽所能反复告诉投资者无论牛市涨到哪里，成长性就是一切，于是大量股民入场，继续推高股价。股价越高，压力越大，在空前强大的压力下，中小投资者对成长股的信任基本消失，股市开始大幅下跌。主力打了一场很成功的战役。记得 1997 年中期以后，市场舆论也出现了这一幕，由此造就了 1998 年资产重组和 1999 年科技股轰轰烈烈的行情。这一幕在 2009 年 4 万亿元投入大基建救市后再次重演。

黑客理论进一步揭示，利空并非头部，利空所袭击的重灾区，往往是未来行情主升浪的策源地。

2.6 A H接轨——差异是商品的自然属性

一些经济学家认为，香港H股的股价比我们低，所以我们的股价有下跌要求。

股票是一种商品。商品的一个重要属性就是在不同地区价格反映不一样，否则这个世界上就不存在贸易了。一棵白菜，在中国深圳、中国银川、中国香港、美国纽约的价格完全不同。正因为如此，才有贸易行为产生，资本才有流动的前提。所有经济行为本身都是因“差异”二字而造就的。

A股市场超越港股已成大势所趋。未来，A股下跌时港股也必然下跌，而A股上涨时港股才有上涨的希望。未来趋势是恒生指数与道指关联度减弱，与A股关联度则会加强。

2000年的时候我周围的一些资金就开始进入香港市场做H股。2007年以后真正大级别的资金开始撤离H股进入A股市场，而现在股民却都跑去买H股了。

2005年之前H股是强势市场，而后A股市场开始代替H股成为强势市场。随着时间的推移，H股的地位将逐渐下降并逐步被A股替代。香港原来是内地的桥头堡，而现在已经不再需要从香港来转口了，香港除了商业和金融，几乎没有工业产业，当然就产生不了技术创新，无法创造内生价值。

股市并不是一个比智商、比学识的地方，比的是性格和经验。华尔街最优秀的基金经理几乎没有一个是学金融专业出身的。优秀基金经理多诞生于两个学科，那就是历史和哲学。历史会告诉你曾经发生过什么，怎么发生的。而哲学会告诉你人性共同的特征就是你最大的敌人。

2.2 价值投资——市场没有永恒的主题

股市的永恒规律是强弱转换和板块轮动，具有明显的周期特征。抓住大势的主要方向，寻找市场的洼地，在盲点时进入，在热点时退出，已被证明是有效的制胜法宝。

牛市中，原先的弱势股会在某一时段突然变成强势股，这是资金流动的结果。牛市中只要不是基本面特别糟糕的品种，大都会有涨几倍的能力，不同的只是主升浪的时间不同。在几年的时间中轮番出现上涨是规律，大盘股的普遍涨幅通常小于小盘股，这也是一个规律。

2007 年的市场和 2006 年下半年完全不一样，由所谓的“二八”向“八二”转化，深综指数超越上证指数就说明了这一点。2007 年上半年涨幅前 100 的品种中，小盘股和垃圾股一统天下，蓝筹股和大盘股基本无缘。

随着时间的推移，成长股超越蓝筹股的概率会越来越大。当然，这些垃圾股在炒作时，也会被冠以准蓝、重组、科技等各种名义。不必相信这些，我们只需要知道，筹码交替，直到所有题材都被利用一遍为止，行情才会结束。

中国股市的股票基本三五年一变，从垃圾股到绩优股，再从绩优股到垃圾股。十年前那些不可一世的企业现在不少已破产，当时的那些“著名”的民营企业家亦然。三十多年来，上市公司没改名字的很少，上市基本面早已面目全非。

所以股票没有好坏之分，只是持有时间的长短不同，证券投资是一门时机选择的艺术。

2.8 追随价值——蓝筹也有泡沫

周期股往往在市盈率最高时见底，在市盈率最低时见顶，这与经典的市盈率投资逻辑相悖。

化工股中的纯碱和玻璃，业绩越来越好，但是股价越来越低。湖北宜化在业绩最差的时候，股价见底，后来上涨十倍。

2007 年中国股市见顶之际，世界前十大市值公司中中国占了六家。世界最贵的银行、保险、地产、石油类个股都在中国，但这些个股后面的企业缺乏国际的分红标准。由此可见 A 股的蓝筹股并非真正意义上的蓝筹，蓝筹股票泡沫丝毫不亚于中小盘股票泡沫，2008 年后，这批股票领跌股市。

贵州茅台曾是头部蓝筹股，但经济萧条时，高端消费品立刻没人要，消费者都去喝低价的二锅头，此时二锅头就是绩优股。2022 年贵州茅台创出历史新高，但是随后各个行业的“茅”们领跌三年，可见蓝筹股也有泡沫。

即使在美国这样的成熟股市，情况也完全一样，2000 年道指见顶以后纳指开始发力。科技股行情本质上就是垃圾股行情，“市盈率”被那些所谓的投资家笑称为“市梦率”。中国的 B 股市场，市盈率都在几倍以内，香港股市的市盈率一直保持在十几倍，但也不怎么上涨。可见业绩和市盈率并非定价的核心。

2007 年 11 月 5 日，中国石油以“亚洲最赚钱公司”的名义高调登场。上市首日的股价高达 48.62 元，三个月内迅速被腰斩，十个月后甚至股价跌破了 10 元，成为市场最大的做空动力。

从长期角度来看，蓝筹股一定能跑赢垃圾股，这毫无疑问。只是在某个阶段，垃圾股的行情会成为主流。而那些上涨的垃圾股最终都会有重组或者科技等概念附体。我们需要清楚的是，这些概念在下跌的时候都荡然无存。

2.9 看重业绩——最具成长性的是垃圾股

利润往往在盲点中产生，而这个盲点通常是垃圾股。大多数绩优股都是从垃圾股发展而来的。反之，现在的垃圾股在上市时大多是绩优股。

2015 年多数垃圾股集体上涨 10 倍，乐视网最高上涨 70 倍。后来乐视网也沦为 ST 的命运。2007 年最牛的股票是 ST 重机（后改名“中国船舶”），2006 年最牛的股票是 ST 环球（后改名“苏宁环球”），2005 年最牛的股票是连续 25 个涨停的 ST 丰华（后改名“丰华股份”）。1999 年“5 · 19”行情中的冠军是 ST 海虹，1996 年大牛市的冠军是琼民源（当时也是基本面亏损，只是那时候没有 ST 制度）。

1996 年大牛市开始时是绩优股行情，但 1997 年 5 月 21 日四川长虹等见顶之后，全部都是重组股、科技股的行情，这些所谓的重组股和科技股本质上就是垃圾股，此后推动上证指数于 2001 年 6 月 14 日走到 2245 点，这一轮牛市持续的时间长达 4 年。无论从指数的高度还是时间的跨度，垃圾股行情都比绩优股行情更大，市场宽度也更大。1997 年的绩优股龙头四川长虹，几年后一样变成垃圾股，股价从 66 元跌到 2 元。这和垃圾股的最终结局没有分别。

这里并不是要推崇垃圾股，但必须明白，牛市中一定是小盘成长股涨幅超越大盘蓝筹股。垃圾股与绩优股总是不停变化，甚至相互转换的。这一点在古今中外股市中从来没有例外过。只是在中国股市，这种变化实在太快了。

成熟如美国股市也有一样的规律。蓝筹股见顶之后，以纳斯达克为代表的科技股成为主流，“市梦率”代替了“市盈率”。

业绩增长的最快方式不是基本面推动，而是资产注入。2024 年秋季攻势中，并购叠加化债政策，低价股动辄翻倍。在国外，资产重组也是永恒的题材。

2.10 业绩永恒——风格轮动是不变真理

“股票要实实在在地看业绩”，这句话害了很多人。观念可以引导，但是高度认同本身就是大忌。大家都以业绩为王，去发现价值的时候，都认可的价值就没有了价值。

钢铁股业绩一直较好，但是钢铁股在 2017 年供给侧改革的顶层政策推动下，才形成了一波周期股行情。贵州茅台一直业绩不差，但是也出现过股价从 2021 年 2 月 18 日的 2627.88 元跌到 2021 年 8 月 20 日的 1525.50 元的下跌记录，半年的时间，跌幅高达 39.63%。

牛市中，价值投资者饱尝了甜头，这些自诩为价值投资者的人，只是当初在漫长熊市中被套得焦头烂额的主。在熊市中，投资者更倾向于炒作业绩，因为业绩是看得见、摸得着的。通过投资获取每年的分红回报，来对抗下跌。在熊市中，有限的资金往往会集中在价值股中抱团取暖，从而推动少数大盘股上涨。

震荡市炒并购。公司省吃俭用挣利润，毕竟没有收购一个企业来得快。并购成为震荡市中有限的热点，投资银行并购业务是上市公司市值管理的关键因素。投行并购的利润短期释放效应明显。

牛市炒预期。并购资产买来的业绩不如想象力来得快。因此市梦率成为主题投资，成为垃圾股横行的逻辑。

2003 年五朵金花带动了价值股的热潮，“核心资产”类基金热销，但次年一败涂地。2015 年 3 月公募持仓的小市值股票比例全面超过大蓝筹股票时，小市值股票相关指数遭遇了灭顶之灾。如今大象当道，市场以肥为美，“漂亮 50”替代了当年的五朵金花。风水轮流转，眼下已经横行两年的蓝筹风格也会切换，当投资者实在忍受不了业绩的刺激，抛掉中小盘股票时，便是小市值股票大底形成之日。

2.11 蓝筹主流——牛市的“八二”现象

有些人认为牛市是蓝筹股领涨的，这种观点是幼稚的。牛市只能是所有的股票都上涨，如果仅仅“二八”，那么一定是熊市。

市场之所以产生“二八”现象，是因为整体资金不足，无法推动所有股票，才转而求其次，比如 2004 年“五朵金花”行情，就不是牛市发动标志。2017 年“漂亮 50”的虚牛行情，和当年如出一辙，1000 多只股票创下上证指数在 2638 点时的新低，还叫什么牛市？

当大部分股票无法上涨的时候，市场的重心会拖累高高在上的蓝筹股，从本质上看，这说明市场的总量资金是不足的，那无疑是熊市。

有人认为垃圾股会变成仙股，这种观点非常幼稚。因为越是垃圾股，利益驱动力往往越强。在中国，大量垃圾股长期成为仙股的情况是不存在的，包括三板市场中那些最垃圾的股票。一轮牛市结束后再来看看，可以确定，这些垃圾股的涨幅会超过绝大部分蓝筹股。

所以如果牛市还存在，那么 80% 的股票一定会涨，而且涨幅不会小于那 20% 的股票。

低价股中很多品种远比蓝筹股有价值，随着时间推移，大部分垃圾股都会有重组或资产注入的机会，这也是市场的需要。乌鸡变凤凰的故事会持续上演。

尽管垃圾股中有黄金，但是对于大部分中小投资者来说买垃圾股还是应该谨慎的，原因在于你的心理承受能力不够强，大部分人无法忍受那个漫长的过程。而持有绩优股尽管涨幅不会很大，但你可能会比较轻松地获得市场平均收益。

2.12 买入持有——筹码的时间价值

股票无所谓好坏，它们都是筹码。投机市场中不要被成长、价值、蓝筹等概念迷惑了，筹码就是利益集团的牟利工具。

中国股市1996年的大牛市，一开始是绩优股行情，1997年以后垃圾股横行，之后上证指数翻番过程中，热点基本上和业绩无关，垃圾股上涨的行情里蓝筹股基本不涨。1999年的“5·19”行情就是那些在绩优股行情中没有涨过的垃圾股的行情。但在2002年以后绩优股上涨的周期里，垃圾股的表现很差。在中国，垃圾股行情持续的时间通常会远远超过绩优股，因为它更适合被包装、被利用。

任何一轮牛市结束后，无论是垃圾股还是绩优股都会回到原地。1997年绩优股行情结束之后，绝大部分当时的绩优股都变成了垃圾股，龙头深发展在49元天价后见顶，在随后近十年的漫漫熊途中，股价只剩下一成，直到2005年的5元左右才见底。当年中国台湾股市见顶后，台塑的股价也下跌了90%，日本股市见顶之后，索尼等公司的股价也下跌了90%以上。

股市就是投机的场所，没有所谓真正的投资，包括价值投资者最推崇的巴菲特也是在投机。你仔细研究巴菲特年轻时的经历就知道他的投资和坐庄操纵股价没什么分别。如果他真是价值投资，那又何必这样呢？

有位私募经理认为自己学到了巴菲特的精髓，每天爬山、喝咖啡，作息时间和巴菲特都一样，可投资业绩却是亏损的。

所谓“百年老店”才是真正的好企业，而我们并没有等待百年的时间。现在的这些绩优股以后却有相当一部分会变成垃圾股，熊市一来经济萧条，券商、保险、银行股立马都变垃圾股。现在用绩优股的价格买的某些股票实际上将来会变成垃圾股。

2.13 等待分红——透明股票不值得投资

近十年来，贵州茅台已经成为投资价值的代言品牌。

良好的分红方案以及绝对的市场定价权，使得贵州茅台具有足够的安全边际，2012 年以来每到节日期间，白酒涨价就成为贵州茅台股价看涨的理由。

在贵州茅台近十年的成长路上，一大批贵州白酒品牌淡出，其中不乏曾广为人知的一些品牌，如鸭溪窖、珍酒、董酒等。

白酒涨价游戏已经阶段性到头，未来主导白酒行业的成长因素应从价转向量，贵州茅台如果能认清这点，放弃提价打算，那么还可对同类品牌实现挤压，通过产能扩大，抢占市场份额，保障经营业绩。

贵州茅台酒用于商务消费较多，公司未来的发展还是要落实到渠道管理和民间消费上。

从整体上看，白酒行业最辉煌的时期已经过去，投资个别天赋好的白酒企业还有获得超额回报的可能，但亦要看管理和经营水平。

投资者尤其要注意的是，分红高的股票在熊市中表现出了良好的抗跌性，但这类股票往往是熊市坐庄，牛市派发。一旦牛市来临，主力往往会迅速套现。

2.14 不求完美——亏损是投资的一部分

职业股票投资者既要懂得乘胜追击，也要懂得忍痛止损。中小散户则往往相反。当所投资的股票持续上涨时，散户往往急于抛售去做短线，从而失去了进一步获利的机会。而当所投资的股票价格直线下跌时，他们却表现出令人惊讶的忍受能力，牢牢抓住亏损的股票不放。

这是典型的“追求完美”的投资心态。任何获利都得承担一定风险才能获取回报，所以利润是风险的溢价而非欲望的产物。风险不可预测，但可以用制度控制。只有交易体系完善，风险来临时才能从容化解。仅就单笔和局部而言，正确方法不一定会有最好结果，错误方法也可能产生局部胜利。但就长远和整体来看，成功必然来自不断适应市场的完善的投资系统。

做股票，投资标的一两天的涨跌是毫无意义的事情。一两次的成功与失败根本不会决定你的长期盈亏。对于失败者，一次再完美的成功也难以改变失败命运；对于成功者，一次再惨痛的失败也不会改变长期盈利格局。

能否系统地从根本上控制住投资损失，是区分赢家和输家的分界点，随后才是天赋和勤奋。所以，投资体系是盈利的关键，而投资体系的关键是风控体系。

大行情更应轻仓慎加码，因为行情大震荡也大。由于贪心而盲目加码不仅会在震荡中丧失利润，更会失去方向，从而破坏节奏，彻底失败。

只要每次都做大概率成功的事情，长期来看你就是赢家。没有人能永远预测对市场，没有人能永远把握市场的波动，你要做的就是做成功概率最大的那件事。

亏损是投资的一部分。学会以正确的心态面对亏损，是进入职业投资领域的必经阶段。承认投资有亏损，就需懂得在投资上不能追求交易完美，而是在投资体系上要做大概率事件。

记住：我们在股市中赚到的钱，是亏损的负收益。

2.15 计算供求——供求关系无法精准衡量

新股发行速度和额度历来是舆论焦点。超级大盘股的发行总会引起市场的恐慌和担忧，而实际上每次大盘股发行，都伴随着行情启动。

1996年12月新股发行额度公布，形成了1997年最佳投资机会；2003年11月长江电力上市，大盘也走出了熊市中仅有的一次“局部牛市”，2005年全流通方案推出，造就了中国股市历史上最大的牛市；2006年10月工商银行上市，直接化解掉了大盘翻番后的调整空间；2010年7月农业银行发行，促使大盘展开“秋季攻势”。即使是2007年大小非解禁的高潮，也没有阻挡牛市的脚步。全流通解禁压力最大的中信证券，也成为2007年最大牛股之一。

筹码的增加为什么没有成为市场的打压力量呢？这是因为筹码供应思维是在用静止的眼光看世界。筹码增加成为市场打压力量的前提是市场的资金供应是恒定不变的，只有这种情况下筹码的增加才会导致股价的下降。

假定资金的总量是不变的，为了买新股投资者就只能抛老股。但问题是资金总量一直在变，当资金总量上升时大部分股票都会上涨，总量下降则大部分股票都下跌，这和新股还是老股并没有因果关系。大盘普遍下跌是因为资金在流出、基本面已改变等都是无稽之谈。牛市就是一个筹码不断被争夺的时间段。

股价涨跌最终要看筹码和资金的供求关系。筹码供给在某一个阶段可以被预测，而资金供给则从来没有人能预测。

所以，从历史来看，从筹码供给角度来推算大盘指数波动的人从来没有对过。因为他永远测不准另外一半——资金供给量。

216 鸡蛋篮子——复杂组合不利于散户

最近几年流行的理念——“把鸡蛋放进不同的篮子”是大资金分散投资法则被舆论滥用了。中小投资者真正要做的是“把鸡蛋放在一个篮子中并保护好这个篮子”。

组合投资是针对机构而言的，因为大资金有流动的刚性需要。当资金规模到达亿元级别时，投资必然会出现多元化的组合行为，但这并不应该被散户借鉴推崇。

散户投资多元化是一种无知。对散户而言，选好股、避免风险才是最重要的。由于情绪因素，散户投资者在股市中的表现常常是错误的。对于散户而言，专注于持有少数几种股票，就可以大大降低投资风险。

即使是专业投资人推荐的五到十个优质公司组合，对于散户而言也是没有意义的。散户买一个就够了。

即使有更好的股票出现，也应遵循谨慎换股原则。换股时，要先卖掉原有的一只股票，股票宜精不宜多，千万别把持仓搞得太复杂。大盘调整时，太多的股票不仅不会带来超额利润，反而会有比大盘更剧烈的波动。这时会因持有的股票品种太多而导致精力分散，无暇顾及每只股票，从而在真正机会到来之时，与利润失之交臂。

成功投资在于交易体系的确定性，即选时和选点的交易机会确定性，然后集中火力，看准机会，重拳出击。切不可因为需要买入而买入，无效的仓位不会对你的利润做出贡献。当投资组合达到10只以上的时候，其收益就指数化了。

好园丁永远会将碎花瓣去掉。对于股市，赢家追求的是逮住一两只真正牛股，并非一堆无济于事的小利。

装鸡蛋的好篮子，其实是你所要运用的投资理念。

2.12 低吸高抛——放之四海而皆准

人们常说，市场操作规律很简单——低位买进，高位抛出。这是放之四海而皆准的“外交”辞令。低位怎样判断？你认为便宜的时候买入，此后价格继续下跌怎么办？你认为价格高的时候卖出，此后价格继续上涨，要不要回补？

没有标准和交易体系支撑的低买高卖策略会导致严重亏损，只要少数几次大的亏损就会将股民搞垮。

不少人认为“低和高”能够通过成交量识别。其实，成交量仅仅是一种观察性、后验性的指标，并不能提前预测时空。

量价配合最漂亮的时候，不是买入的最佳时刻，相反随时面临市场修正的深渊。价是“先行”指标，量是“后行”指标，价涨上去了，量自然会放出来。价和量是因果关系，并不能倒过来使用。假如大盘每天涨 2%，每天的成交量肯定会不断创新高。

自然规律决定了价格在高点的时候量能巨大，价格在低位的时候量能匮乏。放在时间维度来说，价格在高点的时间短，在低点的时间长。

因为“强烈追随”与“利益保护”是人之本性。当高点出现时，大量获利盘会形成强大的卖压，使得高点持续的时间很短。但到低点时又因人的弱点导致市场在底部盘踞的时间比较长，如知识有限的原因，分析不准市场方向，市场到了低点也不敢确认，宁愿长时间观望等待也不愿早日入市，只有到市场自身发出转向信息后才确定进入。

所以正确的方法是，认清趋势——在上涨中越涨越买，在下跌中越跌越卖。

因此，在低位时需要勇气，在高位时需要大气。

2.18 信心涨跌——涨跌并非由信心主导

股市调整多年，分析师最常用的解释是“市场缺乏信心导致下跌”。

这实际上是偷换了一个概念，将“市场投资信心”窄化定义为“市场投资者信心”，将自己对股市涨跌本质的无知，推脱给整个市场。

即使面对极度低迷的市道，管理层也会微笑着告诉你，“我们对中国股市的未来充满了信心”。2004 年，管理层推出的“国九条”该让投资者有信心了吧，大盘指数为什么还是跌了两年呢？

媒体总在责怪股市长期低迷是投资者缺乏信心，而市场涨跌并非由投资者主导，光靠投资者有信心又能怎样呢？

投资股市光有信心是不够的。信心会在下跌行情中逐渐丧失，会在上涨行情中快速膨胀。2024 年初，雪球爆仓，投资者踩踏割肉，无论监管层如何喊话要对市场有信心，投资者就是不信。但 2015 年 5 月创业板高潮，投资者争先恐后融资买股，可谓是“信心爆棚”。

在中国股市熊长牛短情况下，市场机会主要通过挖坑产生。因为私募机构的个股风控线在 20%，清盘线一般也设计在 0.8 元，即意味着市场每跌 20%，都将产生止损盘兑现。

大主力通过先砸后补的方式来吸筹。通过砸盘制造恐慌情绪，等待小机构和小散割肉后接盘。这就是大盘每次调整幅度为 20% 的原因。

等投资者都明白了“急跌莫杀”的道理，习惯了“绝望中产生机会”的“挖坑模式”后，拒绝割肉，又等来了漫长的阴跌熊途。不恐慌是没有底部可言的，因此熊市中信心百倍的投资者，都是严重亏损的困难户。

所以信心不是股票涨跌根由。换言之，是股市的下跌，才导致投资者没有信心。如果股市天天上涨，你看市场有没有信心？

2.19 投资情绪——离于爱者无忧无怖

传统金融理论认为股价是上市公司预期利润的贴现。但在实际交易中，股票价格形成在较大程度上依赖于投资情绪。股价的决定因素不仅包括上市公司经营情况，还包括投资情绪。

投资情绪有两类：一类是投机性情绪，主要反映投资者对市场风格偏好的理解，比如消息面、资金面等。另一类是投资性情绪，主要反映投资者对上市公司基本面的预期，包括对实体经济的宏观预期、行业预期以及上市公司经营情况的乐观悲观判断。

在投资情绪上升周期中，利好信息往往被强化，利空信息被弱化，投资者对宏观面和上市公司盈利前景看好，对后市看法越来越乐观，市场中的高亢情绪还不断感染场外投资者，新增股民和新增资金积极入场，进而继续推动股价上扬。股价上扬又进一步强化了投资者的盈利预期以及放大了投机需求，两类投资情绪都达到了亢奋状态，市场在高潮中达到顶点。

投资情绪下降周期中，利空消息往往被强化，利好消息被弱化，市场所经历的下跌历程与上述的上升周期基本相反，两类投资情绪变化导致市场在绝望中迎来底部。

情绪主导的投资受市场热点和舆论影响巨大，这就是“关心则乱”。对市场的恐惧来自对手中股票的关心。投资情绪和心态混乱是导致失败的根本原因。波动市场上取胜的关键是保持自身心理上的高度纯洁。认知论和买卖情绪，就是属于操盘手心理建设的内容。《倚天屠龙记》中觉远和尚对郭襄有谒云“由爱故生忧，由爱故生怖，若离于爱者，无忧亦无怖”。二十几年来，这谒语也在我心里沉淀了下来。消除大众对自己情绪的影响，就能对股市、对人生看得更长远。

2.20 市场因素思维方法◎政策面

市场是无数个利益集团组成的博弈整体。如果你想在这个投机市场中生存，就必须服从这个市场的游戏规则——所有市场信息都是利益集团博弈的结果。要想衡量参与各方的心理认可程度，就必须学会换位思考。

一、监管层：在其位，谋其政

投资者往往把监管层有关“保护中小投资者利益”的言论当作利好。其实这是中性消息，是监管层本身的职责而已。“保护中小股民”并不是“挽救股民运动”，更不会是“救市行情”。

2007 年，党的十七大提出创造条件让更多群众拥有财产性收入，但是此后一年上证指数和深圳成指不断下跌，最低点尚不足最高点的 30%。2009 年以后 A 股总市值不断创出新高点，但投资者收益却不断下降，甚至出现了亏损，本质原因是私募股权投资集团稀释了二级市场利润。

2002 年 11 月，党的十六大制定的证券市场发展纲要明确提出证券市场要“稳定发展”，这和 2001 年以来挤泡沫运动时的“规范发展”有本质的不同。稳定发展意味着指数需要蓝筹股来维稳，价值投资成为大型机构资金选择的方向。

二、政策调节市场的方式

如何由创始阶段向发展阶段行进是证券市场目前暴露出来的亟须解决的问题。不断倒下的庄股和不断发行的大蓝筹都是中国证券市场完善发展的结果。这一过程代表着旧体系的出局和稳定市场新力量的入场。

政策调节市场最有效的办法就是发行大蓝筹，并推出更多的基金来承接。扩容是中国证券市场发展的重要形式，上市公司为了生存，必将不断扩大规模。

有了大蓝筹和大基金这样的“舵手”之后，市场的稳定性将进一步增强。

在下跌过程中，市场将有意识地逐渐解决一些问题，充当政策面的“试应手”。比如股权分置问题的解决，通过国有股减持、全流通、股权分置、股改的不同定义，来定义不同阶段的下跌理由，成为考验市场承受能力的政策。

政策在市场下跌中暴露问题，在市场上升中解决问题。

三、主力机构的反向操作

主力机构借利空消息吸纳筹码，借利好消息出货，反向操作。如 2004 年 2 月 2 日，国务院“国九条”推出之时，中国联通见顶。超级主力“敏锐”地将利好判断为出货时机，随后其协战部队通过两个月时间完成了其他大蓝筹出货的任务（见图 2-1）。

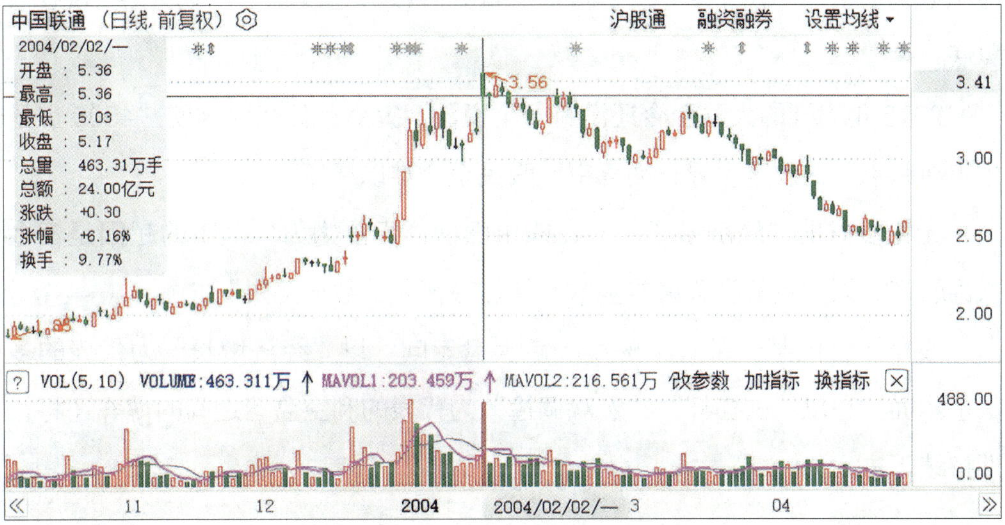

图 2-1　2004 年 2 月 2 日中国联通见顶

“国九条”是证券市场制度建设的纲领性意见，被主力机构渲染为“牛市总动员政策”，将其巧妙地用来“诱多”，成功出货。

在 2003—2004 年跨年度行情中，一些大盘蓝筹股借助“核心资产”题材实现了百分之百的涨幅，敢于对大盘蓝筹股下手的资金背景非同小可，绝非普通机构投资者可比。

公募基金在此时又成为反向指标。公募这时全面介入“核心资产”概念，并发行了大量的景气类基金，结果被深深地套在高位，好几年都非常尴尬。

四、“宏观调控”和“发展经济”博弈

政策面一直是短期资金博弈的焦点。目前影响市场的消息面因素相当多，“国九条”的贯彻实行、新股发行、国际板、创业板退市和再融资等诸多信息也都影响着所有市场参与者。

2011 年的宏观调控主要针对 CPI 的过快上涨，货币政策针对生产投资领域的收缩，导致股市率先“去杠杆化”。但即使所有生产资料价格处于回落之中，我们的货币投放量 M2 依然维持着两位数的增长。

鼓舞市场信心最有力的“国九条”从来没有喊停。2002 年，上证指数跌破 1600 点后，毫不回头又跌了两年，直到股权分置改革推出后才在 1000 点见底。

2015 年出现的大跌至今还没有一个说法，究竟是什么原因使“4000 点是牛市新起点”的政策引导长期落空？股民至今难以释怀。

无论多好的“经济增长”，在熊市面前都无能为力。熊市的起因是资金撤离股市。因此投资股票只看基本面往往会掉入“数据陷阱”。

股市不会因某一条政策解读决定大盘走向，以“经济增长”为代表的多头基本面，和以“去杠杆”“宏观调控”为代表的利空监管之间的博弈还将长期持续下去。

2.2.1 市场因素思维方法◎资金面

一、顶层资金决定市场方向

多数多头行情的产生，都伴随着政策周围的核心资产入市。围绕在政策周围的核心机构快速介入，是行情推动的重要力量。基金肯定不是核心利益集团，其充其量是边缘部分的主力机构。

例如，2000 年股市牛转熊后，首先是核心资金退场，其次央行推出政策“银行资金不得进入股市”，再次财政部严禁“三类资金”炒股，最后证监会严禁上市公司利用募集资金炒股。这代表着围绕在核心政策周围的资金相继退出市场。

2014 年的牛市也是一步步通过改善资金面环境走出来的。2014 年通过以下几个方面，为股市注入资金，从而产生了牛市。第一，放开私募基金政策，引导场外资金入市；第二，提倡上市公司市值管理，激发大股东做多热情；第三，开设沪港通业务，使国际资本进入 A 股；第四，券商开设“两融”业务，相当于银行理财资金间接进入股市；第五，银行降息降准……

2015 年的大跌也跟顶层资金面的引导有关。首先，所有券商融资额度已用尽；其次，清查股票配资强迫股市去杠杆；最后，打击上市公司坐庄行为。另外还有汇金减持……

牛熊形成一定是资金面引导的结果。

二、主力与散户反向操作

相对于主力，中小投资者最大的优势是进出方便，不像主力资金建仓的时间长达一两个月，出货往往也需要数日。大多数情况下中小投资者几分钟就可以满仓或空仓，可见中小投资者投资交易还是有优势的。

主力制造的题材不会重复上一波行情，一定会进行翻新炒作。例如 TCL 的资产重组被冠以“整体上市”，长江电力的蓝筹股行情被誉为“核心资产”，但二者实际上就是“资产重组”和“绩优股”概念的翻新而已。

三、不以清洗散户为目的（2005 年）

市场位于超级低点时，主力机构的洗筹，对中小投资者已毫无意义。能够留存在市场中的散户筹码，已是仓位锁死的筹码，不会轻易割肉了。对于投资者而言，大盘指数在 1000 点还是 800 点，其持筹心态差别不大，因此超级主力机构早已不再与投资者博弈。

经过几年大空头的洗礼，不少私募基金以及券商委托理财的业绩早已“千疮百孔”。2004 年德隆系以及南方系等主力退场，标志着旧主力的模式终结。

2005 年，很多由大股东兜底的定增小股票被套，使得投资者度日如年，如同 2004 年的德隆系投资者，难以支撑局面。当时即使是五六元的股票，都被按照“对折平仓”的协议价寻找买家。

让私募基金在“革命胜利前夕牺牲”，这样的例子在 1994 年、1995 年也屡见不鲜。能够在 2005 年那一轮较量中生存下来的私募基金，如同巴菲特基金一般，将是未来超级主力的雏形。

打压筹码不以清洗散户为目的，但会逼迫私募基金割肉，此乃 2005 年证券市场“转折年”的超级主力建仓手法。

四、游资“跷跷板运动”（2007 年）

游击队和正规军上演的“资金跷跷板”运动，表面上是游资运动影响了核心资产的资金，但实际上，深层次问题是缺乏投资理念。游击队运动和正规军缩编，都是在探询“合理投机”的标准。

在树立明确的投资理念之前，主力资金不会发动“战役”性质行情，主要展开板块式的个股震荡炒作。资金跷跷板现象主导大盘阶段平衡。

五、钱荒之后（2013 年）

中国 M2 超过百万亿元，银行竟然出现了“钱荒”。2013 年 6 月 20 日，因资金紧张，银行隔夜利率竟达到了 30%，财大气粗的银行也缺钱了；2013 年 6 月 25 日，上证指数暴跌，最低来到了 1849 点。中国股市真实反映了钱多钱贵现象，银行等大盘股自然涨不动十年后，这个现象又反了过来。

如此一来，股票自然就会被透支一下，解决燃眉之急，家底不厚的结构化资金只能止损来还债了。每次机构开始爆仓之时，就是行情启动之日。

“从来只见新人笑，有谁听到旧人哭。”未来的利润正是源于现在的亏损。过不了两月，市场就会淡忘钱荒历史，被小指数新高的欢声笑语所代替。

六、“两金”出路（2017 年）

中央汇金投资有限责任公司（以下简称“汇金”）和中国证券金融股份有限公司（以下简称“证金”）于 2015 年起以救市名义进入股市。我个人认为这部分资金最好的出路，就是无偿划拨社保。把救市资金变成长线资本，助力未来资本市场的中国梦，它们是形成慢牛的关键变量。

如果“两金”滚动操作不是“与民争利”，那么“两金”就不应低吸高抛，而应该在激活市场后，完全退出股市。这可能也是汇金持股头寸不超过 5% 的原因，为了短线退出不受限制。

2017 年，市场情绪低迷，热钱集中在价值蓝筹和周期行业中，中小创基本上没有人气，难以唤醒市场热钱追随。“两金”救市时买入的中小创筹码，就需要在活跃的环境中完成退出。所以创业板每次上涨，就只能作为反弹理解，为减持腾出空间，完成出货任务。由此可见中小创的熊途还长。

2.22 市场因素思维方法◎融资行为

一、发展资本市场≠扩容（2004年）

2004年6月25日，当深交所新股上市的钟声时隔4年再次敲响8声的时候，沪市却跌破1400点。当日的成交额不足百亿元，创下当时的近年新低。

被舆论理解为“国九条”具体落实对象的中小企业板，命运却是“高开低走”，并且使2005年上半年奋斗在短线博弈战线的游资折戟而归，资金损失30%以上，大伤元气。2004年4—7月，上证指数仅有几次站在了10日均线上。1600点跌破以后，各种各样的利空出现，且绝大部分都被市场放大了，上证指数的表现离“国九条”推出的目的越来越远。

二、整体上市并非利好（2004年）

从逻辑上来说，整体上市就意味着集团剩余的资产都将注入上市资产中，也就是把不良资产一起注入了。

如果集团仅把其中的某块或某几块优质资产注入，那不是整体上市，叫成整体上市是自欺欺人。

如果只把最优质资产注入上市公司，把不良资产留给集团自己，由于集团内部的高管与上市公司的高管大量重合，因此集团公司和上市公司之间的关联很难严格界定，对于上市公司和股民并非好事。

2.23 市场因素思维方法◎股权分置

一、股权分置是大底形成的充分条件

每次关于解决股权分置问题的声音出现，市场都会出现一根大阴线，主力的目的是让投资者对股权分置问题彻底失望，缴械投降。

在提出股权分置改革的几年中，上证指数都一直处于下跌状态，跌久了，投资者也就看清楚了，影响证券市场的核心问题早已不再是宏观调控、加息等政策因素，而是重新回到"股权分置"的核心问题上，这也是市场所理解的"政策底"为什么总是被击穿的原因。

真正能够形成大底的条件，是"股权分置"问题明确解决。

二、试点"试错"何尝不可

股权分置问题的解决可通过试错来检验市场反应和承受能力，来探明市场底线，即使失败也可通过改错来纠正。

投资者对试点方案的看法，普遍存在误区。从管理层角度来看，必然要先推出较差的方案，即所谓的"试错"，而不是投资者理解的"盼对"。因为试对依然无法保证下一个试点不会失败。而试点错了可以改，直到试出对的结果为止。所以，试点公司不会选择有"代表性"的公司，而应该选择边缘性或不具代表性的公司试点。失败了可以再来，这样对证券市场影响最小。

三、试点题材不会激发炒作热情

全流通试点本身对大盘没有什么好处，但是对相关试点或破净股票可能构成炒作题材。全流通对市场是扩容，不会被理解为利好。该消息只是证监会表态，顺应民意，对市场重大问题有所回应而已。

2004年，市场提出试点方案涉及上市公司有十多家，其中不乏延边公路等一些著名的前期庄股。有人担心机构会借助试点题材套现，可见试点相关公司也是龙蛇混杂，管理层会注意到这一问题。因此，从管理层的思路来看，试点的题材既不能在失败的情况下对证券市场造成大的冲击，又不能在成功的情况下成为主力套现的工具。

但问题是市值停留在净资产以下的股票如何减持？既然投资者可以从二级市场中购买到廉价的四川长虹，为什么还去买高价的国有股和法人股？低总有低的理由，博弈理论认为市场总量资金守恒，不存在长期“套利”可言。

四、清华同方是检验定位的标尺

第一批试点方案中最好的是清华同方。作为最受关注的试点灵魂和龙头，该股有四个特点需要注意：①该股历史走势较活；②该股是预备试点的四只股票中技术面上最超跌的一只；③该股是唯一留下除权缺口的试点股；④该股让利方案最好，是试点公司的灵魂。试点公司的炒作不同于中小板开盘炒作，主要是：①具有突发性；②关注程度高；③出现短期溢价。

从另一个角度分析，试点推出后，最应该下跌的股票就是清华紫光。清华紫光在2005年5月9日周一涨停，市场冷静之后看到“10送10”的是同方，又不是紫光，但同光股价并没有迅速下跌，反而连涨三天，并于2005年5月11日周三带动10多只跟清华沾边的股票出现了涨停，市场以极高的姿态热烈欢迎同方的开盘。强硬盘口赋予了清华同方新的高度。

试点公司短线的溢价，是属于题材炒作的资金效应，与公司的基本面情况无关，只是给相关试点题材一个定位的标尺，来观察市场对全流通换股方案究竟是多少才认可，从而找到最终市场对价方案的合适比例。

第3章 技术精华

人们对经常重复的、熟悉的事物产生记忆。概念就是相似经验的重复部分。经验概念可以使人们根据记忆进行推论。推论至少包含两个概念：一个概念是被经验证明过的；另一个概念是在这个经验基础上被预期的。

推论使用了被人类逻辑思维普遍接受的一个原则：事物到现在是如此，因此它们将来也是如此。这种推论的形式被称为归纳推理。

与归纳法相反，演绎法是从普遍有效的前提出发，借助普遍的逻辑方法推导普遍的结果的方法。

通过本章“技术精华”的学习，你能提高技术分析水平。你的投资水平主要可以获得以下四点提高：

（1）采用最简单、可靠、有效的方法来辅助交易。比如，你用大量时间记忆你认为有价值的信息，如果你对历史给予高度重视，就应该想办法利用电脑帮你完成这一工作。

（2）反复实践，坚持正确，改正错误。实际上你的任何一个观念里面都包含有正确的部分和错误的部分，运用正确的方法一步一步反思，你会放弃错的，留下对的，这样你才能逐渐进步。

（3）精炼思想，抓住重点。经过一段时间学习，你会发现好像别人说什么你都知道，你却抓不住重点，正所谓“骑驴找驴”。精炼是必须的，方法论会帮助你抓住最重要的部分。

（4）一切方法皆应为我所用。只有知道并掌握这些方法，才能真正有意识地做到这一点。

“读书不如著书”，充分思考是必须的，勤于笔记也是投资成功的基础。应当合理构建自己的知识结构，科学分配时间和精力，处理好博与精的关系。

3.1 投机市场分析原则

一、交易体系构建原则

成功投资需有充分的买卖根据，须坚持如下分析原则来构建买卖体系。

（1）系统性原则。凡是买卖，必须知道其原理、适用范围及局限性，当知道原因时，就不会怀疑结果。所谓“知其然，应知其所以然”。

（2）简单化原则。应用形式的复杂会分散注意力、耽误时间，甚至导致遗忘、影响决断。应充分利用电脑，尽可能将正确的思想模型化后一目了然地表达或描述出来。

（3）标准化原则。买卖的根据必须全面、系统、标准化。

（4）定量性原则。真正决定盈亏的是相对价格。股票市场的某些方面确实难以定量或者具有不确定性，但交易体系中绝对应有定量部分。

（5）开放性原则。交易体系应该是开放的，随时愿意改正错误、完善体系。

二、交易九大守则

（1）根据计划进行交易，并严格遵守计划。

（2）一旦心存怀疑，立即出场。

（3）在许可的范围内，尽可能采用止损单。

（4）务必要有耐心，不可过度扩大交易。

（5）不可让获利筹码演变为亏损。

（6）不可摊平亏损——亏损头寸不可加码。

（7）不可仅因为价格低而买进，也不可仅因为价格高而卖出。

（8）必须保有自己的交易记录。

（9）永远分析自己的错误。

3.2 投机市场基本要素

研究社会问题时，不能放弃“人”“家庭”这些最小的“元”，是它们构成了整个社会。股票市场的“人”“价格”“时间”“能量”等“元”，构成了证券市场的细胞。它们自身概念的普遍性、全面性使其成为股市中最基本的要素。

（1）人。人是证券市场的主体。股市中的人有三层含义：自己、对手、裁判。股票市场是一个没有敌人也没有朋友的战场，当你看跌时，你的对手就是看涨的人。

（2）价格。基本面用价值规律解释价格的波动；技术派建立了如黄金分割、趋势线等各种模型，试图揭示价格运动的规律。价格有绝对、相对之分。决定盈亏的是相对价格。一提到价格，就不能回避时间。

（3）时间。至少可以提到五种人们对时间的认识：生命自然感受到的一去不复返的时间；牛顿经典力学的绝对时间；相对论中的相对时间；“一切都不发生改变的话，事物又回到原来状态”的周期循环时间；统计力学中的熵无限增大，带有方向的时间之箭。

时间是人类描述事物变化的思维模式。人类注重的不是时间，而是特定时间内事物的变化。事物在重复自身的变化中显然就包含着时间因子。想要根本解决问题，必须深刻理解时间在事物发展变化中的作用。可以说谁建立了符合股票市场运动的时间模型，谁就能像江恩一样一劳永逸地解决问题。

（4）能量。只有能量才能与时间、空间相提并论。世界上一切变化都可以归结为处于空间和时间中的能量变化。股票市场中能量的最小单元应该与时间和空间都有联系。能量可能是我们打开股票市场这扇大门的一把钥匙。能量反映在股市中的指标就是成交量。

3.3 市场波动主要特征

处理复杂的问题，应该将其简单化、模型化，对事物进行有层次的分类。比如形态学、波浪理论等。最重要的前提是抓住事物的主要特征，从而全方位地研究该事物。

一、平衡特征

没有只涨不跌的股市，也没有只跌不涨的股市；有赚就一定有赔；人们愿意承担高风险，就是因为可能得到高回报。平衡的观念要求我们要时时看到事物的正反两面。

平衡的特征最常体现于股价在形态上的某些对称性，顶底之间的关系、板块之间的轮动、不同市场间的资金转移等。平衡无处不在，应当将平衡思想贯穿于解决问题的始终。

二、能量特征

物理学启示：物体运动轨迹跟能量有关，这体现在股市的形态上；物体波动形式跟能量有关，这体现在股市的振幅上。

成交量说明了资金是一种动力，政策无疑也是一种动力，即一种能量。用普遍的能量特征看待股票市场，会使很多问题迎刃而解。

三、循环特征

股票市场中的重复性，最常体现于周期性特征；股票市场中的连续性，最常体现于趋势特征。周期性和趋势无疑是存在的，而且似乎离我们要寻找的真理最近。周期性是时间，趋势性是空间，配合上能量概念，会使我们找到答案。

3.4 分时盘面预测技巧

一、开盘交易策略

无论开盘价格高低，集合竞价交易都已经消化了前一天的消息面情绪。开盘的高低已经是事实，开盘后的走势形态完全能够反映当天的市道强弱。

市场每一个交易时段都是价格组成的有机部分，就像足部反射区能够诊断全身病灶一样。我们可以把沪深股市开盘前 15 分钟作为一个参考体系，作为全息投射，来判断大盘当日的运动方向。这套方法简单有效，且成功率颇高，强势市场看 15 分钟，弱势市场看 45 分钟。只要稍加消化，即可进行实战应用。

1. 开盘后三阶段看全天涨跌

开盘后的 15 分钟可分为三个阶段，每个阶段为 5 分钟。

第一阶段：开盘后的第一个 5 分钟，投资者处于“先看看”的心态，盘中买卖量都不是很大。主力机构会非常重视，通常用对敲手法制造一些骗线。

第二阶段：开盘后的第二个 5 分钟，投资者已经看得比较清晰了，一般会对原有趋势进行修正，如打压过猛，买盘会进行修正，如拉升太快，抛盘也会迅速出现。因此，这段时间是买入或卖出的一个转折点。

第三阶段：开盘后的第三个 5 分钟，参与交易的人越来越多，买卖盘变得较实在，虚假成分较少，可信度较大。为了正确把握走势特点，可以开盘为起点，以第 5、第 10、第 15 分钟指数为移动点连成三条线段，由此构成 8 种组合形态。这里面包含有一天的未来走势信息，这段时间的走势基本上确定了全天的走向。

2. 开盘后三阶段走势连线形态

（1）三连涨：表明多头势强，后市向好的可能性很大，收阳线概率大于

90%，盘中回档是建仓良机。

（2）三连跌：当天收大阴线的可能性较大，盘中的任何反弹均为出货机会。

（3）涨—跌—涨：表明当天行情趋好的可能性较大，日 K 线可能收阳线。但具体要根据第二阶段的跌幅做分析。

①若第二阶段下跌幅度很小，最低价不低于开盘价，则行情应较乐观。若第三阶段上涨创下新高，行情就更乐观了，当天一般会收中阳线。

②若第二阶段下跌幅度较大，最低价低于开盘价，则表明当天的调整压力较大，当天会出现带有调整信号的 K 线形态，下跌可能性较大。

③若第二阶段下跌幅度较大，最低价低于开盘价，而第三个上涨又高于前高点，则表明多空分歧比较大，当天会出现震荡走势，但最终仍可能以阳线报收。

（4）跌—涨—跌：当天行情走弱的可能性较大。具体分析如下。

①若第三个下跌创下新低，则为典型的空头特征，当天的反弹一般较弱。在中长期头部形成时，常连续出现类似形态。

②若第二个上涨创下新高，第三个下跌不创新低，则表明多头势力仍较强，当天有冲高机会，尾盘可能不收在最低点。

③若第二个上涨虽没创新高，但第三个下跌未创新低，且随后出现上涨，表明空头压力虽大，多头仍不可小觑，当天会先冲高后回落，但不会收在最低点。

④若第二个上涨创新高，第三个下跌又创新低，则表明当天会有较大震荡，但尾盘可能收在较低位置。

（5）涨—涨—跌：表明多头势力较强，但空头压力也大，当天如果在底部得到支撑，向上的机会仍较大。

①但若第三个下跌低于开盘价，则表明空头力量过于强大，当天探底会比较深，这种探底一般是由于获利回吐所致。

②若第三个下跌较弱，甚至不低于第一个上涨，则当天多头势力较强，一般是大涨小回收阳线。

（6）跌—跌—涨：表明空头势力较强，但多头尚有反击余力，当天若高位压力略大，调整可能性较大，尤其是第三个上涨若软弱无力，调整特征会更明显。

若第三个上涨超过了开盘价，则一般属于拉高出货的行情，当天在高位盘整后，可能出现急跌。

（7）涨—跌—跌：表明开盘后的向上是空头陷阱，当天走淡的可能性较大。

（8）跌—涨—涨：表明开盘后的向下是多头获利回吐的表现，当天行情可能收出阳线。

开盘后 15 分钟的走势，也可以理解为三根 5 分钟 K 线的组合。

二、午盘交易策略

经过中午的停牌消化，投资者有充裕的时间检讨前市走势，做出后市的投资决策，因此小规模的主力非常看重午盘前后的交易，常常制造骗线，诱导投资者因冲动而犯下错误。中午前后往往是变盘的重要时间。

如果上午走势较强，并且在中午收盘前有一波攻击性走势，会使投资者误以为中午有利好消息出来，在下午开盘后会跟风追涨，形成诱多的高点。

即使真有利好消息传出，一般午盘攻击后市场也会有所回落，在下午一点半前后往往会有调整的低点出现，此时再判断是否真的需要买进。

三、尾盘交易策略

一天最重要的交易时间在收盘前最后的半小时，该走势决定了当日 K 线形态。实力强大的主力会在收盘位置做文章，画出符合自己需要的技术形态。

很多短线高手喜欢在收盘前买进，他们认为此时看得更加清楚，同时接近 T＋0 交易，锁仓的风险小。另外，一些消息会在收盘前提前透露出来，老鼠仓一般会选择此时买进，或者抛售。

一般投资者在没有消息配合的前提下，不要轻易在尾盘追涨。同时，如果在 14:30 前后出现异常的杀盘走势，往往是坏消息出来的先兆，投资者可采取减仓的操作。

3.5 盘口观测要点

一、每笔成交量

每笔成交量是让主力无法藏身的盘口数据。虽然主力可以利用盘口走势对技术指标进行精心“绘制”，但主力的进出量大，因此可以通过分析每笔成交量来发现主力行动的方向和目的。L2 数据出来后，可以清晰看到主力的大单痕迹。

二、挂单心理战

在买盘或卖盘中挂出巨量的买单或卖单，纯粹是主力引导股价朝某方向走的一种方法。其目的一但达到，挂单就会被撤销。这也是主力用来引导股价的常用手法。当买盘挂出巨单时，卖方散户心理会产生压力，“如此大单买进，股价是否还会看高一线？”相反，当卖盘挂出巨单时，买方散户会望而却步。

三、内外盘

内盘是以买盘价成交的成交量，也就是卖方的成交量。外盘是以卖盘价成交的成交量，也就是买方的成交量。主力只要进出，是很难逃脱内外盘盘口的。虽可用对敲盘暂时迷惑人，但主力大量筹码的进出，必然会从内外盘中显露出来。

四、隐形盘

盘口中，盘面所放的挂单，往往是主力用来骗人的。大量的卖盘挂单俗称上盖板，大量的买盘挂单俗称下托板，而主力的目的性买卖盘通常是及时成交的，隐形盘虽在买卖盘口看不到，但在成交盘中是跑不了的。因此，研究隐形盘的成交与挂单的关系，就可看清主力的真面目。

五、盘口秘诀

（1）上有盖板，而出现大量隐形外盘，股价不跌，为大幅上涨的先兆。

（2）下有托板，而出现大量隐形内盘，为主力出货迹象。

（3）外盘大于内盘，股价不上涨，警惕主力出货。

（4）内盘大于外盘，价跌量增，连续两天，是最后出货的机会。

（5）内外盘都较小，股价轻微上涨，主力锁仓后的表现。

（6）外盘大于内盘，股价仍上升，看高一线。

（7）内盘大于外盘，股价不跌或反有微升，可能有主力进场。

盘口语言不是简单的买卖盘观察，而是对价量配合、分时主攻量能变化的综合分析，是做短线交易的必备功课。

六、开盘走势

（1）开盘后立即上攻，盘口显示出很猛的攻击盘，但是盘中整理时却莫名其妙地跌破开盘价，一度创出新低，收盘前再度拉高，收出带长下影线的 K 线，这种走势需要的是慎重和观望。

（2）开盘后略微上攻即迅速跌破开盘价，且始终无法再冲破开盘价位，如果这种走势是在阴线的后面，所透露的盘面信息是不给前一天的高位买入者解套的机会，如果盘中持续走低，是一种走势极其疲软的态势。

（3）开盘后短时间内一度上攻，回调还是能够继续创新高，这里需要观察该品种在回调时的折返点，如果回调后的低点和第一拨冲高后，跌破开盘价创出的低点不会差得太远，那该品种的做多动力较为不足。

七、成交密集区

实战中，应该对热门股价位密集区间做统计，这才是有效的支撑位和阻力位。一只股票出现长时间在一个价格密集区下徘徊，始终无法穿越的时候，那么靠近成交堆积区的持有者应该尽快出脱手中的筹码。

3.6 短线对冲技术

重要关口在大单突破以后，市场往往会延续其惯性，继续攻击一两个百分点，这就为短线交易对冲提供了极好的交易机会。在某一板块出现异动后，由于联动效应和比较效应，相关个股会高跟随性地补涨和补跌，带来对冲机会。

一、短线对冲压力支撑计算标准

短线对冲操盘首先要确定当日压力支撑，其计算方法一般有以下四个标准:

（1）30% 价格区间。主力机构在诱空和震仓时，惩罚投资者的心理极限是 30%。一轮趋势的波动空间往往在这个范围之内。

(2) 前期平台。尤其是具有量能堆积的区间，是短线价格遇阻的关键点位。

（3）整数关口。尤其是以 10 元为重要关口，其整数倍和半倍也是重要的参考价格。

（4）均线系统。43 天线往往是波段操作的关键价格。

除此之外交易中我还常常运用一套均价系统模型，供读者参考。

本日均价－本日最低价＝x（价差）

最后买进叫价（或收盘价）－x＝次日短线支撑价

最后卖出叫价（或收盘价）＋x＝次日短线阻力价

二、短线支撑阻力的运用原则

（1）均价为个股成交金额除以成交量，即为买卖双方的平均成本价。

（2）盘中跌破短线支撑价格，代表买方气势较弱，该日大概率将以下跌收盘，短线应该少赔卖出，甚至于反多为空。

（3）盘中涨过短线阻力价格，代表买方气势颇强，该日大概率将以上涨收盘，短线应可追加买入。（同上相反）

（4）原先的买进价若高于短线支撑价，大笔成交后股价下跌，意味着卖压沉重，应该坚决予以止损。

（5）原先的卖出价若低于短线阻力价，大笔成交后股价上涨，意味着买盘极强，应该追加买入。

上述支撑阻力的原则，适用于短线进出。在开盘后5分钟之内，因为行情较不稳定，此时不适合对冲交易，观望为宜。

三、短线支撑阻力的买卖时机

（1）跌到支撑价前加一档买进。盘中跌到短线支撑价时，原则上为理想的买进点。但因短线支撑价有可能是当天的最低价，通常由于成交量不大，根本不容易买到，因此我们可在支撑价的上一档价位买进。

（2）跌破支撑价时减二档卖出，并可融券。盘中跌破短线支撑价的下二档价位时，代表买方气势已弱，持股应积极卖出，虽然当天跌幅或许已大，但仍可再融券做空。

（3）跌破支撑价后却又涨逾该价时加一档买进。盘中跌破支撑价后，基于支撑变成阻力的原则，理论上该日的原支撑价应该不会于同日立即被超过。但万一跌破支撑价后多头大力反攻，再度涨过该支撑价时，于涨过支撑价的次一档价位应予补回融券或予买进。

（4）涨到阻力价前减一档卖出。盘中涨到短线阻力价时，原则上为理想的卖出点。但因短线阻力价有可能是当天的最高价，通常由于成交较少，根本不容易卖出，因此我们可在阻力价的前一档价位卖出。

（5）涨过阻力价后加二档买进。盘中涨过阻力价时或许涨幅已大，但因买方气势仍强，尚可追价买进，但为保险计，需待涨过阻力价二档时才宜买进。

（6）涨过阻力价后却又跌破该价时减一档卖出，并可融券。盘中涨过阻力价后，基于阻力变支撑的原则，理论上该日的原阻力价应该不会轻易跌破，但考虑到有市场主力投机运作的原因，上破后又跌回，则属于假突破性质，市价处于短线高位，后市应该做空。

3.7 操盘交易卖出时机

一、连续放量冲高

上升行情中股价累计涨幅超过 40% 时，连续放量冲高，每日换手率都在 10% 以上，说明主力在拉高出货。收盘时冲高回落出现长上影线，次日股价不能收复前日的上影线，且成交萎缩，表明后市将调整，遇到此情况要坚决卖出。

二、击破重要日均线指标

放量后股价跌破 5 日均线且 3~5 个交易日不能恢复，随后 5 周均线也被击穿，应坚决卖出。对于刚被套的人，此时退出特别有利。如果股价击破 30 日均线或 60 日均线等重要均线指标就要坚决清仓了。许多投资者被套后往往漠视，难下决心，从而导致此后的深度被套。

三、反弹时冲击重要均线失败

随着股价下调，走势逐渐形成了下降通道，日均线、周均线出现空头排列。如果此后出现反弹，股价上冲 30 日均线或 60 日均线没有站稳，则应坚决卖出。若周均线设定为 30 周、60 周、90 周，通过周线观察效果也是一样的。

四、放量后股价高位滞涨或量价背离

股价经过较大幅度拉升并伴有放量后，成交量明显萎缩不支持股价的上涨，预示着调整压力在不断增大。

五、出现“双头”形态

当股价不再有新的突破，形成第二个头时应坚决卖出，因为从第一个头到第二个头都是主力派发阶段。虽然双头之间的距离不一，但只要出现就应减仓。

3.8 时间窗口计算公式

周期理论看重的是频率因子，行情的极值点往往会以基频值呈倍数形式扩展，这同音律学相一致，它们都反映了自然规律的有序性。

时间周期的测量公式可以同时运用于江恩的周期理论、螺旋历法周期以及其他的时间周期，关键在于周期频率的确立。以下为周期测量的计算公式：

$D + 0.1642746 \times f$

其中，D 为年内积日数，f 为股市循环周期的波动频率，0.1642746 为常数。

例如：1997 年 5 月 12 日上证指数冲高到 1510 点形成波段顶部，计算其后各波段的焦点日期，应先计算出 1997 年 5 月 12 日的积日数，即 1 月 1 日至 5 月 12 日的天数为 132 天，再算出积日数对应的年，即“积日数 ÷360 = 0.3667”，把它记作 1997.3667，至此已将 D 值确立。然后代入公式，并计算不同频率的周期。

如此例 f 值取 2、4 两个频率，计算结果如下：

$1997.3667 + 0.1642746 \times 2 = 1997.6952$

所得 0.6952 就是频率 2 的焦点日期，即：

$0.6952 \times 360 = 250.272$ $250.272 \div 30 = 8.3424$

以上 8 是已过去的 8 月，0.3424 为 9 月的日期，$0.3424 \times 30 = 10$，所得时间窗口为 1997 年 9 月 10 日。实际走势中，上证综指在 1997 年 9 月 11 日见顶回落，其态势同 1997 年 5 月 12 日的情形十分相似。

当 $f = 4$ 时，时间窗口为 1998 年 1 月 8 日，这一天大盘冲高 1250 点后出现快速回调行情。同样，由 1997 年 5 月 22 日沪市大跌 100 多点之日起计算，窗口也恰好切入到 9 月 22 日大跌 80 点的行情。

这一公式可以测算未来的时间窗口，即由一个波段的顶底演绎未来可能引起波段转向的窗口日期。

3.9 个股拉抬起涨信号

个股在中级行情起涨前夕，技术指标及盘面上有以下起涨特征。

一、起涨个股的技术指标特点

（1）股价连续下跌，K 值、D 值在 20 以下，J 值长时间趴在 0 附近。

（2）5 日 RSI 值在 20 以下，10 日 RSI 值在 20 附近。

（3）成交量小于 5 日均量的一半，价平量缩。

（4）日 K 线的下影线较长，10 日均线开始上攻 20 日均线。

（5）布林线上下轨开口逐渐张开，中线开始上翘。

（6） SAR 指标开始由绿翻红。

在上述情况下若成交量温和放大，可看作底部启动的明显信号。

二、起涨个股盘面走势特点

（1）个股股价在连续小阳后涨停放量收盘，是主力在建仓，可看作起涨信号。

（2）个股股价在低位，下方出现层层大买单，上方仅有零星抛盘，并不时出现大手笔炸掉下方的买盘后又扫光上方抛盘。此为主力对倒打压，震仓吸货。

（3）个股在低价位出现涨停板，但却不封死，争夺激烈，且当日成交量极大。这是主力在利用涨停不坚决的假象震荡建仓，这时往往有某种突发性利好。

（4）个股低开高走，盘中不时往下砸盘，但跟风者不多，上方抛盘依然稀疏，一有大抛单就被一笔吞掉，底部缓慢抬高，顶部缓慢上移，尾盘却低收。这是主力故意打压以免暴露痕迹。对这种情况可在尾盘打压时介入。

（5）个股在经历长时间的底部盘整后向上突破颈线压力，成交量放大，并且连续多日站在颈线位上方。此突破为真突破，应跟进。

3.10 各种类型股票策略

一、蓝筹股

1. 蓝筹股的特点

蓝筹股的投资报酬率相当优厚稳定，股价波幅变动不大，长期被基金锁仓，启动时机往往落后于大盘。而蓝筹股往往在它发动大涨前显示每股收益率比上年同期有 70% 的增长。在它发动行情前 5 年的平均收益往往达到 24% 的增长率。

2. 蓝筹股买卖策略

（1）应将其作为中长期投资的较好对象，以红利率作为投资依据。

（2）景气周期品种，在市盈率较高时介入，在市盈率较低时抛出。

（3）大盘股在过去的高低点上有较强支撑阻力作用，可作技术参考依据。

二、成长股

1. 成长股买卖时机

高价蓝筹股的活跃在空头市场中，体现了“跌时重质”的市场特点，在大盘极弱的背景下，强行掀起“业绩浪”，更容易使这些股票的主力完成出货，终结慢牛走势。判断卖出时机仍以成交量为依据。从活跃放量走势可以体现这种战术的运用。一般来说，经过两轮的大幅上涨后出现放量，就是卖出的时机。所以投资者在进行价值投资的时候，要倾向于选择从低价股启动的成长性的股票；而已经连涨两波的股票，即使有成长性支持，我们也建议以回避为主。

2. 成长股的选择

（1）从成长型的行业中挑选；

（2）选择股本规模较小的公司；

（3）找龙头，成长性的龙头股业绩增长速度要远远超过同行弟兄，一般的标准为 1.5 倍以上。

3. 成长股的买卖策略

要恰当地确定好买卖时机。成长股在熊市时跌幅较大，而在牛市时股价较高。对成长股的投资，应有积极的入市态度。在牛市的第一阶段投资于主流题材的热门股票，在中期阶段购买股本较小的成长股，当股价连续拉升时，则应顺势抛出。年报中报往往是检验成长性的时刻，成长股会推出高比例的送股，如送股前有大幅上涨，则方案推出时可作为短线卖出时机。

三、题材股

1. 题材股特点

题材股是指那些易被主力机构操纵而使价格暴涨暴跌的股票。由于这种股票易涨易跌，投资者可以跟随这种股票在短时间内赚取相当可观的利润。

2. 题材股的买卖策略

（1）选择低价科技股作为进攻目标。因为价格超跌，具有想象空间，一旦主力介入，波动空间的百分比极高，投资者可在题材朦胧时，大胆追涨。

（2）选择优缺点同时并存的股票。主力会利用基本面的不同特点制造大幅震荡，如深发展 A 在 2005 年 4 月的重组题材与坏账准备的对冲放量走势。

（3）选择新股或科技股。这类股票定位较为模糊，不易准确估值，适合主力机构短期运作。

（4）选择重组股票。重组是对危机企业进行政策扶持，保护中小投资者利益的行为，由于不影响指数，在空头市场中，常常被主力用来运作波段性行情。

中国股市往往具有以下特点：上半年炒成长，下半年炒重组，行情启动初期炒新股，行情末期炒业绩。在题材股的把握上，投资者一般不要去碰近一两年抗跌、短期处于拉升的股票，否则极易被高价套牢，两三年都无法解套。

3.11 投资建议怎么听

这几年流行的买入投资建议大概有“价值低估”基本评级和“底部特征”技术选股之类。

“严重低估”是相对于净资产还是面值？“底部明显”，但万一还有新的底部该怎么办？

一、基本分析盲点

多数文章都在强调基本面如何支持大市，比如宏观经济运行良好、管理层希望股市稳定、寄望于减税、中央经济工作会议消息等。在我看来，其论据过于牵强，中国股市并不是反映经济周期的“晴雨表”。

比如宏观经济对股市的影响，即使宏观面很好时，股指也不会只涨不跌。宏观面只有在发生根本性变化时，才会对股市产生较为直接的作用。比如良好的宏观面在股指 600 点时可能支持股市大涨，在 1500 点时则可能只起精神支持的作用。再说中央希望股市稳定，稳定不等于大涨，最多是不涨不跌，或是慢涨慢跌。只要不是大起大落就行。

至于说那些潜在利好。首先兑不兑现成问题，其次就算出台，对大市的影响还不得而知。在强市时或许还有用，在弱市时反而成为借消息出货的机会。在方向不明的盘局中，如大市对利好麻木，会被理解为该涨不涨，理应看跌。潜在利好可能还会成为变盘向下的契机。比如 2004 年 ETF 推出以后，上证指数反而向下突破就是一个明证。这类对基本面的肤浅解释，充其量是安慰一下那些被套的股民罢了。

还有很多人寄希望政策救市，期待“政策底”。其理论依据是，在大局维稳的情况下，指数一年只能下跌多少点，超出了范围，就需要政策干预。多年的经验告诉我们，“政策底”不是底，牛市的底部是靠利空砸出来的。

二、技术分析盲点

这些年股票软件的热销，以及咨询机构会员制的盛行，都表明投资者缺乏自身理念体系。

这些咨询机构侧重技术面，经常若有其事地指出支撑位和阻力位，当这个支持位跌破后，随即又告诉你下几个支持位的所在。这类分析不但对股民提升盈利毫无帮助，反而还有负面影响，它会让你放弃止损，让你对下一个支持位产生幻想而犹豫不决。

有些股评在评论大势一番后还经常推荐一些可做短线的个股，在某某位置以下可买，在某某位置可卖。要知道趋势向下的时候，任何一次反弹都是卖出的时机，好的股票是需要有主力资金操作的。黄金交叉等指标正是做给中小投资者看的，多少短线客倒在了“黄金之叉”的血泊中。

其实这类劣质股评的出现，一是可能分析者本身认识水平有限。要知道许多股评家是只讲不做的，有的做的也赔钱。二是股评者的背景，最明显的是那些有“会员制”公司背景的股评人，他们之中有几个会看空？否则每人都“离场观望”，投资者凭什么去交会员费？基金公司如果唱空的话，投资者也不会申购基金了。还有那些来自大机构的股评者，如果唱多，多半其手中的存货不能完全脱手。

技术分析适合个体，不适合兵团，多数使用技术分析的人，是一知半解，生搬硬套。结果是不言而喻的。

股评倒也不是毫无用处，有时候我们可以把它们当成舆论引导的反向指标。

三、两者相结合的市场派

技术分析认为只要研究走势特征，就可涵盖一切市场行为。而基本分析则主要考察商品的内在价值，分析导致价格涨落的供求关系。基本分析需要考虑影响价格的所有相关因素，认为只有这样才能找到影响供求关系的商品内在价值。

两派试图解决同样的问题，即预测价格变化的方向，只不过着眼点不同。基本派追究市场运动的前因，而技术派则是研究其后果。技术派理所当然地认为“后果”就是所需的全部资料，而与理由、原因等因素无关。基本派则是刨根究底。

大多数交易者要么说自己是技术派，要么说自己是基本派。实际上，不少人两者兼备。绝大部分基本分析师对图表分析的基本知识有一定的了解；同时，绝大部分的技术分析师对宏观经济也至少有个走马观花的印象。

我们不难理解为什么技术派总觉得自己的一套要比基本派强，如果你是一个证券商，非得从二者之中挑选一个不可的话，合乎逻辑的抉择似乎是基本分析。因为如果技术分析能赚钱的话，那么股民不都发财了吗?

机构往往认为技术分析缺乏应有的厚度，适合于个体而不适合于团队。在券商竞争中，他们不能再打佣金战了，因为市场本身就缺乏交易；也不敢声称自己的营业服务比别人好，因为没有确切的方法来衡量。所以他们不在钱的方面而用其他方法进行竞争，比如大力宣传他们研究中心的研究报告价值。

从近年基金业和咨询业的发展来看，基本分析派还是在这几年大占上风。“研究报告模式”举出的价值投资大旗，成为所有基金经理交易的方向。2004 年“南方汇通”的 6 个涨停为研究报告模式树立了良好的榜样，而 2005 年“浙江医药”的研究报告却成为主力出货的反面教材。

基本分析的优点也正是它的弱点。基本分析对各股的盈利水平的预测有相当的难度。此外，它不问资本市场的变化，只针对数据进行分析。然而，市场是变化的，在分析师们分析市场时，市场也在对盈利按照自己的方式预期。分析的结果有时会比市场的反应提前，有时会比市场滞后。因此它对短线的炒作意义不大。

基本分析无法对股票频繁波动做出解释，无法对短线操作提供参考。假如你是技术分析的高手，我向你祝贺。假如不是，我还是希望你跟着市场走，千万不要一不小心上了基本分析股评家的当。因为，他们无法解释市场每天波动的原因，此外，也许他们的综合分析能力还不如你。

3.12 市场底部的特征

对市场的研究，趋势和方向是最重要的。一轮行情的起点和终点判别，就是底部和顶部的技术识别。

一、中级底部的周 K 线特征

从周 K 线上观察到沪深股市弹性良好，一般下跌 6~9 周，周 K 线指标即显示触底，KDJ 在 20 以下，RSI 也在 20 以下，此时人气低迷，满盘皆套，许多人对后市彻底失去了信心，成交量呈现地量水平。恰恰在此时中期底部往往确立，配合舆论呼唤，一轮升势随即展开。

二、中级底部的日线 RSI 特征

由于连续大幅下挫，RSI 指标快速下行，6 日 RSI 到达 10 或更低，但此时指数并未止跌，略微反弹后继续下跌一般击溃众人心中最后的防线，创出新低，而此时 RSI 指标不再同步创出新低，出现明显的底背驰——表明杀跌动能耗尽，底部即将确立。

三、中级底部的成交量特征

一轮下跌行情往往伴随着巨大的成交量和各种各样的利空消息。一般要经过两到三次放量大幅下跌，才会形成中期底部。其成交量特征为：价涨量缩—价跌量增—价涨量缩—价跌量增—价跌量缩—价稳量缩。

大盘价稳量缩，领跌个股下跌动能衰竭，利空因素基本明朗，利好传闻隐隐出现，强势板块开始放量走强，中级底部有望确立。

四、中级底部的时间周期特征

股市波动每每受季节性的影响，即每年1月5日和7月5日，容易形成股市的阶段性转折点。以2000—2001年为例，2000年1月4日沪深股市大幅上扬，确立阶段性大底，7月见顶回落；2001年1月见顶，3月见底，2001年6月再次见顶，短短30余个交易日上证指数下跌了300多点，使持股者损失15%以上。

底部转势时间窗口一般是在顶点下来的第7~12天，18~31天，42~49天，57~65天，85~92天，112~120天，150~157天或175~185天。

一年中关键的时间窗口为1月3日、1月20日、5月30日、7月4日、9月7日、10月10日、11月3日和12月24日，这些日子大盘极易产生变数。

中级底部是进场良机，底部一旦确立，中期将呈现稳步上扬态势，中线黑马往往借势展开主升浪行情，短线机会也将纷纷涌现，此时买股赢多输少，即使短线被套也可耐心等待解套获利。

3.13 市场顶部的特征

顶部识别道理和底部一样，我们可以参照底部研判法的思路来识别顶部的时间和位置。

大体来说市场顶部有如下特征：

（1）领涨板块涨幅已大，已经出现回落，补涨股票全面启动。

（2）RSI 值到 80 以上并出现顶背离。

（3）伴随利空传闻有巨量长阴线出现，虽在次日重新拉回高位，但无法创出新高。

（4）处于上文所述的底部上升以来的敏感时间周期。

（5）市场人士依然乐观，决心再不换股，采取捂股策略。

（6）周线 KDJ 指标 80 以上出现死叉。

中期顶部即可确认大幅下跌将至，底部买入的筹码可尽数卖出，耐心等待下一个买入机会的到来。

在下跌行情中一般应停止操作，坚决持有现金。普通投资者亏损的最大原因就在于下跌行情中要么仍满仓持有，要么反复寻找短线机会，导致由盈转亏，深度套牢并且搞坏心态。

3.14 空头陷阱识别技巧

空头陷阱是市场主流资金阶段性做空，使盘面显现出明显疲弱的形态，诱使投资者抛出筹码的手段。对于空头陷阱的判别主要是从消息面、资金面、宏观基本面、技术分析和市场人气等方面进行综合分析研判。

一、消息分析

主力资金往往会利用宣传优势，营造做空氛围。所以当投资者遇到市场利空消息不断时，反而要格外小心。因为，各种利空消息满天飞正是主力想要的效果，只有在这些利空消息的重磅轰炸下，一般投资者才会慌张沽出，甚至倾轧，主流资金才可以很方便地收集筹码，实现建仓。

二、成交分析

空头陷阱在成交量上的特征是随着股价的持续性下跌，量能始终处于不规则萎缩中，有时盘面上甚至会出现无量空跌或无量暴跌现象，盘中个股成交也十分不活跃，给投资者营造出阴跌走势遥遥无期的氛围。恰恰在这种悲观的氛围中，主力往往可以轻松地逢低建仓，从而构成空头陷阱。

三、宏观分析

在利空消息频出时，需要了解从根本上影响大盘走强的政策面因素和宏观基本面因素，分析是否有实质性利空因素，如果在股市政策背景方面没有特别的实质性做空因素，而股价却持续性地暴跌时，就比较容易形成空头陷阱。

四、技术分析

空头陷阱在K线走势上往往会呈现出连续几根长阴线暴跌的形态，这些阴线贯穿各种强支撑位，有时甚至会出现向下跳空缺口，引发市场中恐慌情绪的连锁反应；在形态分析上，空头陷阱常常会故意引发技术形态的破位，让投资者误以为后市下跌空间巨大，并纷纷抛出手中筹码，从而使主力可以在低位承接大量的廉价筹码。

五、人气分析

股市长时间的下跌会使市场中形成沉重的套牢盘，并使人气在不断被套中消耗殆尽。然而在市场人气极度低迷的时刻，往往距离真正的底部就不远了。

3.15 赢家心态修炼秘诀

人性的弱点在于总是重复同样的错误，周而复始。大多数人总是在人气高涨时杀入，在极度萧条时割肉离场；在牛市中偏信专家意见反复换股，欲速则不达；在熊市中急于扳平反复抢反弹，导致亏损加剧。这些都是任何人都会犯的错误。市场主力恰恰最善于利用这些弱点诱使中小散户不断追涨杀跌，最终成为市场中的牺牲品。

一、散户投资人的主要问题

（1）未及时止损。很多人并非不懂这个道理，就是心太软，下不了手。到点止损绝对有必要，因为你绝不可能知道这只股票会跌多深。

（2）耐心不够。很多人都认识到高抛低吸、滚动操作可获得比较大的利润。可一年下来却没滚动起来，原因就是抛出后没有耐心静等其回落，便经不住诱惑又想先去抓一下热点、做短差，结果适得其反。

（3）一直满仓。很多股民总抱着侥幸心理打短差，天天满仓。常满仓会使人身心疲惫，失去敏锐的市场感觉，错过真正的良机。股市是一个充满机会、充满诱惑，也充满陷阱的地方，一定要学会抵御诱惑，有失才有得。

（4）用公开信息或题材做短线。虽然都知道见利好出货，可很多投资者看到某公司年报优良或有重组消息公布时，还是禁不住要在开盘前挂单买进，本想买进后，第二天冲高时抛出，但 80% 以上的结果都是被高位套牢。

（5）以传言为选股依据。将道听途说的消息作为选股依据最容易成为主力出逃时的牺牲品。琼民源停牌前的一天谣言四起，某“权威人士”建议立刻买进，彼时谁相信谁就被高位套牢。

华尔街一位著名操盘手曾说：股市中赚钱很快，但亏钱也很快，而且，每次亏钱大都是在赚了钱后洋洋自得之时发生的。

二、入市必备素质

为了战胜自己、赢得利润，必须经常提醒自己以下几点：

（1）自律。入市前，应当培养自律的性格。自律可以帮助投资者除去贪念，让别人去抢上涨的最后 1/8 和下跌的前 1/8，自己则轻松自如地保持赢家头衔。

（2）愉快。身心不平衡的人从事证券投资十分危险，轻松的投资才能轻松地获利。保持身心在一个愉快的状态上，精、气、神、脑力保持良好的状态，判断才会更准确。

（3）果断。成功在于决断之中，许多投资者心智锻炼不够，在刚上升的行情中不愿追买，眼睁睁地看着股票大涨特涨，最后才又迷迷糊糊地追涨，结果被套牢。因此，投资人心中应该有一把“剑”，该买就按照市价买入，该卖就按照市价卖出。

（4）谦逊。任何股票商品，没有人能够彻底了解。在股市中，没有绝对的赢家，也没有百分之百的输家。因此，投资者要懂得骄兵必败的道理。

（5）认错。心中常放一把刀，一旦证明投资方向错误时，尽快放弃原先的看法，保持实力，伺机再入，不要为了面子而苦撑，最终失去了自己的资本。失败并不是世界末日的来临，一定要有认错的勇气。留得青山在，不怕没柴烧。

（6）独立。彼之蜜糖，吾之砒霜。跟随主力有时是上策，有时却是陷阱。试着把自己代入主力的角度去分析行情的走势往往对自己有极大的帮助。真正能成为巨富的人，他的投资计划往往特立独行，他会做别人不敢做的决定，并默默地贯彻到底。请记住，在股市中求人不如求己，要靠自己努力学习，悉心探索。

（7）学习。股票市场中的高手常常能够通过观察、感觉产生预测未来的能力。人类拥有的视、味、触、嗅、听五种感觉，均可实际感觉到，唯有灵感来自不断地学习知识和积累经验。学习和灵感能帮助你培养预测股市走势的能力。其实这是一种专业境界，做任何事情都一样。

3.16 养成正确投资习惯

记住，做股票不一定要全对，而是在做对时赚到大钱。

在实际操作中，一旦出现这样的行情，应该在第一时间重仓参与而绝不能患得患失、犹豫不决，更不用担心其他的外在因素。

一、做单前最重要的决策内容

（1）什么时间做单（这是最重要的）；

（2）什么价位做单（依据市场状态表现而定价位）；

（3）做什么方向的单（顺应大势）；

（4）心理状态（思维的逻辑推理过程）。

二、投资习惯与心态培养

投资技巧的本质就是能在任何时候确定市场在想些什么。等到投资人明白了“市场”在想些什么时，就有可能向反方向跳跃。

在单边上升通道市场，持股是最正确的做法。如果一味追求速度而技术又不过关的话，频繁换股将得不偿失。

在股票开始下跌以后，价格上涨的日子会少于下跌的日子。投资者应静候大盘转折点的第二次确认，不要因为股价变便宜了就急着买回。

在股票出现明显卖出信号时应尽快出清持股。在跌破主要支撑价位以后才卖掉股票不可取。止损后卖压减弱，行情反而可能会反弹。

任何成功的投资方法都会有失败的时候。情况会发生变化，那么你必须采取不同的应变措施。失败是难免的。关键是失败之后能否吸取教训，并思考出成功的对策。做错事不丢脸，明显做错又不去矫正才丢脸。

3.12 资产管理风控纪律

正确的分析预测只是成功投资的第一步。成功的投资还需要严格的风险管理、严谨的心理控制，应做到宠辱不惊，处变不惊。心理控制第一，风险管理第二，分析技能第三。

股民只有到了亏损严重的时候，才会重视纪律，才去想如何研究市场。

学会止损是进入专业投资者队伍的关键，怎样理解这句话？首先，人都会犯错。当发现了错误，不要再心存任何侥幸。妄念产生犹豫，犹豫导致恐惧，种种情绪的结果又产生压力，这是一种恶性循环。其次，止损是要以一系列小损失取代更大的致命的损失，它不一定是对行情的“否”的判断，而只是将风险控制在自己的承受能力以内，所以必须严格遵守资金最大损失原则。

个股必须有止损方案。亏损幅度不能超过 15%。任何人都不能越过这个底线。错了就错了，不能以震仓为由不顾市场系统性风险。当投资遇到紧急情况时，必须要有文字处理报告，不能仅停留在口头上。

任何事物定义越严格，内涵越少，实际的操作性才越强。在我们的交易规则和交易计划的制定中，也必须从本质上去理解和执行，这样才能保证成功率。

成功必须以安全退出机制做保障。若想避免决策错误，只能通过资金及仓位的控制来规避。具体操作时应该对中线盘与短线盘设立止损保护价，但是由于介入点已经经过波动节律选点、基本面选择品种以及政策方向的考量过滤，在正常无系统性风险的情况下，一般不用考虑止损，除非市场外围出现突发性事件干扰，这时则应随行就市及时处理。

盯住止损（止盈），因为止损（止盈）是自己能控制的。不要去考虑利润，因为利润是由市场控制的。

第 4 章 操盘智慧

主力机构宣传的盈利模式，绝对不是为了让散户赚钱。主力宣传的规律现象，是为了在出货时进行反向操作。

底部的确立往往伴随着重大利空消息的释放，而非利好。其实利空消息对市场的影响在于清洗浮筹，主力资金往往通过政策的组合拳来影响舆论，从而制造题材、控制股票价格。

大盘启动之初，应该操作本轮跌幅最深的个股，而且一定要找近两年股性活跃的个股来操作。困扰股市的因素一旦释放，首先会找个突破口，其次通过一个点来定位，围绕这个定位点的炒作是短线的灵魂。

题材只为上涨服务，舆论只会推波助澜。题材本身毫无价值，市场需要什么热点，主力机构就会给股票冠以什么题材。热点龙头往往是烟幕弹，潜伏在补涨个股中的仓位，才是真正赚钱的筹码。

主力资金往往是兵团作战，龙头品种是为了树立榜样，龙头股本身并不需要赚钱，其目的在于掩护埋伏在补涨股票中的其他资金。当市场行情不好时，主力机构也会压制某个品种，集中火力抬高另一个品种。这样会形成鲜明“跷跷板”效应。

每股利润只是一层烟幕，是不值得大惊小怪的表面数据。真正要研究的不是公司盈利情况，而是公众心理。

观察市场强弱的角度有很多种，既可以通过政策面观察，也可以通过盘口观察，这是因为热点展开的层次决定了市场的强弱度。

本章将通过研究中国股市 20 多年走势，分析行情波动周期性特征，通过图文并茂的方式，解读各种主力交易行为，从而揭示市场内在规律，破译主力做盘手法。

股市大顶和大底，都在极端贪婪和恐慌中出现，舆论推波助澜，成为典型的“反向指标”。

4.1 行情与预期反相关

一、行情与预期反相关

主力机构通常借助重大政策反向操作，借利空消息吸筹，借利好消息出货。2005 年 5 月全流通推出股市见历史大底，2015 年 6 月全民创业政策推出，创业板指数见历史大顶。2024 年 1 月雪球爆仓大盘见底。这些重大事件，股市都是反向响应。

信心，在股市上涨中不断积累，在下跌中不断灭失。媒体总是在迎合投资者的情绪。股市涨跌根本不由投资者信心决定。

没有超级主力资金进场，股市便无法形成牛市。进入牛市阶段后，需要通过发行更大规模的股票来调控指数。大市值股票的发行与大规模基金的设立，可以稳定市场。

回顾历史重大事件对股市的影响，我们看到的都是反向机会。我们可以通过逆向思维，解读重大政策对股市预期的影响。

二、中国股市的周期

中国股市存在明显周期，自 1990 年以来，形成了两年左右的波动特征，见图 4-1。

中国股市的牛市阶段表现非常迅猛，赚钱效应超乎想象，形成极大的羊群效应。上涨过快的行情也容易过快夭折，中国股市的牛市波动周期大致是 2.5 年。

图 4-1　1990—2025 年上证指数月线走势（月线呈周期分布）

熊市到来后，羊群效应极易造成踩踏事故，而财富的迅速毁灭，又容易形成社会不稳定因素，出于维稳的需要，政策上出台了很多延缓下跌的“利好”，使得下跌周期延长。这就是时间换空间，形成了中国股市特有的“牛短熊长”现象。

下面我们通过中国股市各个牛熊周期的大顶和大底，解读市场舆论是如何被主力机构反向利用的。股市实际走势往往都是与市场预期反方向的，见图 4-2。

图 4-2　1995—2005 年上证指数月线走势

1997 年 7 月 1 日中国香港回归，1997 年 5 月 15 日深成指见顶。

1999 年 5 月 7 日（北京时间 5 月 8 日）中国驻南斯拉夫大使馆被炸，5 月 19 日行情启动。

2001年6月23日北京申奥成功，当天出现上证指数2245点历史大顶。

2004年2月2日出台“国九条”，4月上证指数见顶1783点。

2005年5月30日全流通改革正式实施，次月上证指数见底。

上述政策的出台，不是政策在故意误导投资者，而是当市场的解读出现了一致性的时候，主力机构会借助舆论背景进行反向操作。

这进一步说明，投资需要独立，不能从众。

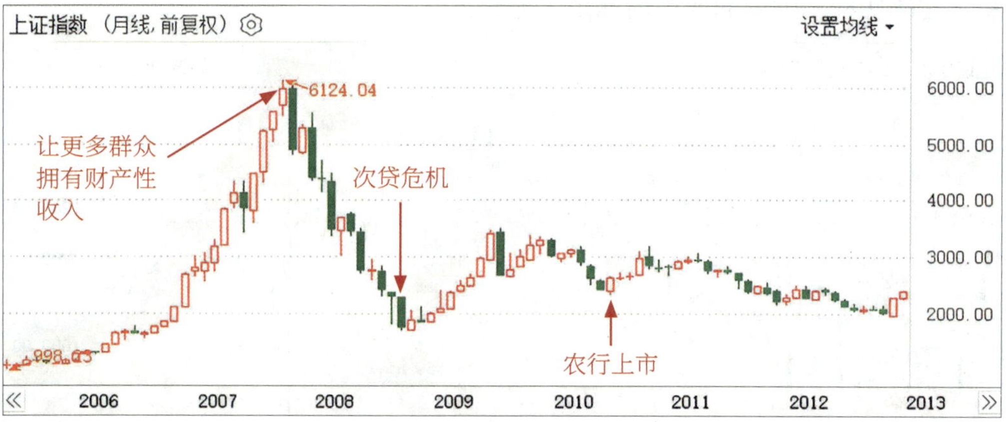

图4-3 2005—2013年上证指数月线走势

图4-2和图4-3揭示了1995年以来，市场形成重要高低点时的重大背景事件，其中，我们几乎都看到了市场的反向操作。

主力机构借助利空吸筹，借助利好出货。在筹码不断集中与分散的过程中形成行情。

纵观中国股市十余年的经历，莫不是如此。

1. 香港回归

1997年，香港终于要回到祖国的怀抱，这是中华民族的祖国和平统一大业的见证，也是中国国力和国际地位提高的见证。

在经历了1996年大牛市之后，香港回归成为1997年投资者最为关心的主题。深圳本地股就像2017年的雄安新区股一样，从地产到建筑、从旅游到消费，深圳本地股票轮番启动，使1997年的深市热钱大大超过沪市。上涨的本身，也给股民营造了热烈的做多氛围。

1997年7月1日，万众期待的回归日到来后，股民们都以为股市还要大涨，结果7月2日和7月3日上证指数连续两天大跌4%和5%，见图4-4。而深成指也悄悄地在1997年5月12日6103点见顶，见图4-5。但上证指数在巨大的利好期待中，于1997年5月12日悄然见顶于1510点，见图4-6。香港跟深圳关联度更高，所以深成指的顶部级别更大。一轮大牛市在利好欢庆中结束了它的历程。随后的熊市周期走了整整8年。

图4-4　1997年7月2—3日上证指数连续大跌

图4-5　1997年5月12日深证成指于6103点见顶

图 4-6 1997 年 5 月 12 日上证指数于 1510 点见顶

这一轮深市见顶后，深圳罗湖的房价也同步见顶，十年后深证成指才走出新的一波行情。利好演化成重要头部。

2. 使馆被炸

1999 年春，上证指数在调整两年后，不断在 1000 点上方徘徊，市场弥漫着浓郁的空头氛围。

1999 年 5 月 8 日，中国驻南斯拉夫大使馆被炸。这个消息一经传来，国内各地反应强烈，不少地方游行抗议。这个重大的政治事件，有可能演化成军事事件。在如此巨大利空的袭击下，股市非但不跌，反而一波大行情随之展开，上证指数从 1047 点起步，一路上涨到 2001 年的 2245 点才宣告结束，造就了著名的“5 · 19 行情”，见图 4-7。大利空造就了大行情。

图 4-7 1999 年 2 月至 2001 年 8 月上证指数周线图

3. 北京申奥

跨世纪的千点启动行情一路延伸到 2001 年上半年，沪指从 1000 多点涨至 2200 点以上。

2001 年 7 月 13 日周五晚，中国宣布成功申办奥运会，这是多少人几十年来的巨大心愿！然而如此特大利好再次被主力机构反向利用。

2001 年 7 月 16 日周一，深沪股市大幅高开，奥运概念龙头北京城建以涨停开盘，主力机构借机出货，股市震荡下落，从而拉开了 4 年大熊市的序幕，见图 4-8。

图 4-8　2001 年 4 月至 2003 年 12 月上证指数周线图

4. 股权分置改革

2005 年 5 月 30 日，证监会、国资委发布《关于做好股权分置改革试点工作的意见》，宣告历时 4 年的股权分置改革解决方案正式进入实施阶段。

股权分置改革消除了流通股和非流通股的差异，实现了股票的全流通。这使得资本市场的定价功能得以恢复和完善，股票价格能够更准确地反映公司的真实价值。当时，全流通是中国股市有史以来的特大利空，低成本进入资本市场的非流通股东支付少许对价后，可以流通，这将形成极大的扩容压力。

但是，重大利空诞生重大行情，中国股市有史以来最壮观的一波巨型牛市诞生，见图 4-9。

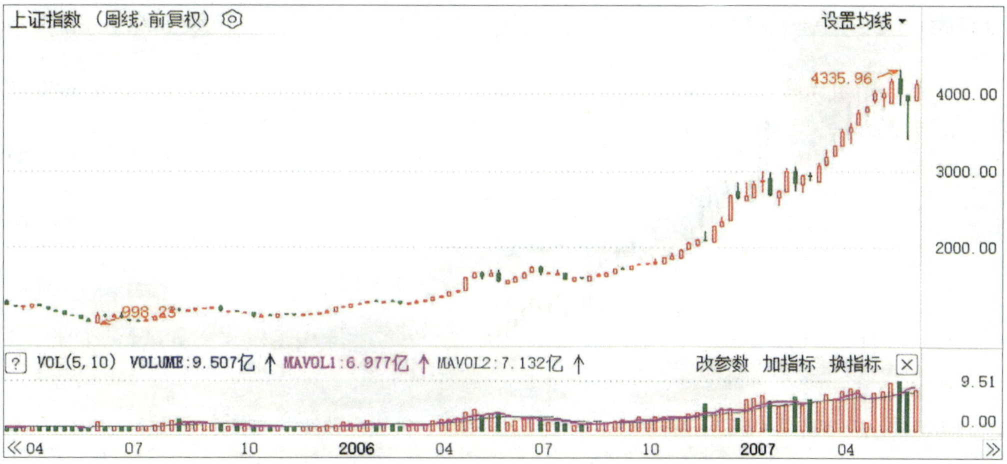

图 4-9　2005 年 3 月至 2007 年 6 月上证指数周线图

我在 2005 年 6 月前后发表了《牛市转折年大战略》等多篇文章，举行多场股市巡回报告会，并出版著作《短线手筋——股市黑客理论》，这些内容全面揭示了大盘见底的机理，指出利空出尽、跌出牛市、“国家队”完成建仓三大牛市启动标志，为投资者带来了丰厚回报。

第一批率先进行全流通试点的 4 只个股：三一重工（600031）、清华同方（600100，后改名为“同方股份”）、金牛能源（000937，后改名为“冀中能源”）、紫江企业（600210），都成了跨越整轮牛市的特大黑马。

5. 增加老百姓财产性收入

千点行情发动两年后，价格上涨 5 倍、10 倍的股票比比皆是，投资者信心爆棚，即使经历了“5 · 30”事件，也没能阻挡股市上涨的步伐。投资者开户数从启动前的 3000 万上升到 1.2 亿。

2007 年 10 月前后，股市面临技术上的时间窗口，对于已上涨四年的股市而言，“利好 + 时间之窗”构成重大顶部。

这个利好就是在 2007 年 10 月 16 日党的十七大提出的“让更多群众拥有财产性收入”。强烈的多头氛围令市场于当日冲击 6124 点后，开始回落，股市在利好的掩护下，步入为期一年半的新下跌周期，见图 4-10。

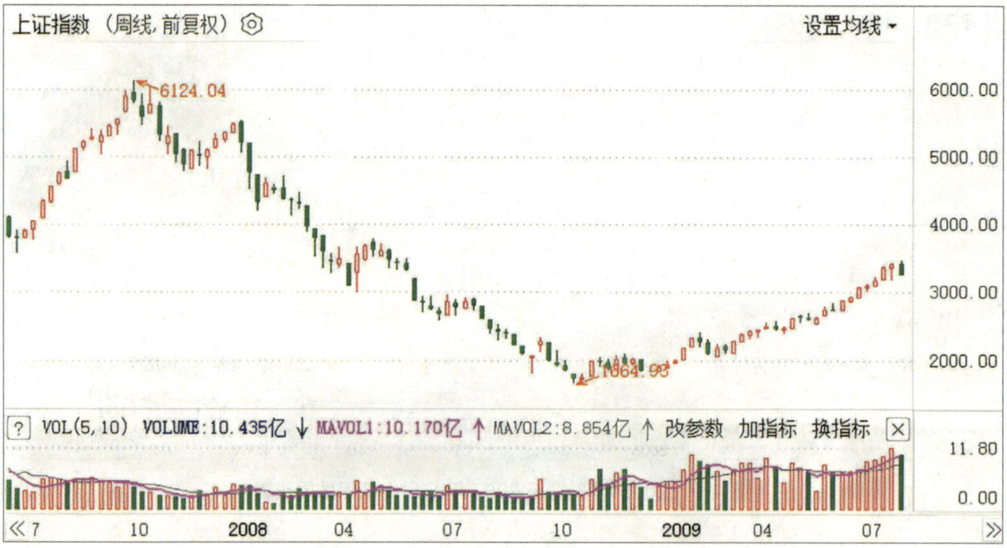

图 4-10　2007 年 6 月至 2009 年 8 月上证指数周线图

而具有投资功能的楼市，也在当月形成重要高点，与股市双双见顶。

6. 次贷引发的全球金融危机

自 2005 年启动的全流通牛市，到 2008 年开始进入三年的解禁阶段。新增资金无法承受减持之重，股市一年内下跌 70%，不少股票被打回原形。

即使在 2008 年 4 月出台了降税的利好措施，也无法对自由落体的大盘进行护盘。

其实 2008 年的“4 · 24”利好，跟 2007 年“5 · 30”的利空正好形成了负相关，其性质如同 2002 年的“6 · 24”，因此是空头市场的典型反弹走势。其特点是带量、快速。我们可以推论，利好不是底。

2008 年北京奥运会结束之后，美国爆发次贷危机，不少银行破产，金融危机席卷全球。A 股市场也随之出现恐慌性抛售，上证指数跌到 1664 点，见图 4-11。

中国资本市场的国际化程度较低，人民币不能自由流通，这种通过外围影响来打击市场的伪利空，为后面行情启动创造了条件。

跌出来的牛市又来了。

图 4-11 2007 年 8 月至 2009 年 4 月上证指数周线图

7. 农行 A+H 股上市

蹦极般的剧烈波动之后，股市会逐渐震荡收敛，就像一个皮球落地之后，还会继续蹦起落地蹦起落地，不断反复，但振幅越来越小，这就是所谓的调整 C 浪。但是中国股市的 C 浪又往往不创新低。

即使在 4 年的空头周期中，也有类似农行上市、国际板设立的消息在不断冲击股市。

2010 年 7 月，基本面相对较差的银行股——农业银行（601288）发行，这个足以对抗中石油的超级航母登场，意味着行情的启动。

上证指数在 2010 年 7 月 2 日见底于 2319 点，四个月后上升到了 3186 点，涨幅高达 32.6%，见图 4-12。

图 4-12 2010 年 3 月至 2011 年 6 月上证指数周线图

8. 推出创业板

创业板于 2010 年在深交所推出。创业板与中小板的区别在于：不能进行重组、两年亏损直接退市。

2012 年年末，已经成立两年的创业板终于要兑现退市政策。这项被誉为史上最严厉的退市政策，在落实之际，直接砸出了创业板指数的大底，见图 4-13。

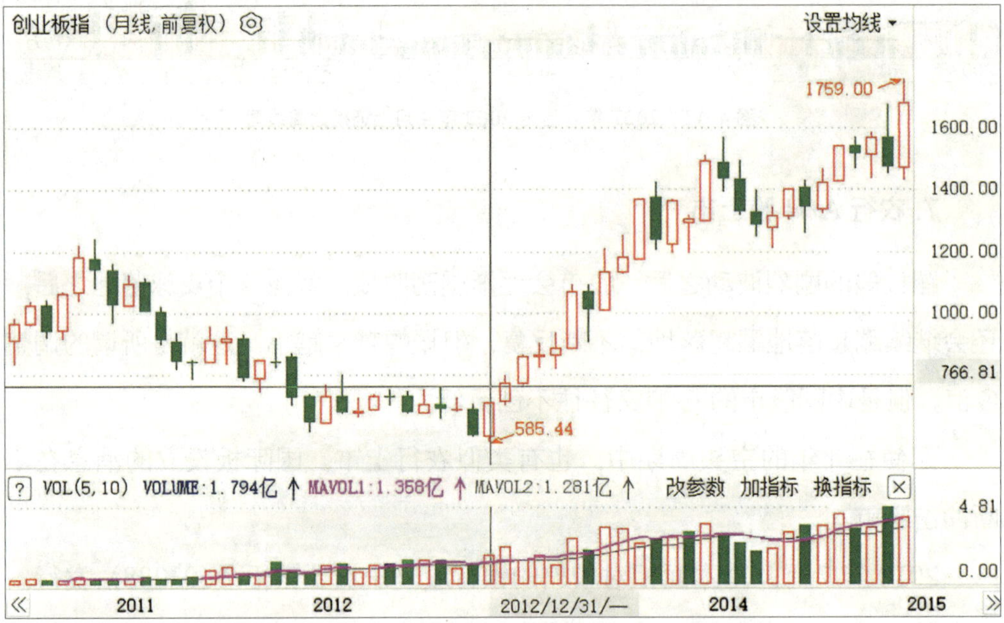

图 4-13　2010 年 7 月至 2015 年 1 月创业板指数月线图

随后创业板指数走出两年半的大牛市。

9.“双创”高潮

创业板的推出砸出大底后，创业板迎来了两年半的牛市。2015 年 6 月国家提出“大众创业、万众创业”（以下简称“双创”），看似利好，但创业板又在“双创”高潮中见顶。

2013 年年末，市场处于极度做多热情中，十倍股遍地可见，这使得投资者对小股票情有独钟。

2015 年 6 月 15 日，“双创”出台，创业板见顶，且大盘见顶并大幅回落，见图 4-14。

牛市周期结束后，2015 年 7 月和 9 月、2016 年 1 月 A 股先后出现三次大跌，见图 4-14。为防止股市跌幅过深，“国家队”以“两金”名义入市救市。开始护盘的是大盘股，结果发现指数虽稳，但是千股跌停，依旧不能解决问题。然后全面护盘，开启对小盘股的护盘。

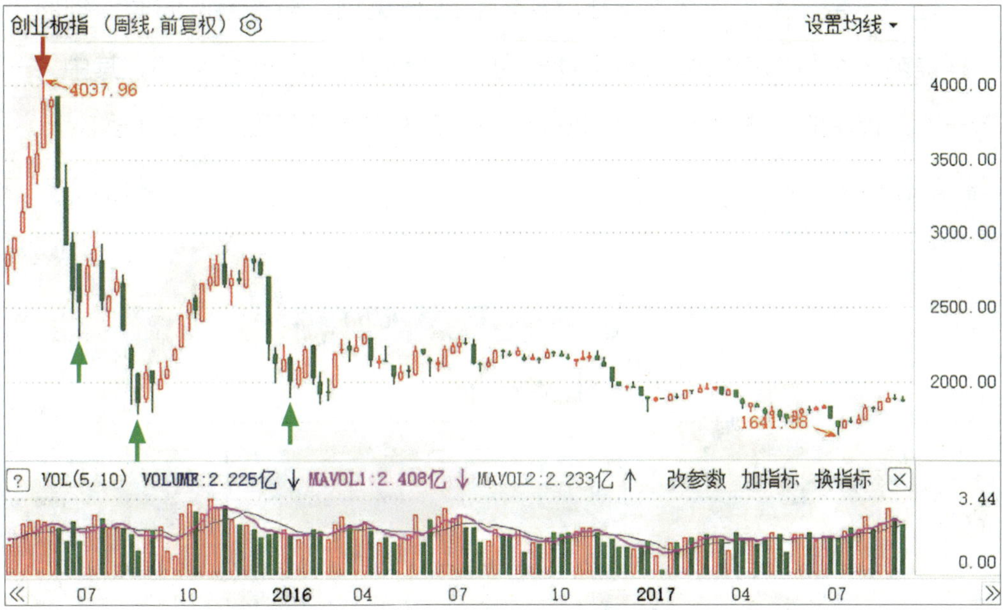

图 4-14　2016 年三次“救市”均未使创业板触底

2016 年新年后，交易所推出了“熔断”机制。但由于市场处于下跌周期，本是中性政策的“熔断”（牛市时可向上涨停“熔断”），反而导致了继续大跌。因为跌幅不够，又阻断卖盘成交，所以出现“踩踏性质”的挤兑行为。交易所很快取消了“熔断”机制。

上述三次大跌，虽然伴随着救市和取消“熔断”机制的利好，但是我们分析过，底部要靠利空兑现才能形成，所以创业板指数依然未见到大底，而是进入缓跌阶段，以时间换空间，走出经典的中国股市大 C 浪。

10. “一带一路”

“一带一路”是 2017 年投资主题。2017 年 5 月 20 日召开的“一带一路”大会，是继 2016 年 G20 杭州峰会后又一次中国经济实力的展示。20 位各国领导人与会，体现了国际社会对高峰论坛和“一带一路”建设的重视和支持。

在此之前，舆论对题材进行了足够铺垫，无论是新疆、福建等在“一带一路”规划中占据重要位置的区域板块，还是基建、机械等有望实现产能输出的产业板块，各相关板块百花齐放，掀起了一场围绕“一带一路”的“大合唱”。

但“一带一路”指数在2017年4月11日见顶，与香港回归时深圳股市一样提前一个月结束行情，也可理解为题材提前兑现，见图4-15。其中“一带一路”板块的龙头葛洲坝（600068）在40天内下跌了百分之二十多。

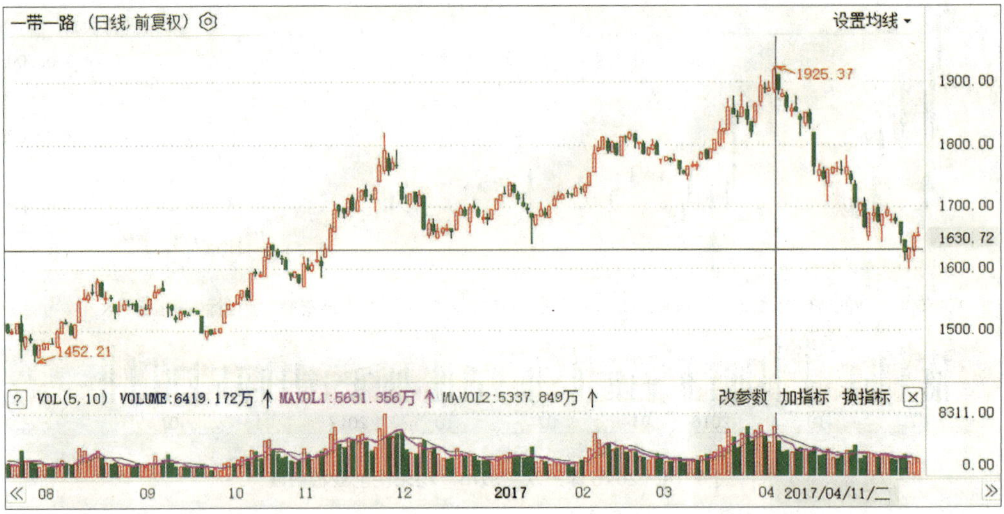

图4-15　2016年7月至2017年5月“一带一路”板块日线图

三、小结

（1）不要奢望救市，政策底不是底。不要害怕利空，重大利空往往是重大机会。

（2）政策调控是时机选择的艺术，我们把股市政治经济学理解为“在熊市中暴露问题，在牛市中解决问题”。

牛市启动后，各板块热点轮番启动，把握好热点启动的节奏，相当于把一波牛市当成几波做。

4.2 牛市热点启动层次

牛市中国家对资本市场监管宽松，资金就会陆续进入股市；而熊市中国家对资本市场监管严厉，资金就会陆续流出股市。所以牛市中整个股市都在涨，不存在坐庄的说法；而熊市中整个股市都在下跌，只有一两只个股单独上涨，那么庄股就会特别显眼。

所以我们认为国家对于股市牛熊的基本判断，一定是心中有数的。

一、A 股的顶底周期

上海股市从 1990 年 12 月 16 日开始计算指数，至今（截至 2024 年）已有 34 年。观察其走势轮廓，对其重大的顶底分布进行排列，得出下列数据：

1993 年 2 月 1558 点，重大顶部；

1995 年 2 月 524 点，重大底部；

1997 年 5 月 1510 点，重大顶部；

1999 年 5 月 1037 点，重大底部；

2001 年 6 月 2245 点，重大顶部；

2003 年 6 月 1500 点，中继、过渡；

2005 年 7 月 1004 点，重大底部；

2007 年 10 月 6124 点，重大顶部；

2009 年 8 月 3478 点，中继、顶部；

2013 年 6 月 1849 点，重大底部；

2015 年 6 月 5178 点，重大顶部；

2018 年……

我们可以清晰地发现，重大顶底之间，存在明显的规律，大约以每 4 年的时间为一个周期跨度（如图 4-16 所示）。

图 4-16　1990—2024 年上证指数月线图

每个周期所代表的热点都不一样，我们解析 1995 年到 2012 年各个周期中的板块轮涨节奏，从而把握热点的轮动特征。

二、1995—2001 年牛市周期

上证指数从 1995 年 2 月的 524 点到 2001 年 6 月的 2245 点，我们把这一阶段不同类型股票的涨幅做一个分析，可以发现，绩优股、重组股、科技股最终的涨幅基本一样，而且行情结束之后最终的跌幅也基本一样。从完整的阶段来看，它们没有任何差别，唯一不同的是上涨的起始和结束时间不同。绩优股涨得早跌得早，垃圾股涨得晚跌得晚。直到 2245 点到来之前，唯一没有上涨的板块 B 股也暴涨，完成所有的品种轮动一遍之后，牛市彻底结束。

所谓的重组股和科技股本质上就是垃圾股，在绩优股上涨的年代里基本不涨。上证指数在 1997 年见顶于 1510 点，此后垃圾股行情推动大盘走向了 2245 点，这一过程花费了 4 年之久。无论从指数的高度还是时间的跨度来看，垃圾股行情都比绩优股行情更大，市场宽度也更大。

1. 牛市三阶段

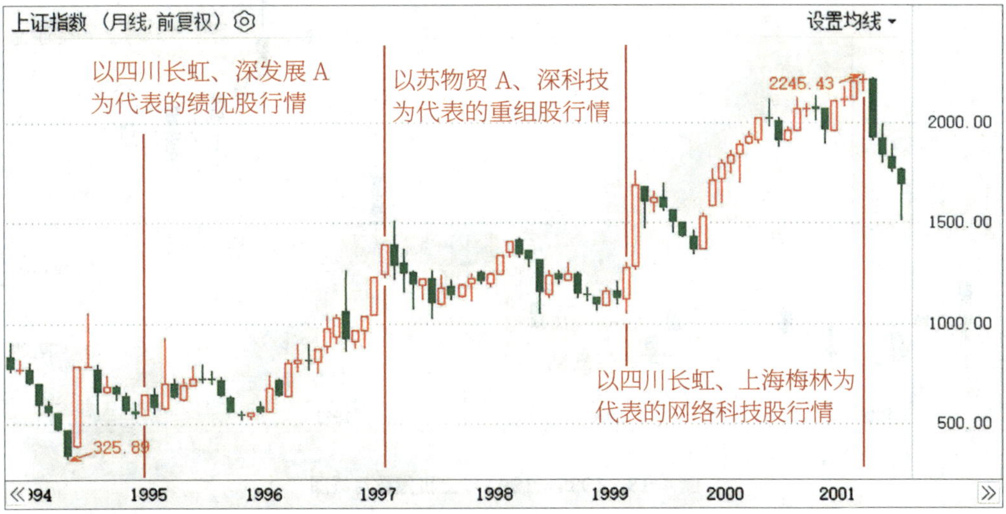

图 4-17　1994—2001 年的牛市结构及热点代表

通过图 4-17 我们可以看到，1995 年到 2001 年的牛市共经历了三个阶段，个股的启动顺序分别是绩优股、重组股（也就是垃圾股）、科技股。

第一阶段（1995—1997 年）：绩优股行情；

第二阶段（1997—1999 年）：重组股行情；

第三阶段（1999—2001 年）：科技股行情。

2. 牛市第一阶段

这一轮牛市的第一阶段以“327 国债事件”中万国证券的失败为行情启动的标志。

本轮牛市启动的背景是：严重的通货膨胀和紧缩政策形成的熊市，使两市股票平均市盈率降至 10 倍左右，处于绝对低位；银行存款利率达到两位数，处于绝对高位；与此同时，国家宏观调控见效，通货膨胀率显著下降，宏观经济处于短缺经济末段，商品需求十分旺盛。

大盘从1995年2月的524点启动，一路上涨到1997年5月的1510点见顶，涨幅接近两倍，见图4-18。

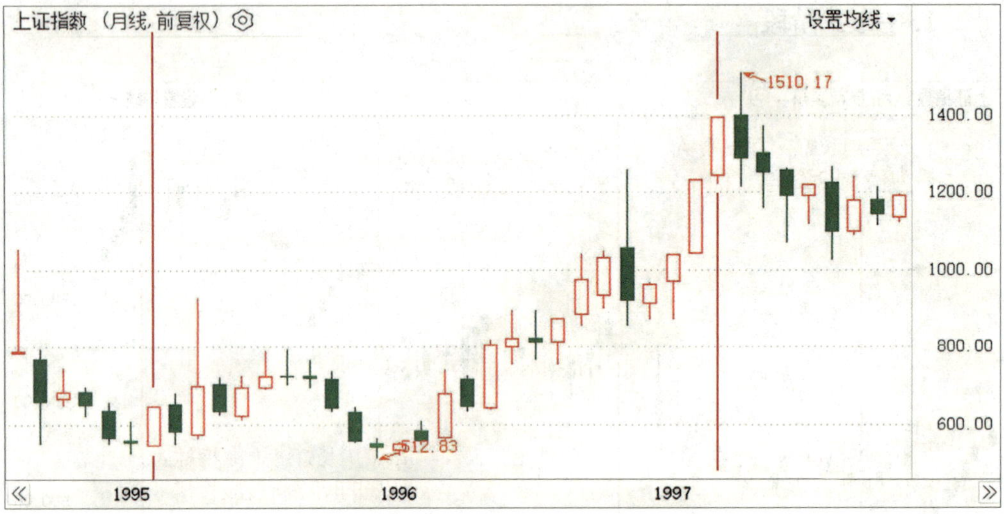

图4-18 1995—1997年上证指数月线图

1995—1997年这一轮牛市启动前的平均股价区域为2~4元，超跌成为主力入市的必要条件。

中国股市历来的大底行情，都伴随着“超级航空母舰”即将上市、股指期货准备完毕、国企要再融资等利空消息的传闻。这些政策被主力机构巧妙地反向利用。需要通过政策呵护的底部向来不是真正的底，底部向来都是重大利空释放后形成的。

主力机构借利空消息吸纳筹码，借利好消息出货，政策出台反向操作。

1995年至1997年上半年大牛市，指数从524点一路上涨到1510点。其间经历了1995年2月23日的“327国债事件”（327为国债代码）、1995年8月的四川长虹法人股风波、1996年3月的台海危机等重大事件。这些心理意义大于实际意义的所谓“利空”，无一不成为最佳买点，见图4-19。

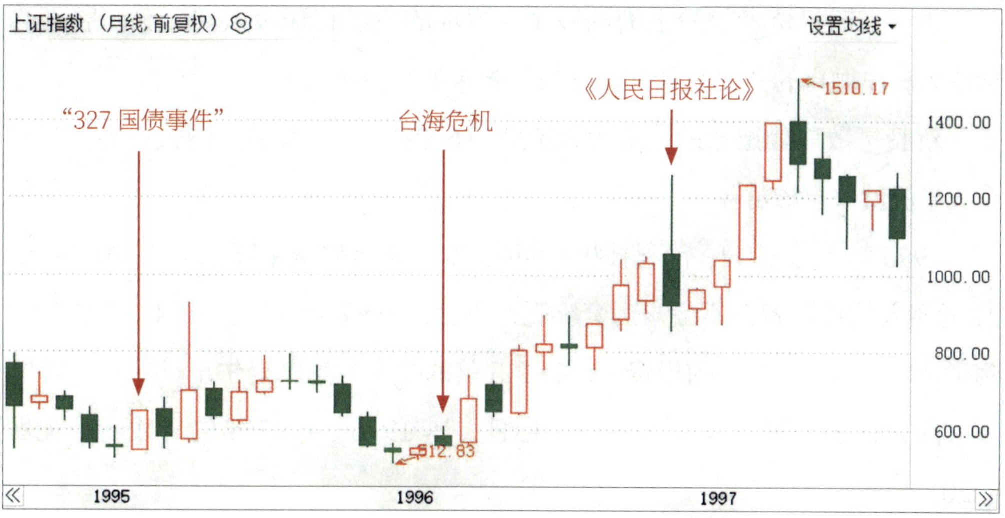

图 4-19　1995 年至 1997 年上半年大牛市利空不断

而牛市心理支撑的大利好香港回归，却成为本级牛市的终点。

市场是无数个利益集团组合的整体。如果你要在这个投机的市场中生存，就必须服从这个市场的游戏规则——所有的市场消息都是利益集团斗争的结果。要衡量大大小小利益集团的心理认可尺度，就必须学会换位思考。

上述消息面的反向运用，是黑客理论操盘体系的基本守则。

3. 牛市第二阶段

本阶段牛市周期的推动力量来自绩优蓝筹股的启动。

四川长虹（600839）、深发展 A（000001，后改名为“平安银行”）是推动本次牛市的主线索。牛市启动的初期，必须通过业绩来树立投资榜样，把股价炒高后，贴上蓝筹股的标签出货，是基本的控盘手法。超级主力进场建仓，一方面要保证流动性，选择中大盘股，另一方面制造各种利空消息清洗散户手中的筹码。

散户不要的股票就是好股票。

四川长虹因转配股的红股上市的丑闻，复牌后遭到散户的抛售，是本轮牛市的主要牛股。

由于当时投资者偏爱上海的股票，深圳的股票普遍没人要，深发展 A 自然成为散户抛售的主要对象，而它也是未来的领头羊。

新股是散户最担心的，而湖北兴化（600886，后改名“国投电力”）这个大牛股就来自该群体。

1996 年 4 月 23 日，深科技拔地而起，6 个交易日从 4.95 元涨到 20.99 元，21 元买入的投资者会不会永远套牢呢？不会，1997 年 5 月，深科技的股价达到了 70 元，21 元买入的投资者仍有 2.5 倍的盈利，这就是牛市。

四大代表为第一波牛市树立了标杆，其 1995—1997 年的月线走势见图 4-20。

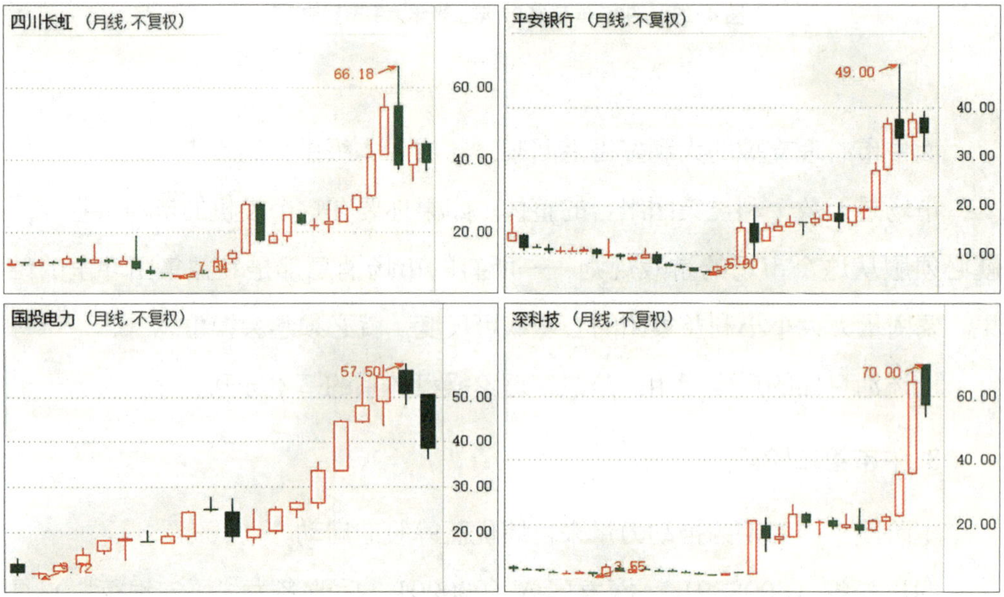

图 4-20　1995—1997 年牛市第一阶段的四大代表个股月线图

第二阶段的牛市以亚洲金融危机爆发为行情开始的标志。

本阶段市场的背景是增发新股。1998 年开始实施的增发新股是我国证券市场再融资体制的一次重大创新，也是支持上市公司资产重组的重要政策手段；上市公司在完成重组并取得一定的绩效后便可向监管部门提出增发新股再融资的申请，获得批准后就能重新取得再融资的权利。

连续大涨后，四川长虹、深发展 A 等蓝筹股的基本面早已过度透支，主升浪结束。这些权重股只能带动大盘下行。价值注入是业绩增长最快的方式，于是资产重组股票异军突起。

主力机构转移方向，建仓于受《人民日报社论》影响的重灾区——垃圾股，巧妙地超前于政策建仓，再次发动一轮超级牛市。

本轮指数看似下跌的过程中，低价股涨势惊人，其行情不弱于一波大牛市，1997—1999 年上证指数月线图见图 4-21。在东南亚金融危机和 1998 年洪水灾害影响下，放弃大盘取个股的思路是正确的。

图 4-21　1997—1999 年牛市第二阶段上证指数月线图

资产重组作为一个整体板块，是 1998 年最大的热点。其代表品种 ST 吉诺尔（000669，后改名为“ST 金鸿”），在此期间大涨 300%，仅 8 月至 11 月就上涨了 160%，见图 4-22。

资产重组股的疯狂炒作展现了当时市场主力的丰富想象力，两市有 211 家上市公司，发生了 270 余起重组事件，其中近半是 1997 年 9 月党的十五大召开之后的短短三个月内完成的。

长虹发展，廉颇老矣，全年各跌 50% 和 40%。

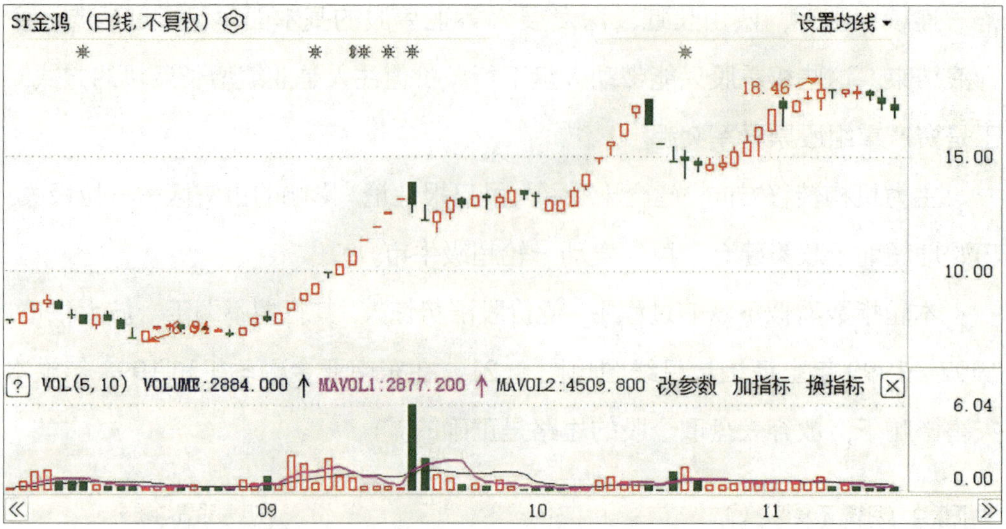

图 4-22　1998 年 8 月 4 日至 11 月 17 日重组行情龙头 ST 吉诺尔日线图

4. 牛市第三阶段

本阶段行情以中金、中银入市为行情启动的标志。

本阶段行情的背景是 :1999 年中央为了应对东南亚金融危机，开始实施扩张性的财政货币政策以扩大内需，并连续降息，为这次牛市的形成创造了良好条件；2000 年前后，“入世”和“申奥”成为最大的民族心愿，这意味着中国正积极与国际接轨，新控盘主力提前抓住这个战机，从美国股市照搬来网络股行情，成功启动了 1996 年牛市以来一直落后于大盘的民营高科技企业行情。

在行情启动前，我国驻南斯拉夫大使馆遭美国导弹袭击，但是股市恰恰就是在如此巨大利空的影响下，发动了本轮牛市。

“5 · 19”行情力度之强史上罕见，这波由网络科技股引领的行情，无论在持续时间上，还是在个股涨幅上都到了近乎疯狂的地步。上证指数从 1999 年 5 月的 1047 点起步，到 2001 年 6 月创出了 2245 点的历史新高，上证指数月线图见图 4-23。

本轮行情的代表是网络科技股，代表品种是 ST 海虹（000503，后改名为“国新健康”）、上海梅林（600073，后改名为“光明肉业”）。

图 4-23 1998—2001 年牛市第三阶段上证指数月线图

本轮行情的发展过程中，经历了有线电视网络板块、高科技板块、银行板块、除权板块、权重板块、绩优板块和标购板块等多个热点的猛烈炒作，几乎整个市场 95%以上的股票都上涨超过 50%，体现出十足的牛市特征。

ST 海虹是网络科技股的急先锋，在 1999 年 5 月短短一个月的时间里涨幅超过了 100%；2000 年后该股重新发飙，即使在戴着 ST 帽子的情况下，仍一口气从 18 元暴涨到 83 元，创造了“垂直＋笔直”的拉升方式，见图 4-24。

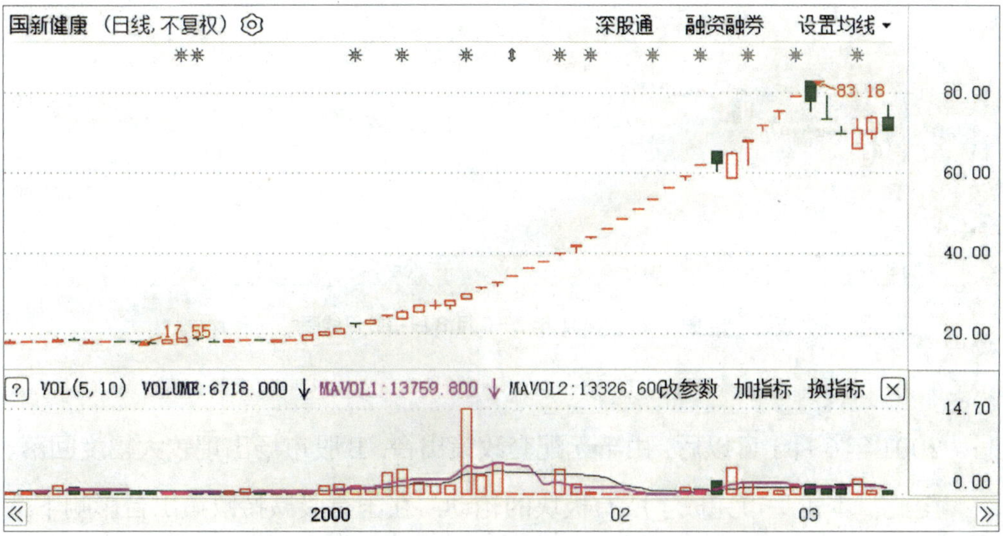

图 4-24 2000 年 1 月 4 日至 3 月 2 日 ST 海虹连续上涨

ST 海虹现象深刻说明：市场的投资理念是因时、因地发生变化的，1997 年创造的重业绩、重蓝筹的投资理念，在 1998 年转向重概念、重题材，概念越独特越受市场追捧，以 ST 海虹为代表的概念股在市场掀起滔天巨浪，而一些业绩优良、看起来保险的投资对象，如五粮液、南通机床等反而不“保险”；老牌绩优股如深发展 A、四川长虹在 1999 年“5 · 19”行情中甚至没有创出新高。

2001 年 2 月 20 日，经国务院批准，中国证监会决定，允许境内居民以合法持有的外汇开立 B 股账户，交易 B 股股票。B 股的对内开放引发了开户狂潮和井喷行情。

2001 年 2 月 26 日和 27 日，两市 B 股开户数合计达到 34 万户，其中沪市 B 股开户 22.8 万户，深市 B 股开户 11.2 万户，均超过了沪深 B 股开市以来开户数的总和。

B 股恢复交易的首日，所有股票均封于涨停。两市 B 股就此迎来了历史上最大的一次单边上扬行情。B 股从 2001 年 2 月 77 点起步，到 5 月末的 241 点，3 个月涨幅高达 200%，见图 4-25。

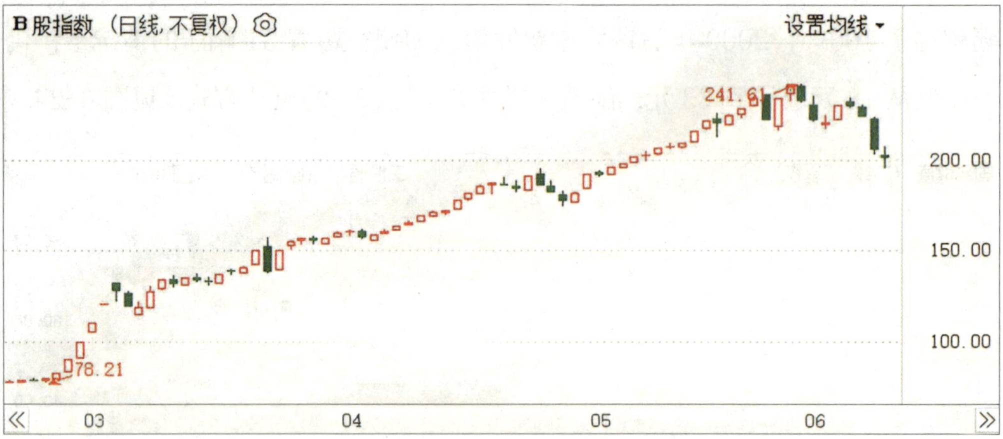

图 4-25　2001 年 2—6 月 B 股指数日线图

2001 年 6 月 1 日以后，由于无配套政策出台，B 股市场出现较大幅度回落。

至此，本轮牛市完成了所有板块的轮动，在国有股减持政策出台影响下，进入熊市周期。

三、热点构造与走势

热点结构方面，我们同样可以借鉴1996年12月《人民日报》发表的关于股市的社论影响下的市场热点走势。

1996年12月，《人民日报》发表社论后，如火如荼的低价股行情遭受重大打击，垃圾股“飞流直下三千尺”，整体快速直线下跌50%以上。

但是，这个低点随后成为大多数股票的历史底部。在1997年到1998年的行情中，几乎全部是以垃圾股为代表的资产重组行情。而好不容易才树立起来的，以四川长虹、深发展A为代表的“绩优+成长”投资模型，在1997年5月达到了重大顶部，之后下跌近10年才见底。

与1996—1997年如出一辙的是，2007年5月，新股民唱着《死了也不卖》的主题歌冲进股市，逢股必买，股价越低越买，以致低价股成为市场主流。

2007年“5 · 30”印花税上调后，低价股随之被腰斩。但是我们再次看到利空袭击的重灾区后来走出了主升浪。

而半年后的2007年10月底，市场树立起来的“大蓝筹”理念，导致了重大顶部的出现，以中国平安、浦发银行为代表的蓝筹板块股价到达顶部，随后就快速下跌，整体跌幅超过50%。

同样，2012—2015年的大牛市中，创业板、中小板、主板纷纷启动，连新三板都轮涨一遍，至此牛市行情结束。

四、小结

（1）牛市发动的层次，第一波炒业绩，第二波炒重组，第三波炒科技，最后到B股启动，所有股票都炒过一轮后，牛市结束。

（2）热点在切换过程中，往往有政策的引导配合，使行情得到巩固和认可。通过政策的解读，来识别牛市所处的阶段。

（3）1997年64元见顶时四川长虹每股2元多，2005年2.95元见底时每股2元。蓝筹股也有生命周期。

蓝筹起步需要得到投资者长期认同：一方面是上市公司增长性的价值化认同，另一方面是对股价趋势的市场化认同。

4.3 蓝筹股的生命周期

一、蓝筹股走势阶段

蓝筹股走势模型分为以下六个阶段，见图 4-26：

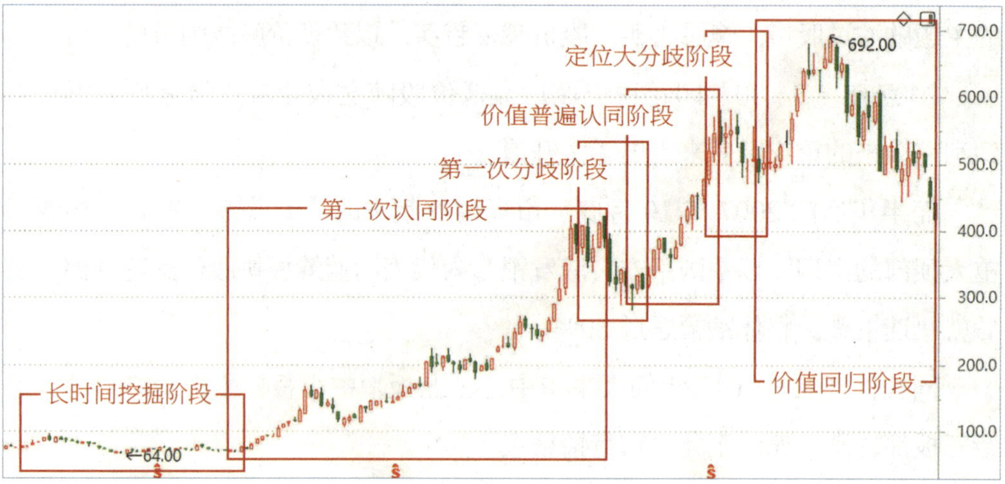

图 4-26　蓝筹股生命周期模型

（1）**第一阶段：长时间挖掘阶段**。这个阶段是少数站在市场最前沿的机构，在深入公司调研后，进行长时间吸纳造成的。真正的战略投资者在逐渐吸纳过程中，会使股票的筹码锁定性越来越高，造成后面市场认同的时间缩短。

（2）**第二阶段：第一次认同阶段**。经过机构长时间的吸纳后，股价重心上移，同时公司的基本面也支持价格上涨的走势。市场中的投机资金会认同价格走势，从而有更多的追随资金介入。

（3）**第三阶段：第一次分歧阶段**。最初发掘该上市公司的机构在股价充分反映基本面后，因评估标准不一样出现价值分歧，造成价格出现大幅度波动，但持续时间比较短，因为公司的实际成长又给了一些比较犹豫的踏空机构一线希望。

（4）**第四阶段：价值普遍认同阶段**。公司的价值凸显并得到市场整体的认同，市场的资金因此而吸引过来，这个时候的价格也是采用简单的形态，用比较少的时间拉升比较大的幅度。

（5）**第五阶段：定位大分歧阶段**。上市公司优异的业绩和股价的上升，使投资者变得盲目乐观，但发掘该蓝筹股的初始机构开始对估值产生分歧，造成了股价剧烈震荡，同时伴随着高换手成交，从而导致了整个牛市的结束。

（6）**第六阶段：价值回归阶段**。这个是价格的反向回归之路，经过市场的再三验证，企业业绩的增长性和股价的增长性发生了偏离，价格向价值回归，造成了价格的迅速下跌。

二、贵州茅台的生命周期分析

贵州茅台（600519）自 2001 年上市以来，股价涨幅高达近 70 倍，并且年年分红，成为中国证券市场罕见的成长型蓝筹股。

茅台酒连年涨价，一瓶难求。然而即便作为有资源禀赋的公司，由于行业拥挤度过高，2021 年的“漂亮 50”行情于 2021 年 2 月 18 日把贵州茅台推向了最高峰 2627.88 元，随后三年股价被腰斩，说明蓝筹股也有生命周期。

近十年贵州茅台的股价走势，非常完美地呈现出蓝筹股的生命周期模型。

第一阶段：长时间挖掘阶段，2007 年 11 月至 2015 年 9 月；

第二阶段：第一次认同阶段，2015 年 8 月至 2018 年 1 月；

第三阶段：第一次分歧阶段，2018 年 1 月至 2018 年 12 月；

第四阶段：价值普遍认同阶段，2018 年 11 月至 2021 年 2 月；

第五阶段：定位大分歧阶段，2021 年 1 月至 2021 年 8 月；

第六阶段：价值回归阶段，2021 年 8 月至今。

三、贵州茅台的价值模型

贵州茅台带动一线蓝筹股创出新高，股价直逼酒价。基本面通过“供给侧改革”，实行“限价”和“限购”，符合本轮价值投资所代表的业绩逻辑。

2015年6月“股灾”后，主力资金通过建仓大盘股，达到了稳定市场的目的。

当时贵州茅台的基本面背景并不友好，原因有二：①“大众创业，万众创新”时代，贵州茅台显然不是创业型代表。②党的十八大后，禁止“三公”消费，茅台酒公务宴请受限。

但正是这样的盲点，又成为新一轮行情启动的主线。主力青睐贵州茅台的原因有二：①大盘蓝筹在2014—2015年“双创牛市”中，基本没涨。②贵州茅台等公司作为价值蓝筹，具有中国特色。

主力资金在长达一年多的时间里，陆续建仓贵州茅台等蓝筹股，其间经历了三次大跌，这三次大跌都成为建仓良机，见图4-27。

中国中产阶级的崛起和居民消费能力的增强，使高端白酒的市场需求不断增长。茅台酒作为高端白酒的代表，品牌价值逐渐向奢侈品靠拢。

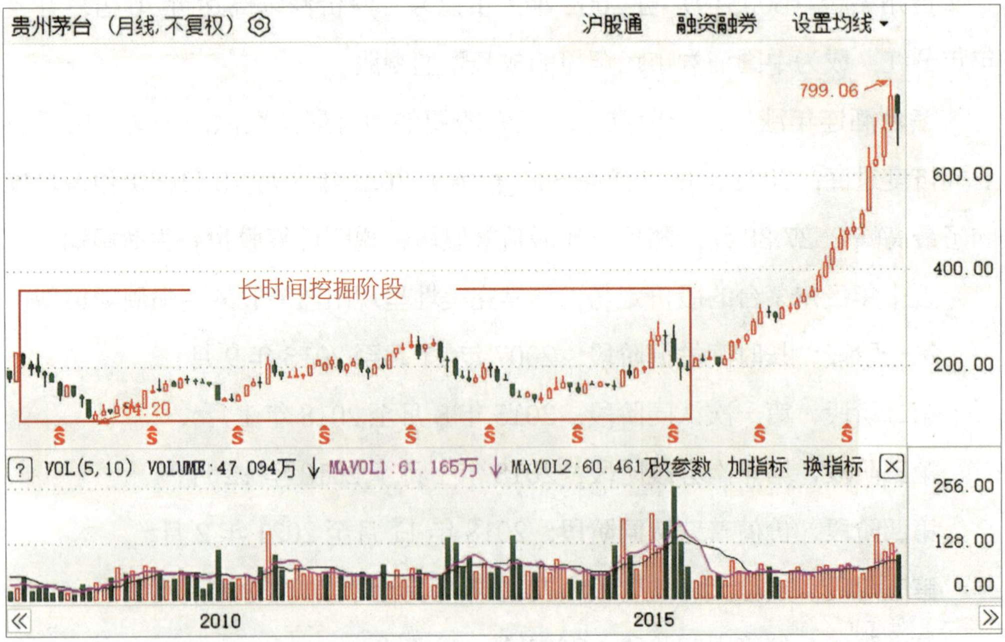

图4-27 2007年11月至2015年9月贵州茅台处于长时间挖掘阶段

随着反腐倡廉常态化，白酒行业的政策环境逐步宽松。贵州茅台成功地将市场形象由政务接待型白酒转变为商务接待型白酒。行业回暖叠加贵州茅台积极的市场策略和品牌推广，进一步推动了白酒行业的整体复苏。贵州茅台作为高端白酒的代表，被赋予了独特的文化意义，成为节庆送礼的首选之一，而且茅台酒“逢节必涨”。每逢节假日，茅台酒总是带领高端白酒迎来涨价潮。贵州茅台的公司业绩打开上升空间后，慷慨地实行高分红策略，也吸引了更多长期资金（包括外资）的青睐。这些因素助推了贵州茅台股价的持续上涨，见图 4-28。

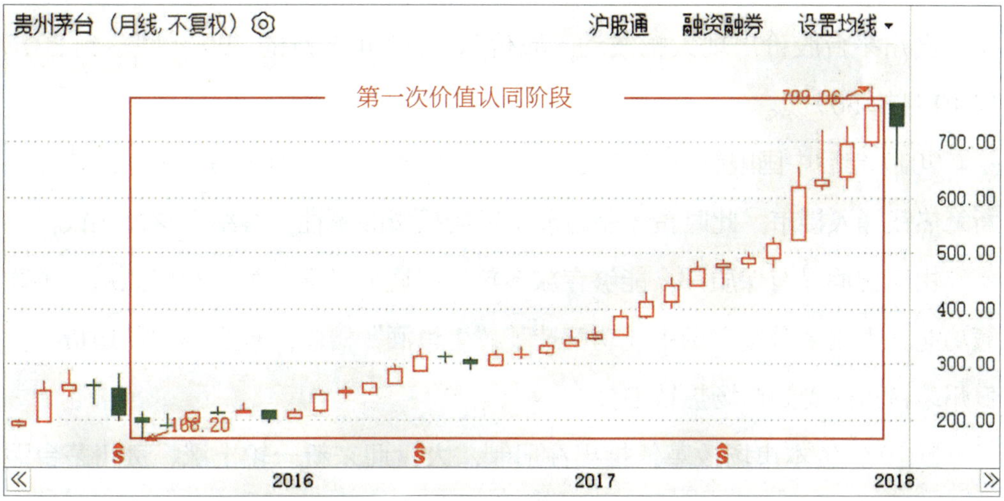

图 4-28　2015 年 8 月至 2018 年 1 月贵州茅台第一次价值认同阶段

2018 年初，中美贸易摩擦增加了全球经济的不确定性，投资者对未来经济增长的预期趋于悲观，采取更为保守的投资策略，减少对风险资产的投入。市场情绪受到严重冲击。外资对中国市场信心减弱，资金流出增加，导致市场流动性下降，加大了股市下行压力。

2018 年 5 月贵州茅台发生高层人事变动，原董事长袁仁国因“个人原因”被免职，由李保芳接任。这一变动引发了市场对公司治理和未来战略方向的担忧。投资者对公司管理层的稳定性和管理效率产生疑虑，进一步放大了贵州茅台股价波动的风险，见图 4-29。

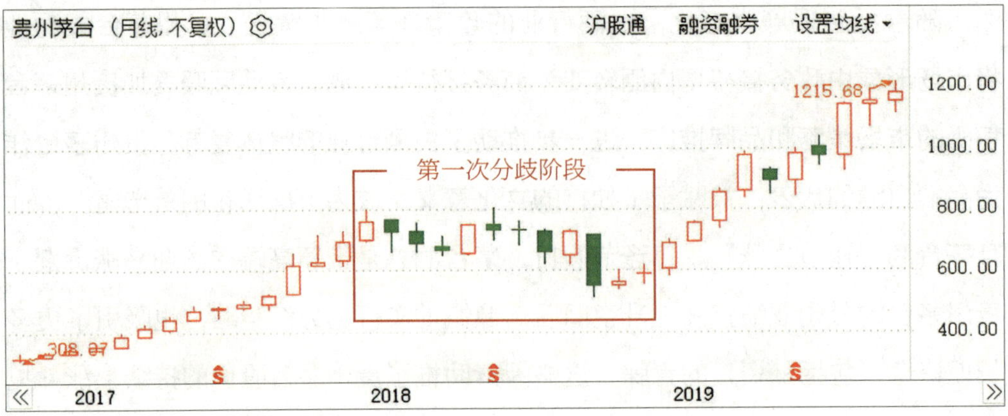

图 4-29　2018 年 1—12 月贵州茅台第一次分歧阶段

贵州茅台股价出现大幅波动，股价从 2018 年 5 月的 790 元回落到 2018 年 10 月的 509 元。

2017 年后中国限制房地产投机，到 2020 年 8 月政府出台“三道红线”，断绝热钱涌入楼市。此时贵州茅台成功借助投资的属性，容纳了这批热钱。

由于白酒没有保质期，能够存放多年，“逢节必涨”为高端白酒赋予了收藏功能。贵州茅台在市场中成功营造了“生肖酒”概念，被誉为“硬通货”。贵州茅台再次受到市场热钱追捧。

2019 年资本市场改革，推出注册制，大盘迎来新一轮上涨。贵州茅台因具有中国特色，不惧任何新上市公司挑战，反而更加成为稀缺资源，股价从 600 多元上升到 2600 多元，市值突破 2 万亿元，见图 4-30。

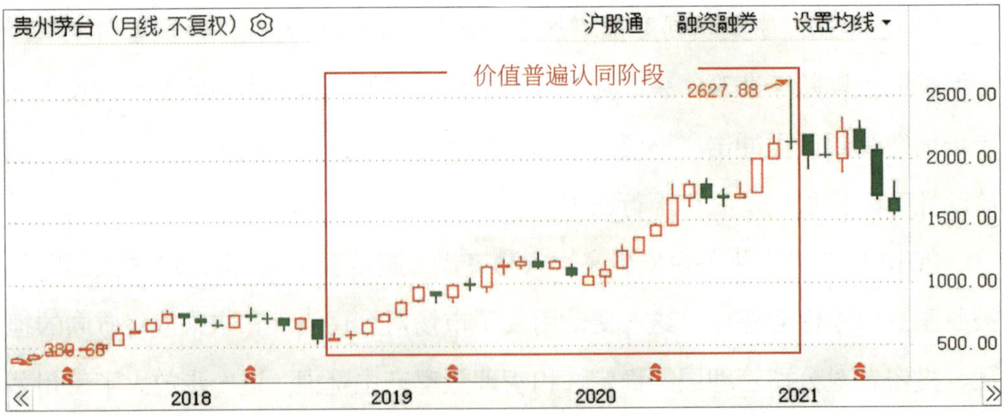

图 4-30　2018 年 11 月至 2021 年 2 月贵州茅台价值普遍认同阶段

贵州茅台业绩是股价上涨的核心动力，高端市场的扩张、优化销售渠道等提升了其盈利能力，而在全球流动性宽松、市场偏好优质资产的背景下，贵州茅台的估值持续上升。盈利与估值的双重共振，使贵州茅台成为投资者追逐的焦点，显著推高了其市场价值。

市场情绪的改善和资金流入使贵州茅台作为 A 股龙头白马股，成为资金追逐的首选标的，股价频频创新高，市值迅速攀升。贵州茅台的股价上涨也体现了“戴维斯双击”效应，即盈利增长和估值提升双重驱动。

2020 年中国受新冠疫情影响，社交受限制，高端白酒消费的主要场景如餐饮、聚会和商务活动大幅减少，贵州茅台的销售受到挑战，见图 4-31。

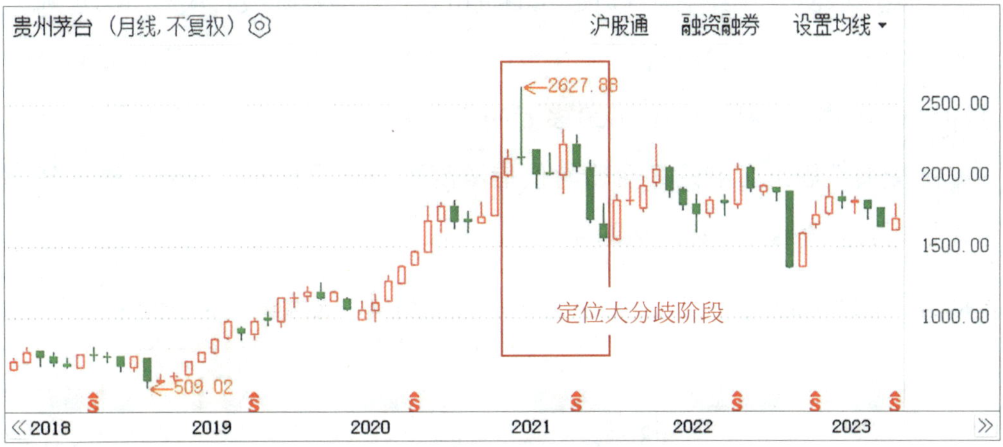

图 4-31　2021 年 1 月至 2021 年 8 月贵州茅台定位大分歧阶段

面对冲击，贵州茅台控制商品投放量，不仅维持了高端定位，还通过稀缺性推高了市场溢价，刺激了囤货和抢购行为，形成供不应求的局面，强化了其高端奢侈品的市场定位，业绩实现了逆势增长。

贵州茅台不断提高其在白酒领域的市场份额，呈现出“赢家通吃”的龙头效应。2020 年末，各大券商都以贵州茅台为样本，纷纷推荐各个行业的龙头，作为来年的投资组合，市场形成了“漂亮 50”概念。“漂亮 50”的说法源于美国 1970 年前后的指标股行情，带动道琼斯创出历史新高。

“漂亮 50”风靡一时，这种“懒人式投资法”，实则为这批蓝筹股大面积出货营造了极好的氛围。2021 年“春糖节”到处可见刚刚入行研究员的稚嫩身影，为推荐“茅指数、宁组合”而奔走传播。某顶级券商推出贵州茅台年内看 3000 元的投资报告是贵州茅台股价见顶的最后一冲，而大型主力却在高潮中悄然撤退。2021 年 2 月贵州国资委协议转让 5% 的股份，也达到了减仓的目的。

疫情期间的高端白酒量价上涨，实际上是生产厂家的提前预售行为。通过逼迫经销商完成任务，进行冲量。而经销商有酒价上涨的惯性思维，也乐于囤酒，甚至不惜贷款存酒。

茅台酒的消费价值被严重扭曲。比如一整箱酒（6 瓶），价格会高于 6 瓶散酒，这违反了常识。很显然，这一整箱酒不是用来喝的，而是用来收藏的。

大量囤积使茅台酒并未真正进入消费市场。在消费降级时代，白酒也逃不过资产缩水的命运。2021 年后，在市场情绪极度亢奋中，贵州茅台白酒价格上冲 3200 元每瓶，股价也在 2600 多元冲刺见顶，走出了一轮完整的生命周期。

深受惯性思维影响的茅台粉丝们借酒浇愁，忍受着绵绵熊途。贵州茅台进入长期的价值回归之路，见图 4-32。

图 4-32　2021 年 2 月至 2024 年 12 月贵州茅台价值回归阶段

四、中信证券

2005 年 4 月 29 日，困扰中国股市多年的利空——全流通问题开始解决，在人民币升值推动下，A 股市场 2005 年 7 月开始全面转暖，大量国际国内热钱涌入股市，造就了一轮轰轰烈烈的牛市行情。

中信证券（600030）于 2003 年 1 月上市，受熊市中证券行业长期低迷影响，公司 2004 年年报披露的基本每股收益仅有 0.07 元，是典型的垃圾股。

2006 年 3 月 24 日，申银万国发布中信证券公司 2005 年业绩点评报告，题为《业绩增长超出预期》，给予公司“增持”的投资评级。申银万国在报告中大胆预测中信证券 2006 年和 2007 年基本每股收益为 0.22 元和 0.30 元。现在来看，即使当时较为激进的预测也大大低于公司实际业绩增长，估值偏于保守是价值挖掘阶段的特征之一，见图 4-33。

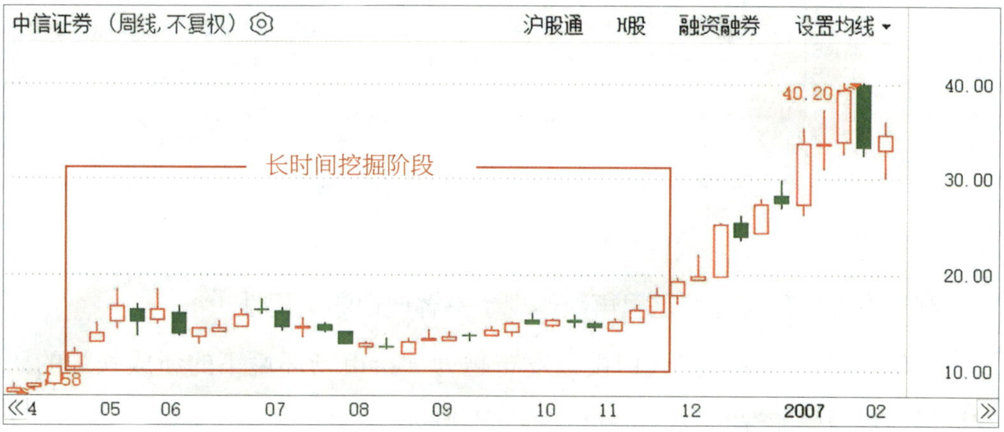

图 4-33　2006—2007 年中信证券长时间价值挖掘阶段

2006 年 6 月，有色金属板块受国际有色金属商品期货大幅回落影响，出现全面下跌走势，市场开始寻找新的突破方向。借鉴 1985—1989 年日元升值期间日本牛市的经验，“金融、地产是牛市涨幅最大的两大板块”的观点被提出。

中信证券作为券商板块的龙头品种，虽然已经引起大部分投资者的注意，但并没有立即启动，16.61 亿股限售股将于 2006 年 8 月 15 日上市流通是制约该股上涨的主要因素。

2006 年 8 月 15 日，中信证券 16.61 亿股限售股上市，股价并未因此出现下跌走势。当日开盘在 12.23 元处成交 34000 多手，12.23 元也几乎成为该股 2006 年的最低价，见图 4-34。

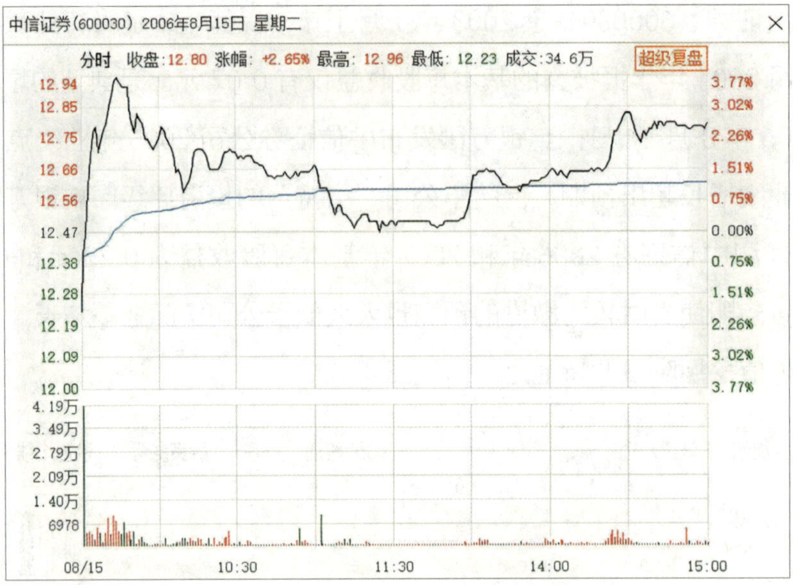

图 4-34　2006 年 8 月 15 日中信证券分时图

利空兑现即是利好，这里再次体现了黑客理论的实用性。

2006 年 12 月 5 日，天相投顾发布题为《新市场环境下的新成长》的研究报告，将中信证券的股票目标价调高到 30 元。

2007 年 1 月 9 日，国信证券发布题为《业绩超预期得到确认》的研究报告，将中信证券的估值目标价调高到 35~38 元。

2007 年 3 月 16 日，国信证券发布题为《行业龙头地位确立，股价催化剂将持续出现》的调研报告，将中信证券的目标价提高到了 57~60.8 元。

机构对中信证券的目标价不断刷新，同时，分析师在公开媒体推荐中信证券的频率也大大增加。中信的业绩成长得到了市场的认可。

不负众望，2007 年 3 月 16 日，中信证券公布 2006 年业绩，基本每股收益和扣非每股收益均达到了 0.89 元，仍大大超出市场预期。

2006 年 11 月至 2007 年 5 月，中信证券半年时间涨幅达到 400%！股市里谁都知道“券商是牛市最大的受益品种”，而中信证券是券商中的龙头。两面针、华资实业等参股券商概念股也借机炒作，市场对中信证券的价值一致认同，此阶段的周线图见图 4-35。

图 4-35　2006 年 11 月至 2007 年 5 月中信证券第一次认同阶段

股市是多方利益激烈角逐的战场，全流通的实施导致博弈格局发生了巨大变化。中信证券的第一次分歧是机构投资者与“小非”股东之间的分歧。

2007 年 5 月 30 日，印花税上调导致牛市出现大跌，接近上千只股票集体跌停的场面引发了牛市结束的焦虑，中信证券作为 2007 年解禁压力最大的个股，在恐慌的氛围中被中小投资者纷纷抛售，没有二级市场交易经验的“小非”股东亦加入其中，形成了第一次分歧阶段，见图 4-36。

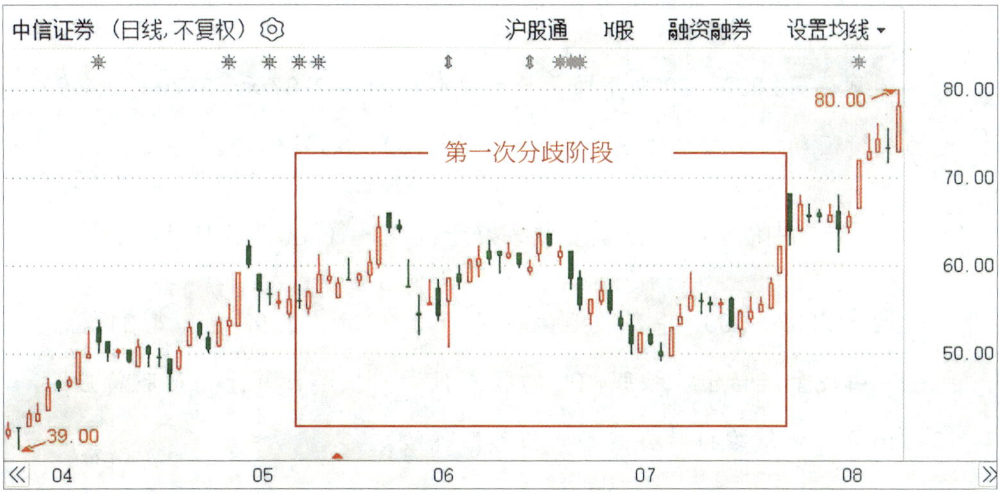

图 4-36　2007 年 5—7 月中信证券第一次分歧阶段

中报显示，两面针和中粮集团在2007年第二季度合计减持中信证券798.72万股，是2007年“5·30”做空的主要动力。

与此同时，招商证券发布《中信证券：业绩仍然亮丽，下跌构筑买点》调研报告，给予中信证券公司“强烈推荐”评级，将其股票目标价调为75元。

在市场走好的背景下，中信证券作为牛市的最大受益品种再次受到多家机构的关注，得到了市场的普遍认同，见图4-37。

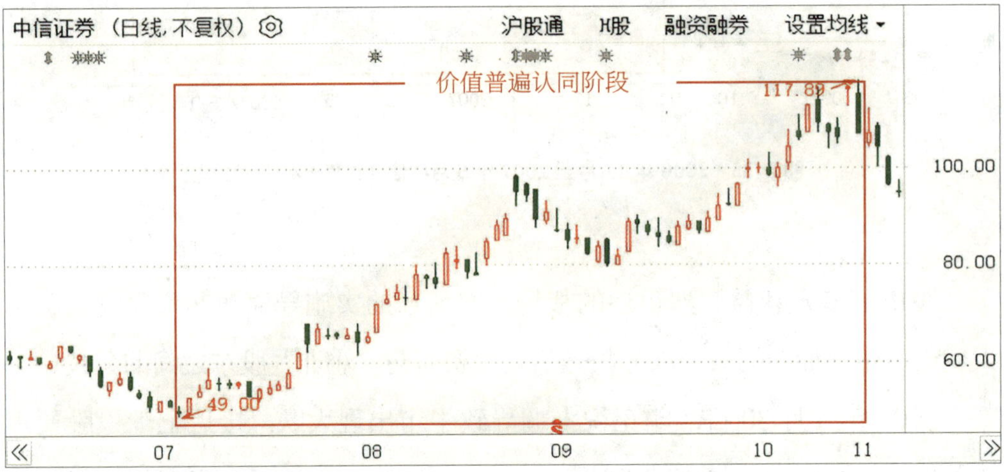

图4-37 2007年7—10月中信证券价值普遍认同阶段

下面是2007年8月到11月部分机构的报告观点：

国泰君安《资本扩张推动业绩持续增长》（2007年8月27日）

> 预测公司2007—2009年摊薄后的每股收益为2.87元、3.70元、4.95元的业绩预期以及增持的投资评级，维持100元的目标价。

银河证券《中信证券：三季度业绩好于预期》（2007年10月17日）

> 调升2007—2009年每股收益分别至3.27元、3.67元和4.31元。基于自由现金流估值，按照10%的股东投资回报率计算，公司股价应为131.46元。继续维持对公司的“推荐”评级。

中小投资者亦对机构描绘的公司业绩增长前景深信不疑。

中信证券价值得到市场普遍认可，2007 年“5 · 30”以后中信证券走出了翻倍行情。

2007 年 10 月 18 日，沪指于 6124 点见阶段性顶部开始回调。

我们在 2007 年 10 月发布的第四季度基金经理报告《水火交融，进入结构性调整》中，明确提出了这样的观点：

> （二〇〇七年）十月份市场将进入结构性调整，十月中旬存在重要时间窗口，6000 点以上应考虑减仓操作，规避风险。

中信证券在本轮回调中跌幅达到 50%，虽有部分机构仍然看好，但分歧逐渐加大，已进入第五阶段走势，见图 4-38。

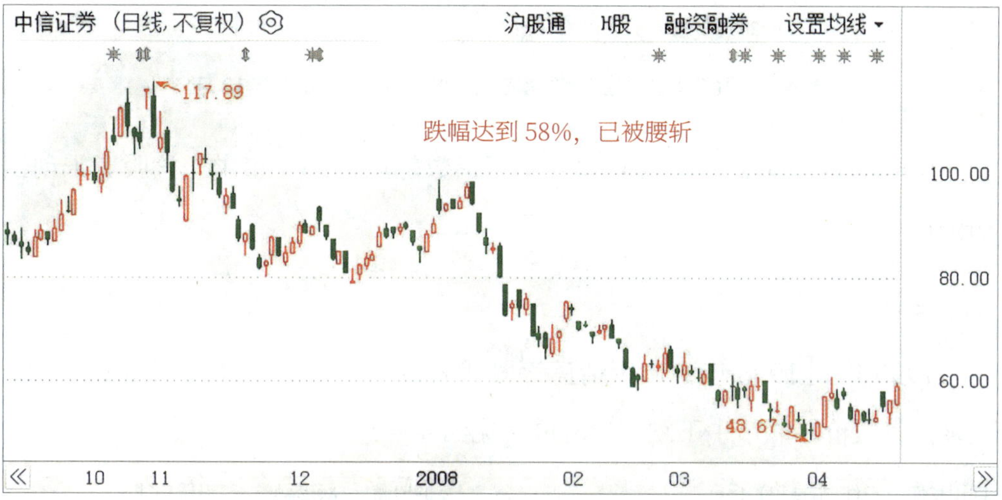

图 4-38　2007 年 11 月至 2008 年 3 月中信证券跌幅高达 58%

第五阶段股价走势特征表现为大幅震荡。

在优秀的基本面支撑下，不排除公司股价未来会随行情创出新高，但需注意的是：有关公司的各种利好在 2007 年大量兑现，基本面已经太过明朗。

五、中集集团

中集集团是 2003—2005 年基金树立起来的蓝筹股的典型，在熊市中通过抱团取暖的方式拉高股价，向普通投资者灌输价值投资理念。

从股价上涨的过程来看，亦经历了长时间挖掘阶段、第一次认同阶段、第一次分歧阶段、价值普遍认同阶段、定位大分歧阶段、价值回归阶段等各个生命周期，见图 4-39。

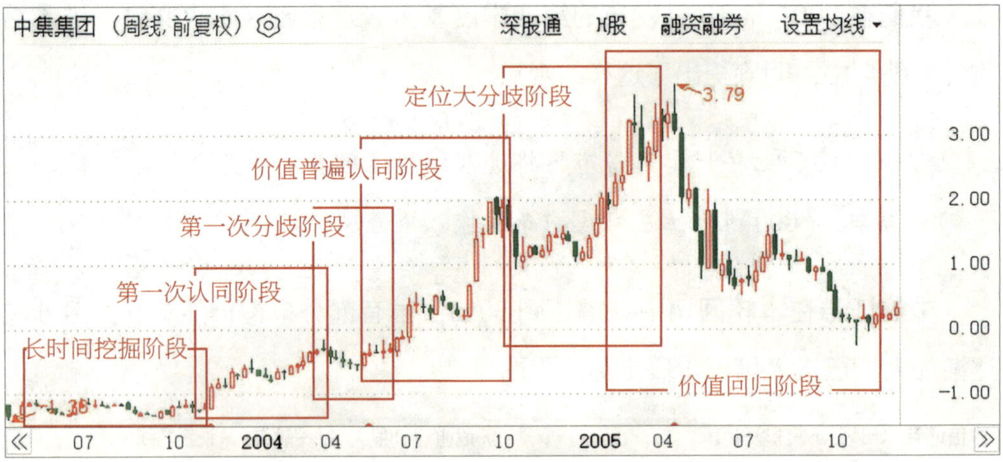

图 4-39　中集集团的生命周期模型（2003 年 9 月至 2005 年 12 月）

可悲的是，在 2005 年到 2006 年底指数翻三倍的牛市中，该股竟未创出历史新高。

六、四川长虹

1995 年到 1996 年牛市行情蓝筹股代表四川长虹的生命周期模型也十分清晰，其股价在熊市中下跌了近九成，见图 4-40。

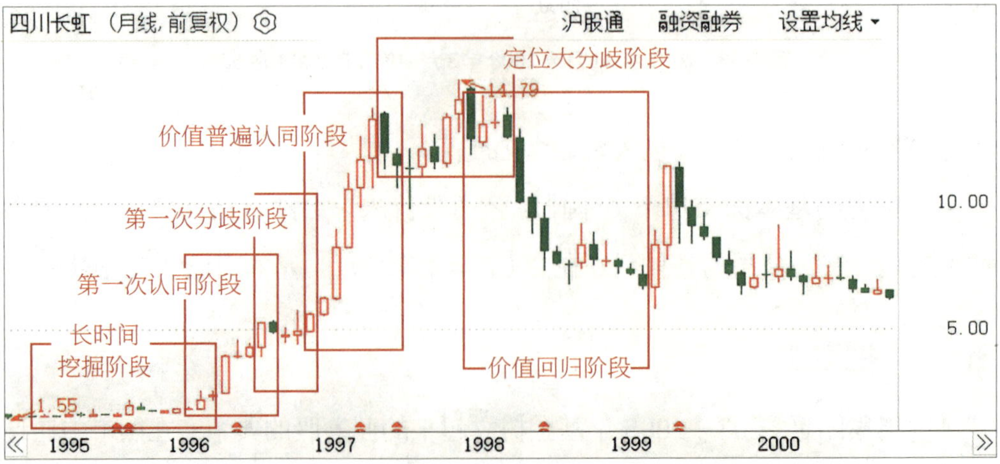

图 4-40　从 1994 年 10 月至 2000 年 12 月四川长虹月线图看其生命周期模型

下文我们将把四川长虹作为案例，讲解超级主力在牛市中完成快速建仓的手法及机理。

七、小结

（1）虽然我国证券市场进入了一个理性化投资年代，投资理念逐渐成熟，但市场实际在透支着多数公司的内在价值。

（2）所谓发掘中国大蓝筹股行情，只不过是筹码收集和派发的交换过程而已，本质上是蓝筹股生命周期的不断轮回。

只有在大多数人都犯错误的时候，重大机会才有可能形成。只有筹码完成充分交换，大的行情才能发动。

4.4 超级主力建仓手法

价值在不同的阶段、不同的市场有不同的取向。主力机构在建仓时，就会给其目标股票贴上“垃圾股”“问题股”的标签，在出货的时候，就会给其贴上“绩优股”“蓝筹股”的标签。

香港股市最大的蓝筹股汇丰银行，是2003年以来5年牛市中涨幅最小的股票，而2002年前后“中资概念”就是垃圾股的价格，中国人寿还一度跌破发行价。几年后，中资概念成为市场炙手可热的蓝筹股旗帜。

每个人买进股票，都想以更高价格卖出，从而赚到差价。无论他们买股票的依据是基本分析还是技术分析，目的都一样。便宜的股票自有便宜的道理，这说明股票本身并没有好坏，无非都是筹码而已。

“价值”只有在盲点的时候，才有可能被低估，好的交易品种一定是在盲点中产生的。所以，正确的炒股方法是，盲点时介入，热点时卖出。

投资者总会进入一个习惯性误区，就是对涨跌背后的原因过度追求，而忽视正在真实上涨的股价本身，因怀疑上涨的真实性而导致无法获利。

超级主力机构要从市场中获取筹码，必将丑化该股形象，诱引投资者抛售。只有投资者犯错误的时候，机会才会出现。在超级主力机构进场扫货的时候，无论是消息面，还是技术面，都将出现恶劣的背景环境。

一、主力机构建仓标志

（1）消息面。刻意炮制利空传闻，夸大利空影响，打击市场的多头理论和分析，形成空头氛围。

（2）技术面。通过连续阴线使技术指标变得极其难看，从而消磨投资者意志，引发止损盘。

二、四川长虹主力建仓扫货过程

本节以 1995 年四川长虹为案例，揭示超级主力建仓扫货的过程。

1. 保值贴补，股市寒冬

1995 年下半年，中国股市经历三年熊市，进入了最寒冷的冬天，见图 4-41。

图 4-41　1994 年 12 月至 1996 年 4 月上证指数周线图

此时大量的股票跌得面目全非，而银行的定期存款加上保值贴补的一年收益达到 20% 以上（见表 4-1），这样高收益无风险的美事，吸引了大量的资金进入银行。这为股票筹码与储蓄资金的转移创造了绝佳的市场环境。

表 4-1　1995—1996 年三年以上定期储蓄存款保值贴补率

(%)

月份	保值贴补率		月份	保值贴补率	
	1995 年	1996 年		1995 年	1996 年
1 月	9.84	11.31	7 月	13.01	6.24
2 月	10.38	10.83	8 月	12.99	4.75
3 月	11.87	11.29	9 月	12.64	3.61
4 月	11.47	9.00	10 月	12.07	3.62
5 月	12.27	7.61	11 月	12.07	4.04
6 月	12.92	7.23	12 月	13.24	3.72

2. 利用优势，寻找标的

超跌是行情启动的必要条件，但只有主力机构完成筹码收集，才能满足行情启动的充分条件。

虽然银行的无风险收益高达 20% 以上，但从表 4-1 可以明显看出，中国经济已经进入降息周期。

1995 年 2 月 23 日“327 国债事件”（327 是国债代码）后，具有财政部背景的中国经济开发信托投资公司（以下简称“中经开”）成功击败万国证券，成为市场控盘主力。

与财政部具有千丝万缕联系的中经开当然能够准确判断保值贴补率将逐渐取消，停留在储蓄中的大量资金将会寻找新的出路，股市建仓将成为第一任务。

建仓当然需要打压，只有释放利空，才能拿到筹码。当时股市中流通盘最大的四川长虹进入建仓范围。

1995 年前后，老百姓生活由贫困进入小康，彩电不再成为奢侈品，迅速进入每个家庭，家电行情进入景气周期。

四川长虹自 1994 年上市以来，一直保持高速成长，从区域型的家电企业，发展成全国家电巨头。

四川长虹的发展，也伴随着股本的高速扩张。

1995 年 7 月 31 日，四川长虹 10 股配 2.5 股，配股价 7.35 元；

1996 年 7 月 3 日，四川长虹 10 股送 6 股；

1997 年 5 月 26 日，四川长虹 10 股送 6 股；

1997 年 8 月 4 日，四川长虹 10 股配 1.875 股，配股价 9.8 元；

1998 年 8 月 10 日，四川长虹 10 股送 3 股，派 5.8 元。

显然当时散户看不到四川长虹未来的高速股本扩张潜力，但主力知道。四川长虹是当时沪市的最大市值股票，加上基本面推动，于是成为主力建仓首选，其在 1994—1996 年的周线图如图 4-42 所示。

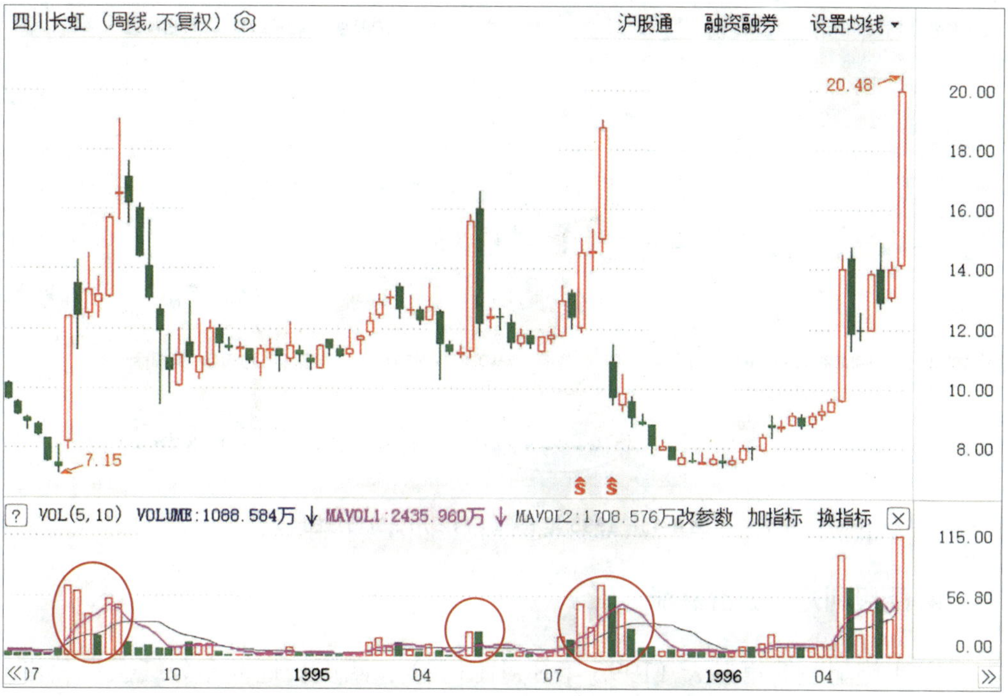

图 4-42　四川长虹 1995 年超级主力耐心吸筹

3. 制造利空，包销建仓

但这么好的股票，别人怎样才能够卖给你呢？

下面我们看一下主力是如何制造利空，完成建仓的。

1995 年 7 月 24 日，四川长虹公布配股说明书，内容如下：

> 以总股本 23781.876 万股向全体股东按 10 ∶ 2.5 比例配股，配股价 7.35 元。由于法人股股东长虹机器厂等放弃配股，公众股股东还可以按 10 ∶ 7.41 的比例受让法人股转让的配股权。

四川长虹当时配股的主承销商为中经开，配股采取余额包销制，未被认购的配股和转配股部分均由承销商负责包销。

最终，转配股中有 1100 万股由承销商中经开及上财证包销，主力圆满完成了打底仓的步骤，也为后面一系列的打压动作奠定了基础，见图 4-43。

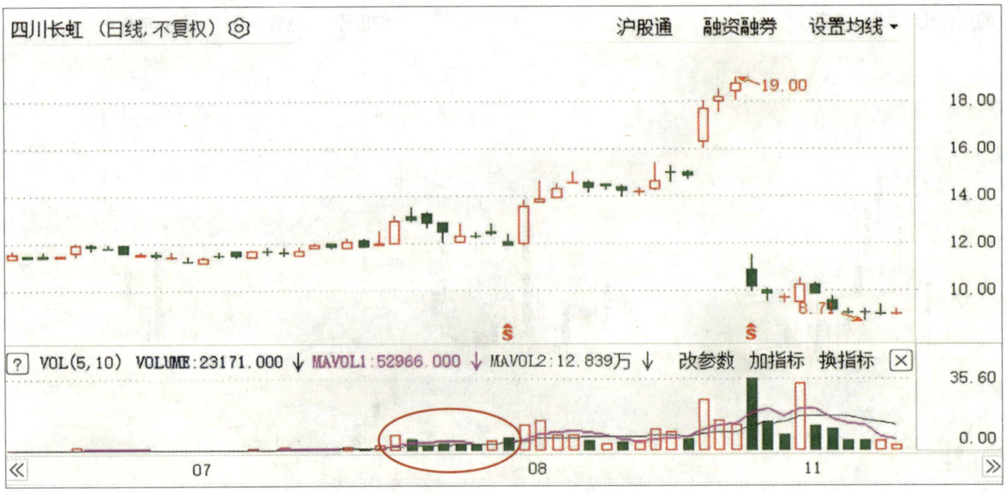

图 4-43　1995 年 6—11 月四川长虹日线图

4. 配股利好，股价暴涨

在实施配股的第二天（1995 年 8 月 15 日），四川长虹发布分红派息公告，确定按配股后的股本(包括转配股部分)每10股送红股7股，派发现金红利1元。正是这个分红公告，使承销商中经开有了运作的空间。

1995 年 8 月 16 日，受送配股利好刺激，四川长虹股价自 1995 年 8 月 15 日的收盘价 14.80 元上涨至 17.69 元，涨幅近 20%，为当日个股涨幅之最，成交金额 4.21 亿元，为 1995 年四川长虹成交金额之最，见图 4-44。

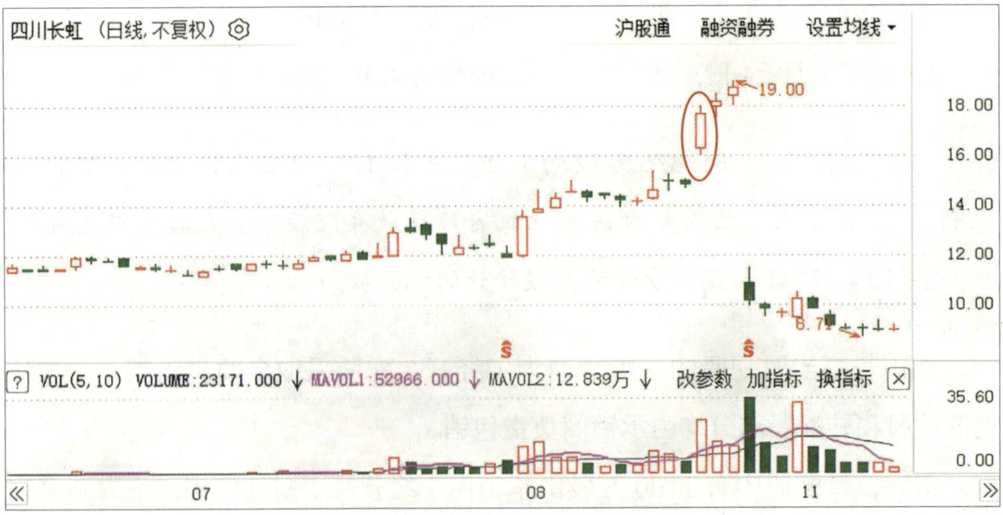

图 4-44　1995 年 8 月 16 日四川长虹出现爆量大阳线

5. 红股流通，股价跳水

然而，1995 年 8 月 21 日，四川长虹红股除权上市的第一天，在股价稍作涨升后迅即跳水，当天最低价为 9.92 元，收盘价为 10.10 元，下跌 7.85%，成交 3564 万股。以正常的流通股推算，当日的换手率高达 23.06%，见图 4-45。

图 4-45　1995 年 8 月 21 日主力机构借包销筹码流通开始打压股价

次日（1995 年 8 月 22 日），四川长虹股价再跌 2.87%，成交 1416 万股。

如此巨量的四川长虹股票汹涌沽出，来自何方？正当人们对股价大幅跳水不明就里之时，有投资者不经意间发现四川长虹转配股红股居然可以参与交易。市场顿时哗然。

6. 股民声讨，监管调查

1995 年 8 月 23 日，《中国证券报》在头版刊登了 12 位股民联合署名，题为《长虹转配红股上市是怎么回事》的读者来信，信中称：

> 此为一起严重违规事件，一、国家股、法人股转配股暂不上市是早已公布的政策，长虹公司在配股说明书中也有此条，而红股作为转配股票的派生物亦不应上市流通；二、如果有关方面对长虹转配股有别的认

识或特别考虑，此次事件在信息披露方面也存在严重违规，长虹事前未发布任何有关转配红股上市的公告，就连上交所电脑系统中的公告信息在21日全天也没有丝毫反映，严重违背了三公原则，极大损害了广大投资者，特别是中小投资者的利益。

配股说明书明确告知投资公众：社会公众股部分于1995年8月14日上市流通。根据国家有关政策，在国务院就国家股、法人股的流通问题未作规定以前，社会公众受让的法人股转配部分暂不上市。

一石激起千层浪。当天，上交所公告四川长虹股票停牌半天；1995年8月24日，《中国证券报》披露，证监会正式介入调查此事。

1995年8月25日，上交所通知，根据有关部门要求，在证监会连续调查核实四川长虹事件有关情况期间，其股票连续停牌。

四川长虹股票从1995年8月23日下午开始一直停牌了两个多月，直到11月6日证监会做出处理决定后，四川长虹才于11月9日复牌。

1995年11月9日，四川长虹复牌，证监会公布调查结果。

原来，四川长虹4400万转配股中有1100万股由承销商中经开及上财证包销。1995年8月15日，四川长虹发布公告送股派息当天，上交所擅自批准四川长虹转配红股上市，并定于8月21日四川长虹送股除权日同公众股的红股部分一起上市流通。主承销商中经开于8月21日至23日上午两天半时间内，抛售421万股，上财证8月21日上午抛售70万股。

证监会处理结果：

（1）没收中经开2000多万元违规收入；

（2）将上交所行为定性为“工作失误”；

（3）允许其他投资者持有的转配红股流通。

7. 将错就错，股民离场

为维持市场公平，证监会无奈“将错就错”，实为国内证券市场头一遭。

股市最大市值的股票四川长虹的法人股转配部分，竟然流通上市，相当于“全流通”性质，属于市场重大利空，该股迎来了连续阴跌走势，见图 4-46。

四川长虹转配股风波对市场信心影响极大，已经“挨饿受冻”三年之久的股民，对中国股市彻底失望，不少股民就是在这黎明前的黑暗中出局了，使得上证指数也不断下跌，见图 4-47。

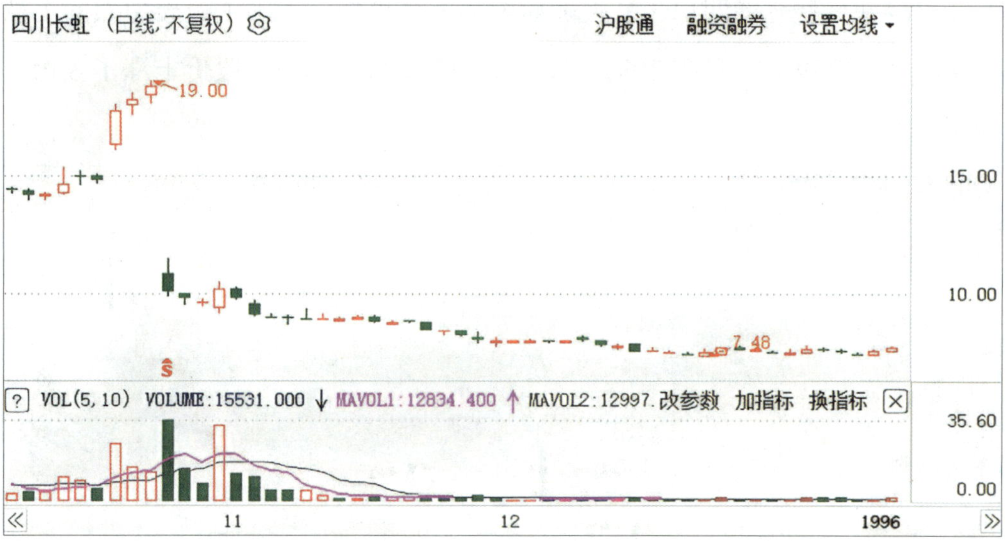

图 4-46　1995 年 8 月 21 日至 12 月 21 日四川长虹日线图

图 4-47　1995 年 6 月至 1996 年 4 月上证指数周线图

8. 主力吸筹，行情启动

投资者投降之后，筹码哪里去了呢？掉进了主力的口袋里。

主力机构通过四川长虹转配股事件达到了以下两个目的：

（1）对当时最大流通盘的股票开始建仓。

（2）影响指数，完成市场最后一跌。

已经建好底仓的四川长虹在随后两年的牛市中，走出了轰轰烈烈的上涨行情。从 1995 年 11 月到 1997 年 5 月的 18 个月时间里，股价上涨了 8 倍，见图 4-48。

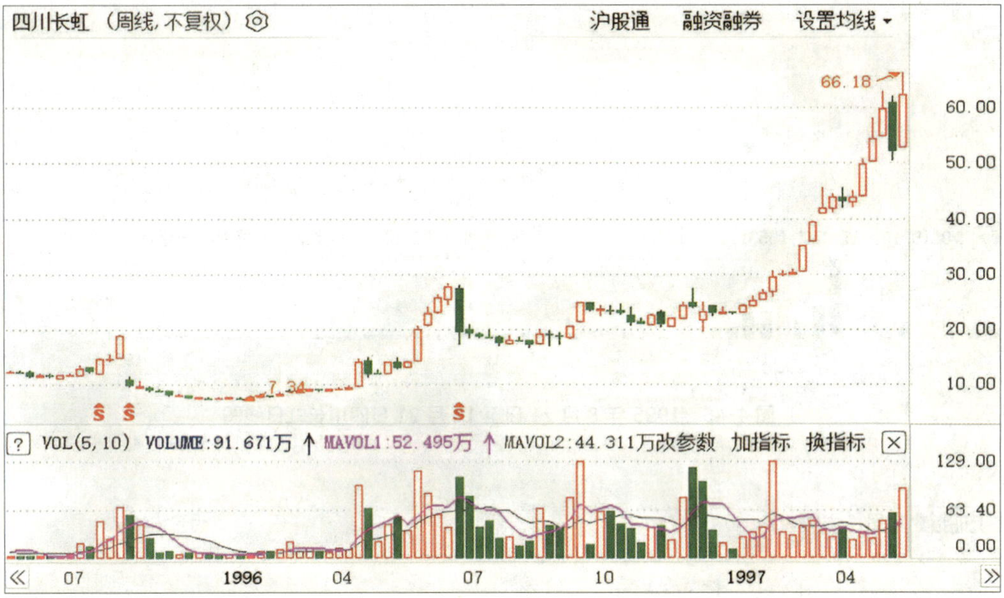

图 4-48　1995 年 6 月—1997 年 5 月四川长虹周线图

三、小结

（1）受“转配股上市”（类似“全流通”）、“《中国证券报》头版刊登股民联名告状信”等重大利空事件影响的股票，走出了特大行情。这说明：重大利空袭击的股票，往往是诞生重大行情的股票。

（2）为什么政策和舆论总是被引向反面？我的答案是，主力也在看盘。

（3）我们坚信类似于四川长虹等被主力标榜为蓝筹股，并大幅炒作的案例，在今后市场中还会不断发生。

既然国家政策决定大盘走势方向，上市公司经营决定个股走势方向，那么国家就是股市的最大主力，上市公司就是个股的最大主力。

4.5 逆向投资博弈原理

一、行情与预期呈负相关关系

牛市不怕利空，熊市害怕利好。历来重大行情都与预期呈负相关关系。无论大盘、行业还是个股，都遵循相同规律。

牛市形成后，各路资金不断涌入股市，国家在政策层面不可能不考虑政策的微观调整，来达到限速目的。所以我们会看到牛市中国家不断推出利空政策。比如牛市中管理层通常采用的加息政策，对股市而言是利空，但是预期中的利空释放以后，往往是低开大阳线，利空在牛市中迅速被当成新的建仓良机。反之，熊市中降息政策亦然。

因为“维稳”的需要，管理层会在熊市中不断地推出利好政策，来达到护盘的目的。我们也可以通过上述政策，来判断国家对市场的牛熊看法。

房地产行业也是一样。比如 2017 年国家对一线城市推行“限购”“限贷”政策，这就表明一线城市的房地产依然处于牛市运行阶段。而 2016 年地方政府推出城镇购房优惠措施，就表明五线城市已经进入熊市。这和蓝筹股与创业板的跷跷板运动原理一样。

行业和个股方面，也显示出“见光死”和“利空出尽”的特征。2011 年“十二五”行业发展规划陆续出台，几乎是出台一个振兴规划，就“死”掉一个板块，政策推出成为主力减仓的机会。而个股每逢年报预增、大比例送股的利好，都成为阶段性高点的标志。

其原理是，这些既定的消息面早已被内部人士掌握，所谓的利好公布，只是一个时机的选择而已。公告只是兑现给最后的人知道而已，自然不存在预期差的价值。

投资者面对市场，不可能做到完全的信息对称，因此政策的正确解读和运用格外重要。

二、加息对股市的影响

加息向来被股市视为利空，加息对股市的影响，也受负相关性制约。其原理在于：利率的政策方向显然不由央行单方面决定，必然是更高层面进行综合战略统筹。

加息成为牛市的限速工具，表现在与股市的负相关性上，加息一次股市涨一次，加息幅度越大，股市涨幅越大。

1.2006—2007 年中国加息后上证指数的表现

表 4-2 为 2006—2007 年央行历次加息后股市次日表现。

从表 4-2 中我们可以看到，像加息这样的利空，也总是被机构反向利用。

表 4-2　2006—2007 年加息后的上证指数表现

次数	调整时间	加息第二交易日股市表现（沪指）
9	2007 年 12 月 21 日	12 月 24 日，开盘 5132.91 点，收盘 5234.26 点，涨幅 2.60%
8	2007 年 9 月 15 日	9 月 17 日，开盘 5309.06 点，收盘 5421.39 点，涨幅 2.06%
7	2007 年 8 月 22 日	8 月 23 日，开盘 5070.65 点，收盘 5107.67 点，涨幅 1.49%
6	2007 年 7 月 21 日	7 月 23 日，开盘 4091.24 点，收盘 4213.36 点，涨幅 3.81%
5	2007 年 5 月 19 日	5 月 21 日，开盘 3902.35 点，收盘 4072.22 点，涨幅 1.04%
4	2007 年 3 月 18 日	3 月 19 日，开盘 2864.26 点，收盘 3014.442 点，涨幅 2.87%
3	2006 年 8 月 19 日	8 月 21 日，开盘 1565.46 点，收盘 1601.15 点，涨幅 0.20%
2	2006 年 4 月 28 日	5 月 1 日，开盘 1446.99 点，收盘 1497.20 点，涨幅 3.49%
1	2004 年 10 月 29 日	11 月 1 日，开盘 1317.66 点，收盘 1305.29 点，涨幅 -1.15%

加息是牛市中投资者担心大盘的老话题了。但 2004 年以来的多次加息，中国股市基本上都是上涨。

自 2004 年第一次加息以来，市场一共进行了 9 次加息。其中 2004 年加息 1 次，2006 年加息 2 次，2007 年加息 6 次。

基本上，利率加一次，大盘涨一次。而且好几次的加息，直接推动股市突破了重要关口，比如 2007 年 3 月 18 日、7 月 20 日的加息，直接引发了股指向上突破的走势，见图 4-49。

图 4-49　2004 年 7 月至 2008 年 1 月上证指数周线图

2. 1987—2000 年美国加息对道琼斯指数的影响

起步于 1987 年的道指上涨过程，本身也是美联储加息的过程。

自 1987 年起，美股开始了十几年的大涨，从 1616 点一直涨到了 11908 点，涨幅达 637%，见图 4-50。几乎是每加一次息，就大涨一次。

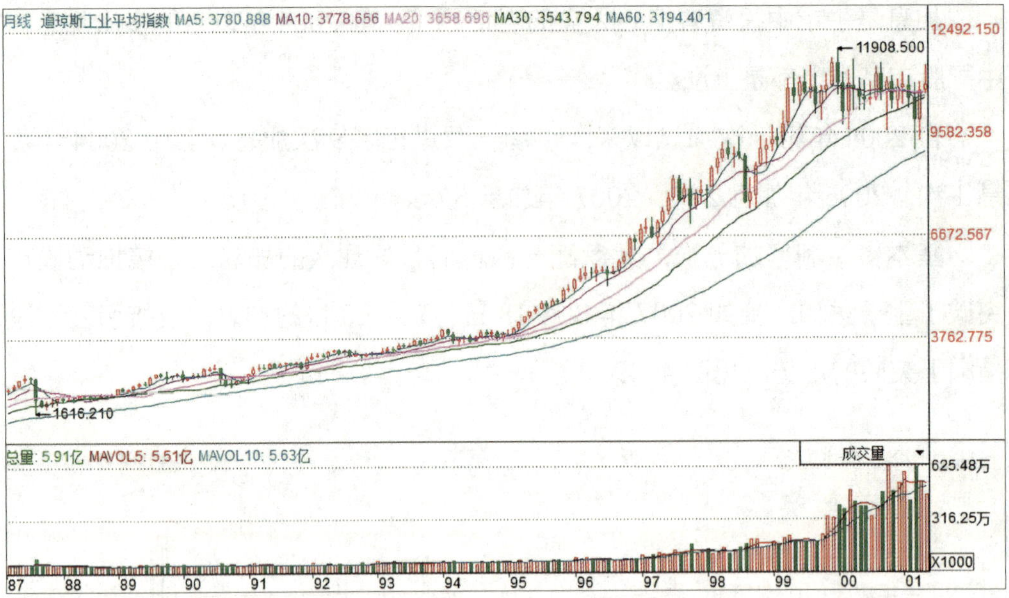

图 4-50　美国股市也在加息中走出长达 13 年的大牛市

格林斯潘给西方经济学家上了生动的一课，加息可以使股市上涨。

正是“加息何足道哉，利空出尽才好”。

3. 2004—2007 年央行加息对中国股市的影响

2004 年 10 月 30 日央行第一次加息。从以往降息政策的效果来看，所谓的利好，都导致了下跌，所以我们不妨把加息作为利空出尽理解，见图 4-51。

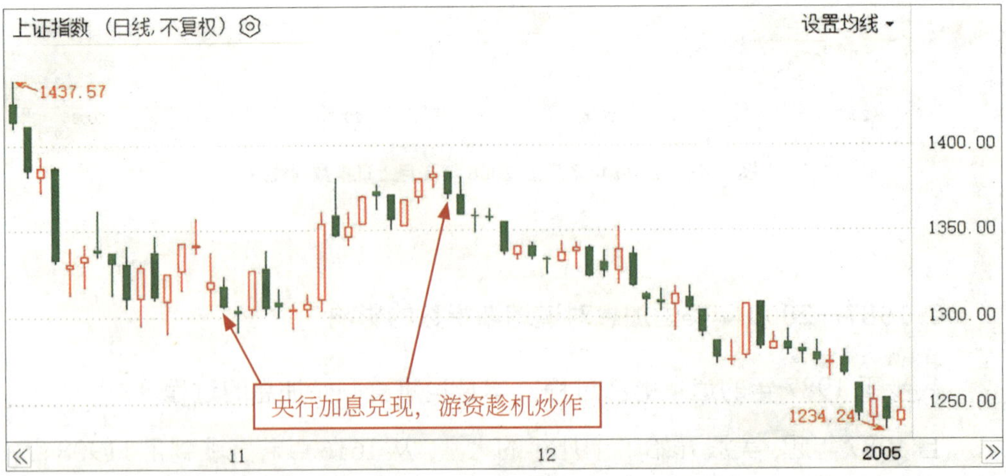

图 4-51　2004 年 10 月 11 日至 2005 年 1 月 7 日上证指数日线图

国内股市自 1996 年以来经历过 8 次降息。投资者都认为降息是利好，但是每次降息的结果都让市场走出了一根高开大阴线，后面的调整，也往往最少持续一个月的时间。

同样，我们反向思考，加息应作为利空兑现的标志，成就了一波行情。

其实经济原理很简单：只有经济景气，才会有“投资过热”；只有经济景气，才会有“通胀”和“加息”；只有经济过于景气，才会有宏观调控。

2004 年，经过几年内需的拉动，景气经济再次到来，国内的存款实际利率水平已属于负增长，加息也将使贷款利率调高，促使过热行业收缩，符合宏观调控政策。

宏观调控本身不是坏事，同样加息本身不是造成大盘熊市的原因。

我们在 2004 年 10 月 29 日为《中国证券报》供稿的《加息特别点评中》写道：

> 加息后的行情反应，绝不能以传统分析方法来判断。
>
> 我们搜索统计了周五（2004 年 10 月 29 日）的各研究报告，研究报告普遍认为加息后，冲击最大的行业为房地产业，航空、汽车业次之；利好的受益行业为银行业。
>
> 反向思考后我们判断，由于房地产股票中，万科在昨天加息前已经出现了大幅下跌，而周五在进一步深跌的情况下，形成了大幅放量，估计下周将形成短期低点。同样，持续下跌的汽车、航空股会借利空打压后，形成中短期底部。
>
> 而银行股由于受到交行将低价发行的传闻影响，其重心将进一步下沉，短期的加息利空将形成一个极好的卖点。

同样，对于加息的受益和受损板块，市场走势与预期也完全相反。

（1）地产板块。

加息对房地产影响最大，但房地产行业的龙头深万科 A（000002，后改名为“万科 A”）的翻倍行情就是从加息日开始的。

2004年11月1日，深万科A因加息的利空大幅下跌，直接砸到最低价4.86元，率先启动进入牛市，大盘于2005年6月6日才见底，并在接下来的3个月内累计上涨23%，见图4-52。

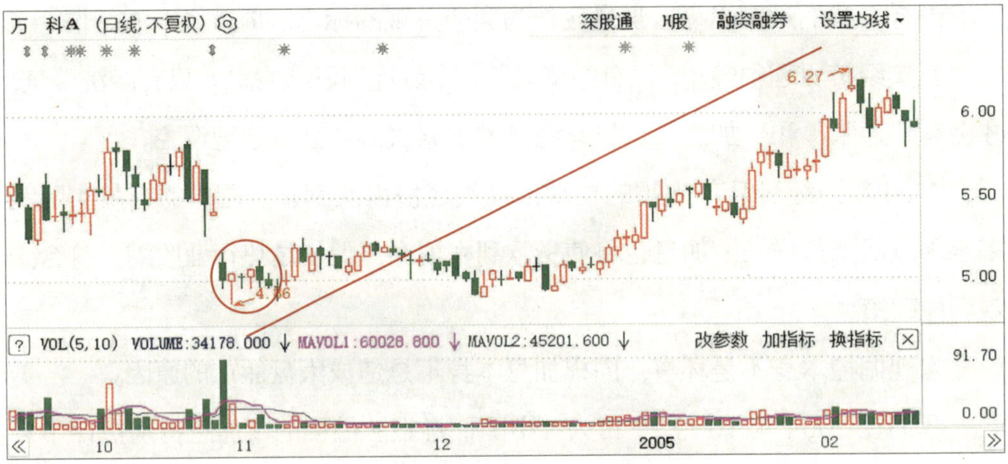

图4-52　2004年9月20日至2005年2月25日深万科A日线图

在加息政策公布以后，深万科A跌停的价格成为最好的买点，随后大盘不断创出新低，但深万科A却走出了独立行情。

（2）银行板块。

加息对银行股是利好，但招商银行自央行加息后，在2004年11月11日形成9.27元的重要高点，随后一路下跌，3个月后才在8元附近见到最低点，见图4-53。

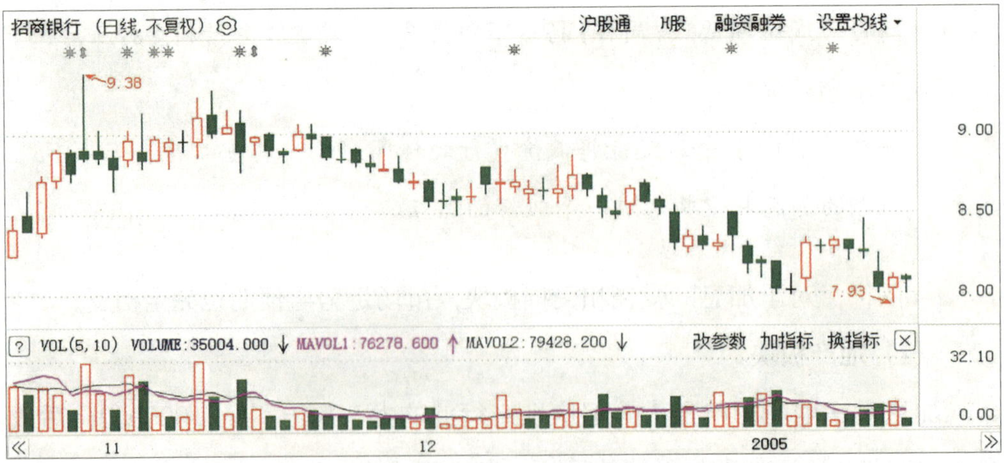

图4-53　2004年10月22日至2005年1月19日招商银行日线图

（3）航空板块。

加息对南方航空同样是负面影响，利空公布即形成低点，随后该股走出独立行情，见图 4-54。

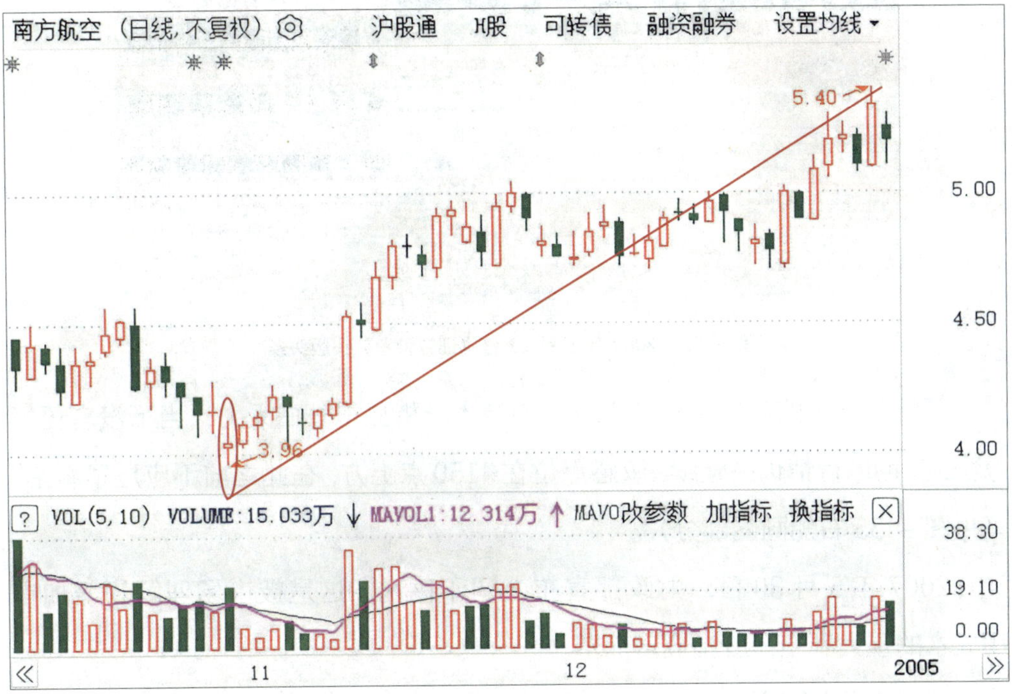

图 4-54　2004 年 10 月 29 日—12 月 30 日南方航空逆市上涨 36%

加息是利好的板块，却一路下跌。研究报告的政策评论员再次出错。而更大“利空”政策，也伴随着更大底部形成。

三、印花税上调对股市的影响

下面通过对 2007 年 5 月末“印花税上调”重大政策的解读，来揭示我们对市场的分析过程。

2007 年 5 月 12 日，我在《证券参考》头条特约发表《五月股市天气多变》的文章，提示防范阶段性风险，见图 4-55。

文章指出，“股指在大量波动的情况下，强势上行仍是主流，建议投资者关注（2007 年）5 月 20 日（星期日）左右的敏感点位 4150 点，如果在下周（2007 年 5 月 14—20 日）到达，注意减仓操作”（见图 4-55 左侧画圈部分）。

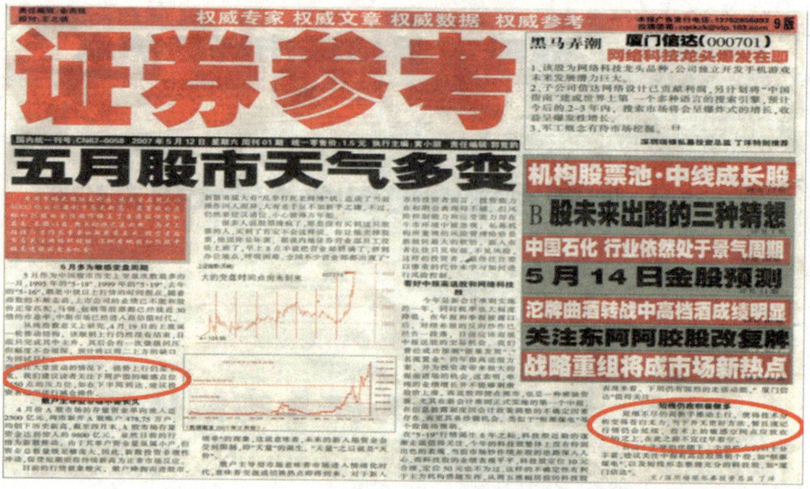
权威专家 权威文章 权威数据 权威参考

证券参考

黑马弄潮 厦门信达(000701) 网络科技龙头爆发在即

五月股市天气多变

机构股票池·中线成长股

B股未来出路的三种猜想

中国石化 行业依然处于景气周期

5月14日金股预测

沱牌曲酒转战中高档酒成绩明显

关注东阿阿胶股改复牌

战略重组将成市场新热点

图 4-55 2007 年 5 月 12 日《证券参考》头版头条

“绵延不断的高换手推动上行，使技术分析显得苍白无力，当下没有更好办法，短期内行情仍会延续，敏感点位在 4150 点上方，在此之前不应过早看空”（见图 4-55 右侧画圈部分）。

2007 年 5 月 30 日，财政部宣布上调印花税，这是被市场理解为增加市场成本的重大利空，股指应声而落。

通过对黑客理论的分析，以及对全息操盘决策系统的再次验算，我认为这并非股市的大顶。2007 年 6 月 2 日（周六），我在《证券参考》头版头条发表了《利空不是头部的标志》一文，见图 4-56。

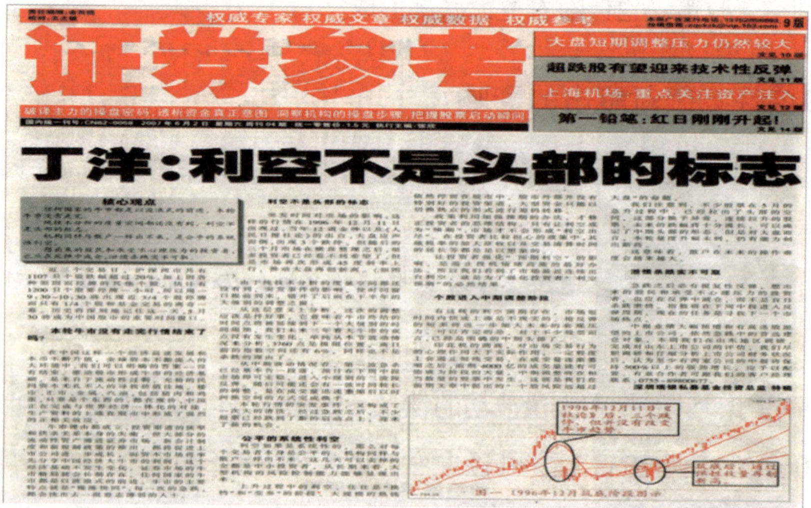
权威专家 权威文章 权威数据 权威参考

证券参考

大盘短期调整压力仍然较大

超跌股有望迎来技术性反弹

上海机场：重点关注资产注入

第一铅笔：红日刚刚升起！

丁洋：利空不是头部的标志

图 4-56 2007 年 6 月 2 日《证券参考》头版头条

我在这篇文章中列举了 1996 年 12 月《人民日报》相关社论发表后，大盘暴跌之后的走势指出“利空不是头部”。明确指出，4300 点不是牛市顶部，未来市场仍将不断创出新高。

文中提出 3 个观点：“牛市没有结束”“个股进入中级调整阶段”“泄愤杀跌实不可取”。

2007 年 6 月 5 日，我们的全息操盘决策系统观测出时间窗口已经成立，更加坚定市场已经向上转折的观点，我向全体客户发布了重要研究报告《转折已现 坚定信心》（文章内容详见本书第 271 页）。

2007 年 6 月 9 日，我们在《证券参考》发表题为《转折已现，新高可期》的文章，见图 4-57。

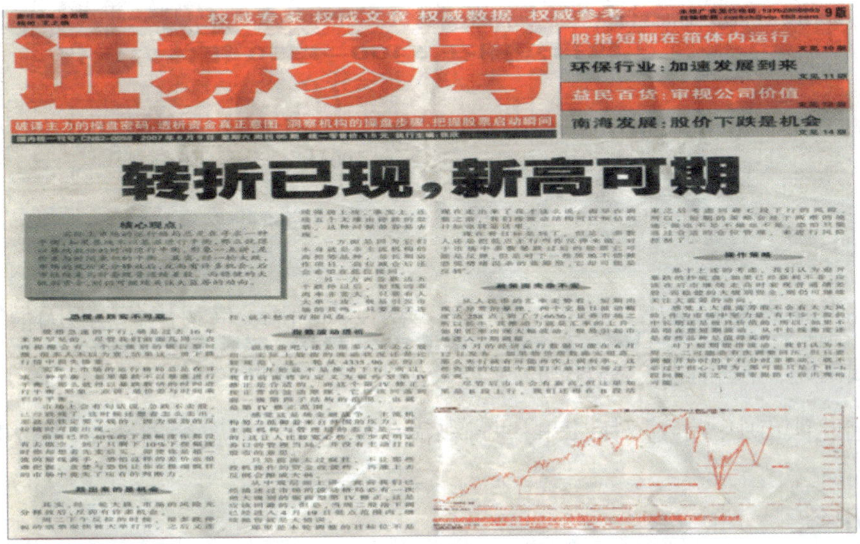
权威专家 权威文章 权威数据 权威参考

证券参考

股指短期在箱体内运行

环保行业：加速发展到来

益民百货：审视公司价值

南海发展：股价下跌是机会

破译主力的操盘密码，透析资金真正意图，洞察机构的操盘步骤，把握股票启动瞬间

转折已现，新高可期

核心观点

操作策略

图 4-57 2007 年 6 月 9 日《证券参考》头版头条

四、“国九条”对中国股市的影响

利好消息被主力机构反向利用的案例，典型的还有 2004 年 1 月 31 日《国务院关于推进资本市场改革开放和稳定发展的若干意见》(以下简称“国九条”)的颁布。

2004 年 1 月 31 日（星期六），证券市场制度建设的纲领性意见——“国九条”推出。中国联通（600050）借机在“国九条”推出后的第一个交易日（2004 年 2 月 2 日，星期一）达到了最高价 5.36 元，此后便一路下跌，直到 2005 年 6 月才在 2.43 元附近见底，见图 4-58。

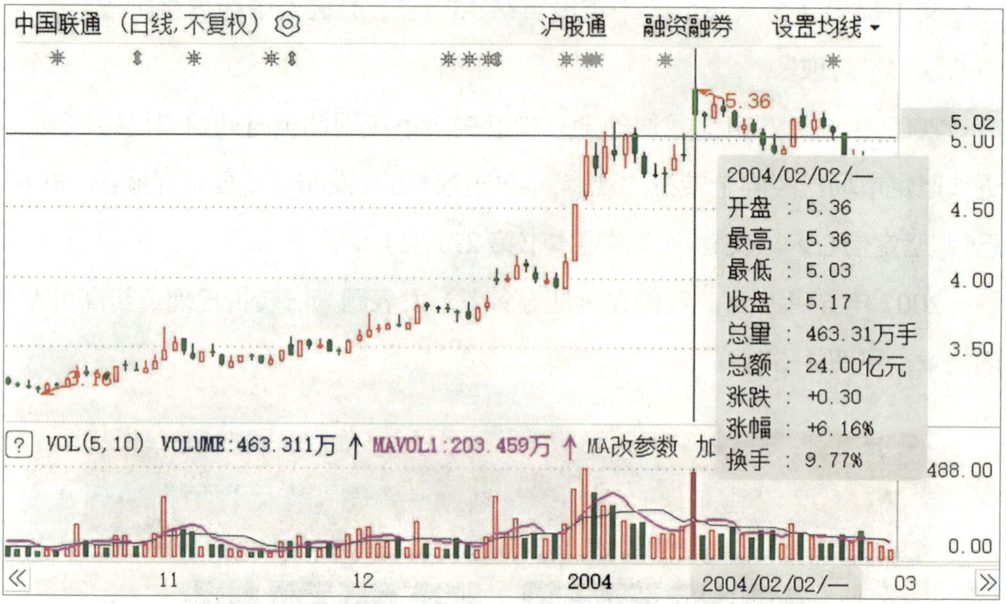

图 4-58　2004 年 2 月 2 日中国联通股价见顶

如此重大利好推出之后，主力机构再次反向利用，借机出货。原因很简单，主力很清楚，没有比这更好的消息了，不卖出就没有机会了。

因此熊市中，通过对政策的理解和消化，也可以为资金创造获利的机会。

五、小结

（1）对政策和题材的正确解读，最重要的是进行反向运用，尤其是长期上涨的股票害怕利好，而长期下跌的股票，如遭遇利空，则是建仓良机。

（2）牛市中的加息往往是为了对股市限速，因此是最好的买入时机。即使是熊市中的加息，也作为预期中的靴子落地，成为买入时机。

（3）特别需要指出的是，加息对行业的影响是一把“双刃剑”，对银行股而言，加息对资产型的银行有利，对负债型的银行无利，需要辩证认识。

不必崇拜价值投资理念，不必鄙视垃圾股上涨。股票本身就是筹码而已，大家都看好的股票肯定不会便宜。

4.6 机会在盲点中产生

一、股价上涨的本质

很多人崇尚价值投资，认为推动牛市的力量来自上市公司价值的成长。从长期来看，我们不否认公司基本面推动的股价上涨。但实际情况是，去购买中国石油、中国工商银行的投资者，有几个是为了获得上市公司红利而去买股票的呢？一万个人中，恐怕连十个都数不出来。投资者买股票的根本目的还是以更高的价格卖给下家。这和买入普通股，再卖出去没有差别。因此，“价值推动上涨”的本质还是“资金推动上涨”。

1995 年 524 点开始的行情，真正绩优股主导的上涨只维持到了 1997 年的 1510 点。此后所有的上涨都和绩优股无关，凡是在 1997 年前没有表现的个股后来全部出现了较大幅度的上涨，没有一家个股被遗漏。在“5 · 19”行情之前所有个股都打着资产重组旗号上涨，而“5 · 19”之后几乎都包装成了高科技股。

其关键还是在于市场处在强劲向上的牛市之中，新进场的资金总是会寻找没有被大幅炒作过的品种进行挖掘，至于向哪个方向挖掘，那要看当时市场的喜好，市场喜欢什么就会炒作什么。

二、机会在盲点中产生

在中国目前的环境中，上市公司不可能像海外那样存在大量仙股。地方政府为了自身利益，将千方百计地保护上市公司健康成长。基本面越恶劣的公司，内在利益驱动性越强。因此，最具成长性的反而是垃圾股。

充分市场竞争环境中，好东西显然不会便宜卖给你。因此只有盲点，才有可能存在低估；只有大家犯错误的时候，才可能将其以便宜的价格“吐血”给你。正确的方法是：盲点时介入，热点时退出。

下面列举十年以来，市场历次行情中最大的黑马，进一步揭示市场的内涵。

1. 中国船舶

2007 年市场涨幅最大的股票是中国船舶（600150），该股是 2007 年中国股市第一高价股，两年来最大涨幅接近 43 倍，一年内的涨幅接近 9 倍。而该股前身却是一只 ST 股票——ST 重机（沪东重机）。

沪东重机是中央企业中国船舶工业集团公司下属的二级核心子公司，是典型的中央企业控股公司。2007 年初，沪东重机向大股东定向增发获得批准。同年，该股从 30 元起步，马不停蹄，一路涨至 300 元，见图 4-59。

图 4-59　2006 年 11 月至 2007 年 11 月中国船舶周线图

垃圾股变成了蓝筹股。

2. 苏宁环球

2006—2007 年还有一只著名黑马——苏宁环球（000718）引人瞩目，两年涨幅达到 15 倍，见图 4-60。

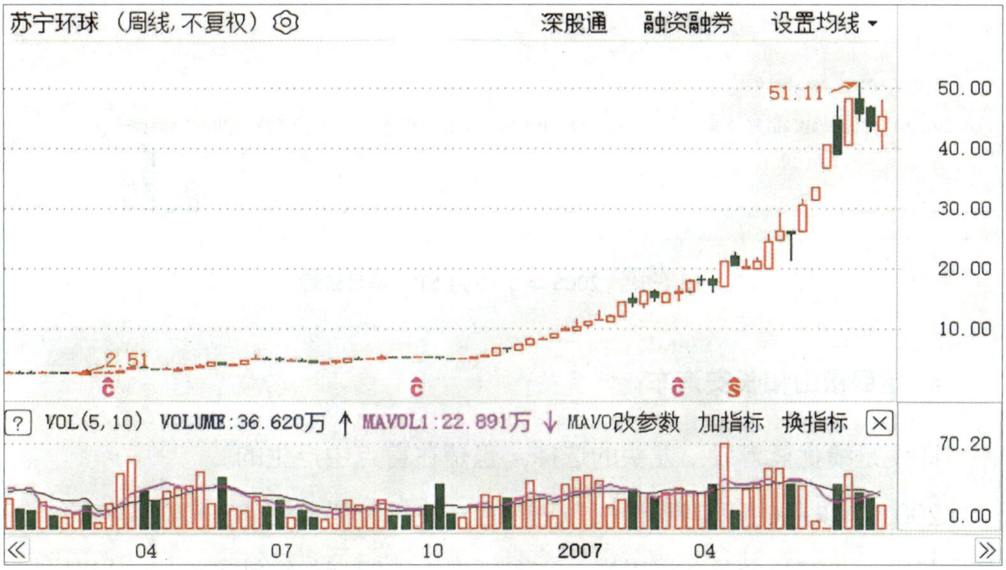

图 4-60　2006 年 1 月至 2007 年 9 月苏宁环球周线图

与中国船舶情况类似，苏宁环球的前身也是一只 ST 股——ST 环球。ST 环球是一只基本面一团糟的个股，前身是 ST 吉纸，可以说是 ST 族的“常客”了。

该股自苏宁集团注入相关的资产后，连续上涨，两年时间一路由 3 元涨至 51 元，苏宁环球同样完成了“乌鸦变凤凰”之旅。

3. 丰华股份

2005 年 7 月 19 日，大盘创下 1004 点的次低点，ST 丰华（600615，后改名为“丰华股份”）就是在此时吹响了牛市的号角。

2005 年 7 月 20 日，ST 丰华启动了涨停之行，连续 25 个涨停（见图 4-61）让更多的场外资金有了入市的理由。刚刚清洗完“庄股时代”的市场，突然爆发出新资金的快速介入，无疑是最好的机会，以此为借口，主力机构率先发动了千点大回转的行情，领先众多蓝筹股拉开了新一轮大牛市的序幕。

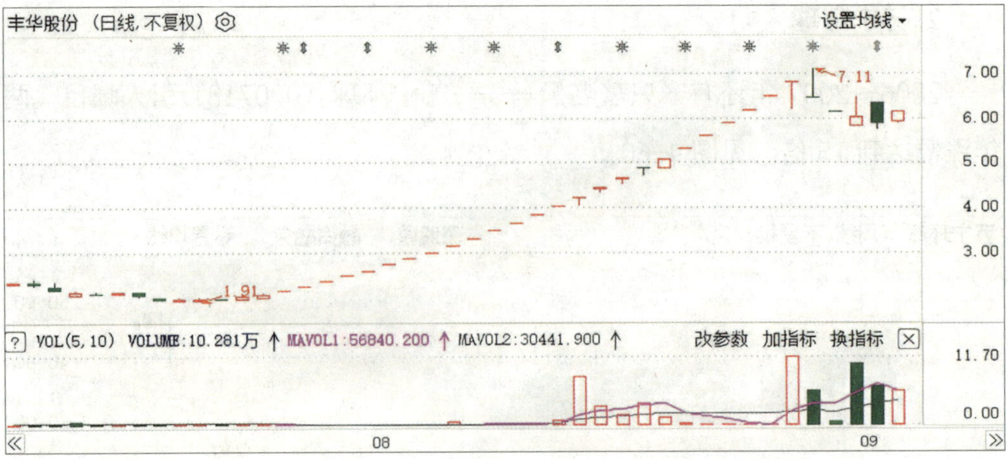

图 4-61　2005 年 6—9 月 ST 丰华日线图

4. 韶钢松山和长安汽车

即使是绩优蓝筹股，龙头的选择，也是在盲点中产生的。

2001 年以后的四年熊市中，仅有的一波行情当属 2003—2004 年的“五朵金花”。“五朵金花”指煤炭、汽车、电力、银行与钢铁等板块。当时此五大板块联袂上行，带动着大盘出现小阳春的走势。

然而主力在钢铁板块中选择的龙头不是宝钢股份（600019），而是韶钢松山（000717，后改名为“中南股份”），见图 4-62；汽车股的龙头选择的不是上海汽车（600104，后改名为“上汽集团”），而是长安汽车（000625），见图 4-63。

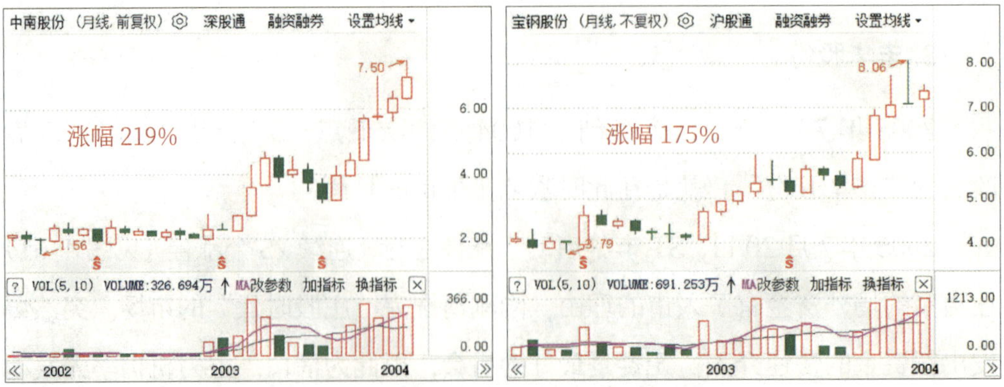

图 4-62　2003 年 1 月至 2004 年韶钢松山与宝钢股份涨幅对比

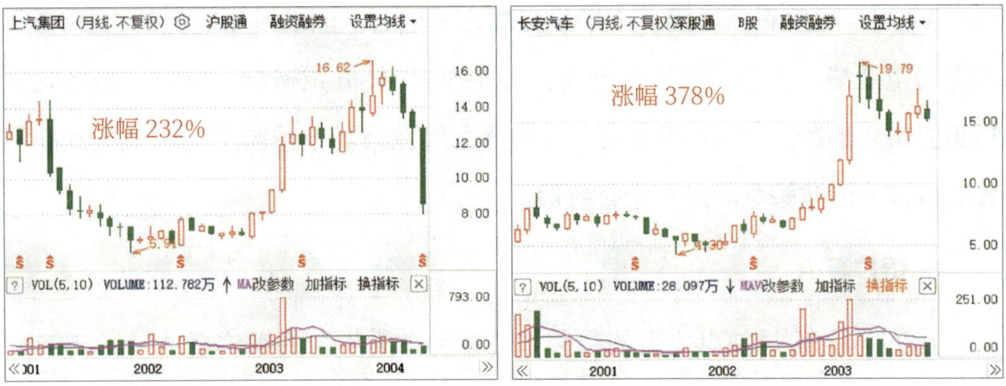

图 4-63 2002 年 1 月至 2004 年 1 月上海汽车与长安汽车涨幅对比

事实证明，黑马总是能跑过白马。

5.ST 海虹

1999—2001 年最大的黑马是化纤股 ST 海虹（000503，后改名为“国新健康”），“5 · 19”行情中有过惊人表现。该股股价连续逼空，曾创下连涨 28 天、以 ST 之身连续 23 个涨停的辉煌纪录，见图 4-64。该股复权股价高达 176 元。

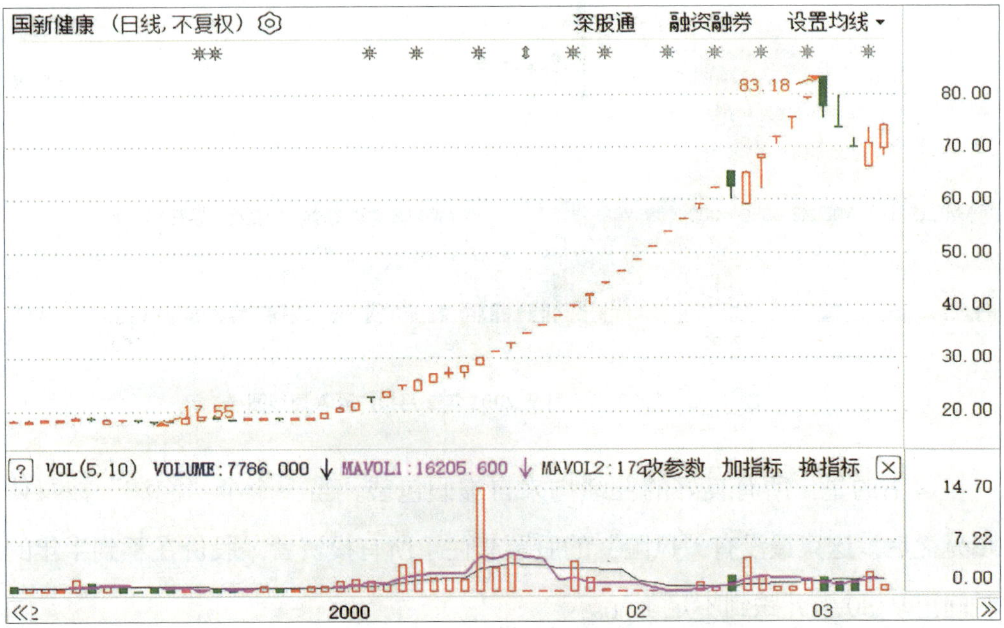

图 4-64 1999 年 12 月至 2000 年 3 月 ST 海虹日线图

ST 海虹现象深刻说明：市场投资理念是因时、因地发生变化的。1997 年创造的重业绩、重蓝筹的投资理念，在 1998 年转向重概念、题材，概念越独特越受市场追捧，以 ST 海虹为代表的概念股在市场上掀起滔天巨浪。谁都没想到科技股的龙头竟然是一个化纤股。

6. 银广夏 A

1999 年，经过控盘主力的包装，“以种草为生”的银广夏 A（000557，后改名为“西部创业”）成为瞩目明星，股价一飞冲天，连续两年上涨，成为当时深沪股市“最不套人”的股票。

1999 年 12 月 30 日，银广夏 A 的股价从 13.97 元启动，一路狂升，十送十后，于 2000 年 12 月 29 日完全填权并创下 37.99 元新高，复权后上涨 440%，较之于 1999 年“5 · 19”行情发动前，上涨了 8 倍多，见图 4-65 。

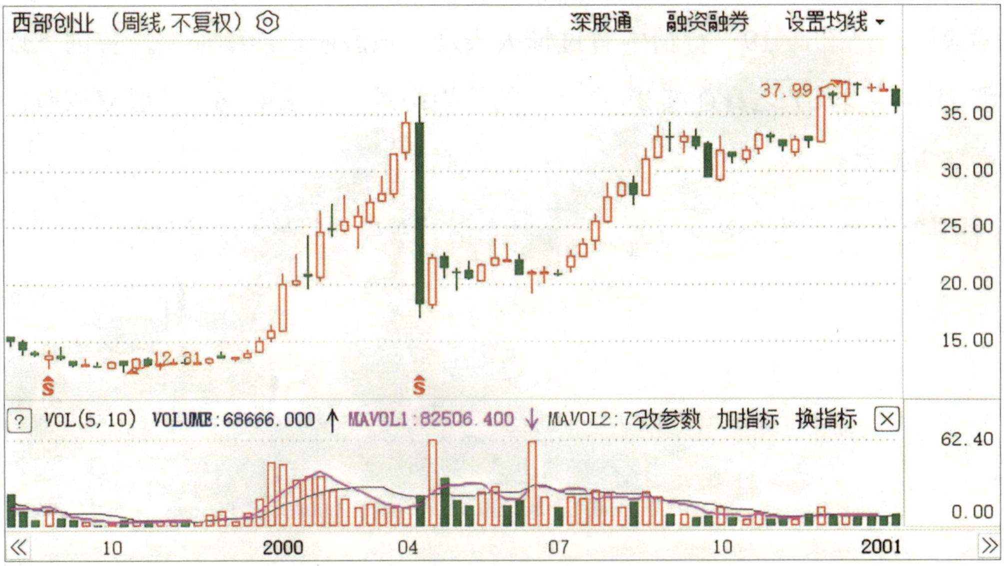

图 4-65　1999 年 8 月至 2001 年 2 月银广夏 A 周线图

可惜的是，所有良好的业绩均来自虚假包装。当一个个“泡沫”被媒体曝光之后，这只最没有“风险”的股票套住了所有投资者，股价在不到半年的时间里从 30 多元跌到不足 1 元。

原来，投资“蓝筹”也有风险！

7. 苏物贸 A

如今在深沪股市的名册里已经没有“苏物贸 A”的名字，当年的“苏物贸 A”现在叫创元科技（000551）。

这只股票在 1996—1997 年的行情中创下 10 倍的涨幅，其上涨幅度之大、速度之迅速一点不比 2006—2007 年的大牛股逊色。

1997 年 4 月 22 日，苏物贸 A 股价最高达 37.89 元。这是除权前的最后一日，与 1996 年除权后主力进场时的 4.41 元相比，升幅已达 859%，见图 4-66。

图 4-66　1996 年 3 月至 1997 年 5 月苏物贸 A 周线图

巨亏的苏物贸 A 之所以没有被 ST，只是因为 1997 年之前还没有 ST 制度。

8. 琼民源

1996 年琼民源（000931，后改名为“中关村”）披着众多概念横空出世。“扭亏概念”“首都概念”“农业概念”“房地产”“高科技”“政策倾斜”“高速成长”，乃至令人费解的“关系概念”等，都盖在了琼民源身上。可以说，任何一种概念都显示了琼民源所独具的“优势”，可能带来“高额回报”。

1996年该股最大涨幅达到16倍。1996年4月1日收报2.08元，1997年2月27日摸高至26.18元，加上1996年中的10股送3股除权因素，其理论最高价应在34元以上。也就是说，在不到一年时间里，琼民源最高理论升幅达1637%，见图4-67。

图4-67　1996年3月至1997年2月琼民源日线图

1997年，琼民源因被指控编制虚假财务会计报告而受到查处，公司股票也从1997年3月1日起停牌。中国证监会公布了对琼民源案的调查结果，琼民源1996年年报中所称5.71亿元利润，其中有5.66亿元是虚构的，同时还虚增了6.57亿元资本公积金。

蓝筹股和垃圾股也不是那么容易看出来的。

9. 中国石油

2007年11月5日，举世瞩目的中国石油（601857）上市，这个“亚洲最赚钱的公司”获得了散户朋友的一致追捧，当日买入700亿元人民币，人均持股1400股。

2008年初，该股从48.62元高价一路下跌至21元附近，股价腰斩还有余，

2008年10月28日，股价更是跌到了9.71元，见图4-68。这就是拥抱“大众情人”的后果。

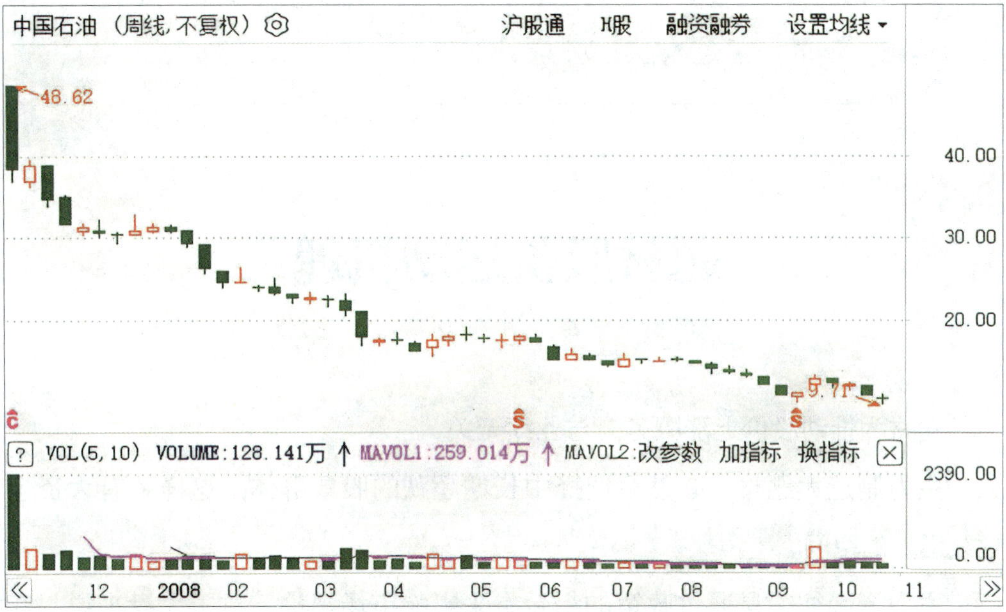

图4-68 2007年11月至2008年10月中国石油周线图

三、小结

（1）每年市场最大的黑马，均产生于问题股甚至是垃圾股中。湘火炬变身潍柴动力，新疆屯河变身中粮屯河，股票还是那只股票，只是主力不同罢了。

（2）蓝筹、垃圾是可以轮回的。垃圾股可以变身蓝筹，如ST重机（中国船舶）、ST环球（苏宁环球）；蓝筹也会沦落为垃圾股，如四川长虹、银广夏。

底部往往伴随着重大利空消息的释放，而并非出台利好。利空消息对市场影响机理在于清洗浮筹，主力资金往往通过政策的组合拳来影响市场舆论，从而制造题材操控股票价格。

4.7 题材股价运动机理

题材为推动股价上涨服务，与业绩无关。

主力制造大题材，必然会选择中长期超跌的股票群体，这样才有大资金短线运作的空间。

主力资金往往是通过政策的组合拳来影响市场舆论。对于大盘来说，底部往往随着重大利空消息的释放而产生，利空消息对市场影响的机理在于清洗浮筹。

主力既然能够控制筹码，就能操控价格，同时通过舆论影响市场情绪。一旦中小投资者抢筹成为普遍现象，即热点出现，那么主力就会将筹码派发给中小投资者。既然主力能够操控价格，就能够把价格打压得更低。而中小投资者深感绝望，缴械投降，空仓退场之际，便是主力机构大肆收集廉价筹码的最好时机。这也是长线好股票需要反复诱空和震仓的原因。

类似于2001年汽车股在入世的冲击下完成建仓，2003年石化股在中国石化上市的冲击下完成建仓，自1997年以来一路下跌的银行股，在2005年这个中国证券市场转折年的春天中，已经具备转折基础。

但银行股对大盘的影响，绝对不能等同于石化、汽车、钢铁等板块，那些都是大盘反弹阶段的局部热点。银行股作为能够影响大盘的重要指标股票，主力机构驻扎进入银行股后，大盘尽在主力机构掌握之中。如果银行股主升的行情能够确立，那么大盘将是牛市。

下面我们以 2005 年深发展 A（000001，后改名为“平安银行”）为例来讲解题材是如何被主力运用的。

一、第一阶段

1. 建仓

（1）利空不断。

银行股利空不断，但是利空多往往才是建仓的好时机。以下是我 2005 年撰写的《深发展重大投资机会》内部报告：

银行股是牛市主线索

目前银行股的利空，如呆坏账问题、对外资开放问题、其他银行股上市问题、自身融资问题等，都被媒体炒作了一番。

银行股浮在水面上的诸多利空，都是投资者最担心的，是机构最欢欣的，也是国家必须解决的。换言之，所谓银行股的利空，吓出来的筹码都是来自中小投资者。

我国银行业对于国际银行业而言缺乏竞争力。同时，银行呆坏账问题是需要解决的问题。如何解决？有没有可能通过发动一波行情的代价，来解决改革前进中的问题？是否需要壮大国内银行的竞争力？

深发展 A 和浦发银行不仅有外资收购、业绩优良的题材，而且还在指数中占有较大权重，具有调控指数的功能，适合于超级主力介入。从 1997 年以来一路下跌的股票，银行股是少有的行业品种，短期又一直面临着交行上市的压力，利空不断袭击的股票是选股重点范围。

银行股是长线品种。

每年市场中所认为风险最大的板块，都是机遇最大的板块。2005 年市场中风险最大、问题最多的行业，是银行业，并且长中短线都是利空不断。

从长线来看，国内银行业的呆坏账问题是最让人担心的；中期也随着2006年银行业对外资开放的时间表的临近，面临着越来越大的竞争压力。

从短线来看，投资者普遍认为，交行以低于3元的价格发行H股，将大幅压低目前已上市银行股的股价。不少行业研究员也坚信，机构会在新老银行股中进行套利。此为投资者普遍不看好银行股的主要原因。

我们不能说“投资者的普遍认为”是错误的，但从目前银行股机构介入程度，以及中小投资者空仓等待的态度来看，正是买入时机。

（2）长期下跌。

银行股作为1997年以来一路下跌的品种（见图4-69），吸引了长线大主力的战略目光，需要通过大幅震荡使筹码产生松动，2005年4月通过消息面忽好忽坏的影响，大主力达到了低位弹性建仓的目的。

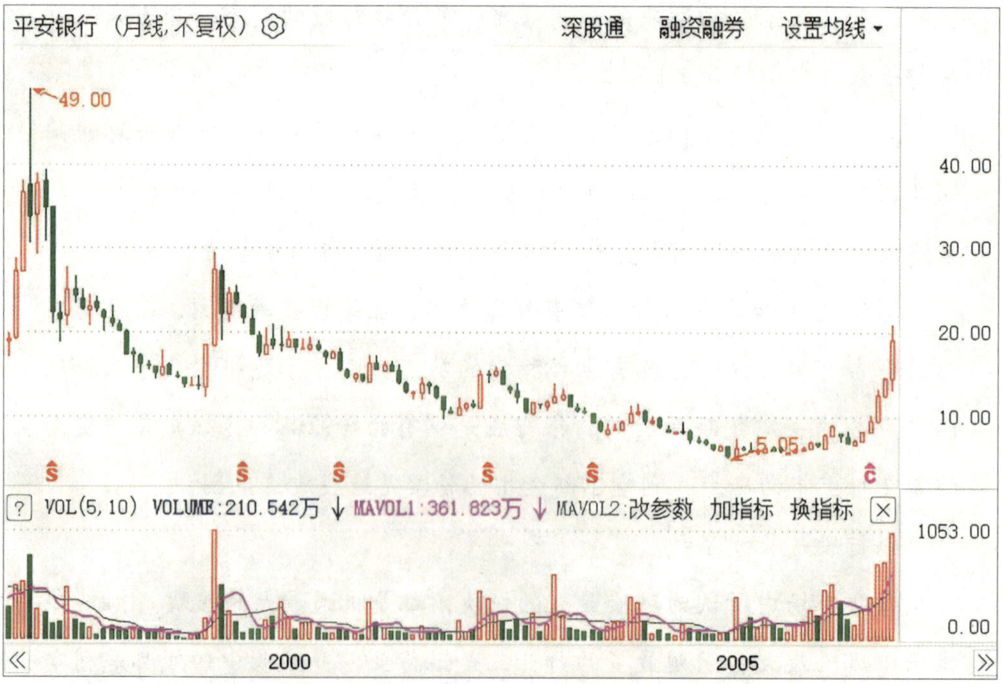

图4-69　1997年2月至2006年9月深发展A月线图

（3）深圳本地股 + 重组题材。

2005 年 4 月 1 日，大盘以深圳召开资产重组工作会议为线索，展开了报复性反弹行情。深物业 A（000011）连续 5 个涨停，带动了深圳本地股的全面活跃。

舆论认为深发展 A 也是重组题材，启动有两个理由：一是新桥投资入主，二是“洋老板”当董事长。两大题材都符合深圳本地股大重组思路，开始有人大力推荐该股。

当时主力选择“深物业 A”来拉动深圳本地股。在深物业 A 影响下，深发展 A 也出现了“跟涨”，深发展 A 主要借助重组题材启动。

（4）诱空打压。

深发展 A 在 2004 年 10 月中旬形成的平台，是主力的初期进场区间。利用少量资金吸筹，然后进行诱空打压。

前面指出过，主力震仓极限一般在 30%，由此估算本轮深发展 A 杀跌极限价格约为 7.2×0.7 = 5.04 元。

实战中，在 2005 年 3 月大盘破位行情中，深发展 A 果然在 3 月 30 日创下新低 5.05 元，但在 4 月 1 日的深圳重组股行情中，深发展 A 迅速脱离震仓底部，随后几天内就将股价涨到 7 元多，见图 4-70。

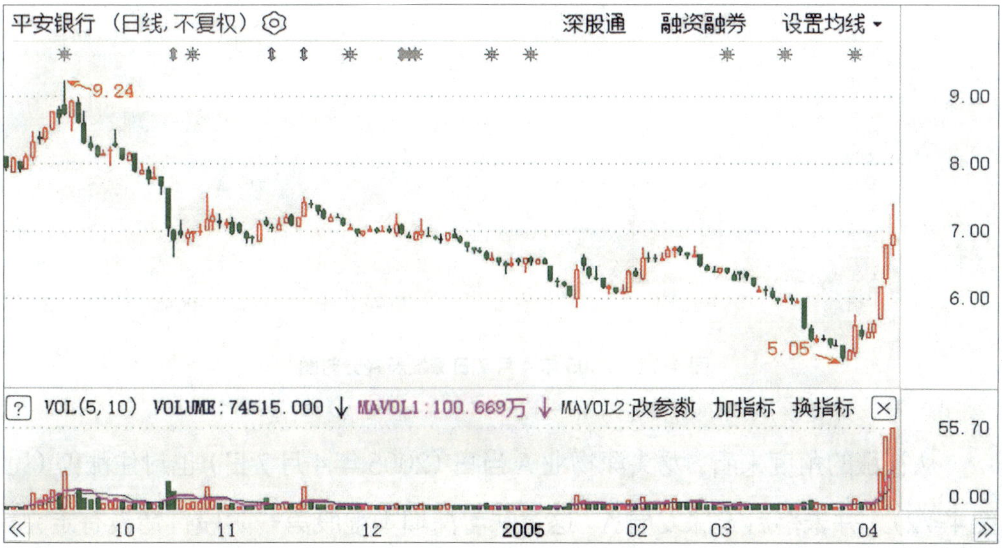

图 4-70　2004 年 9 月至 2005 年 4 月深发展 A 日线图

（5）第一阶段建仓启示。

①通常主力结束震仓之后，不会在底部停留，价格快速脱离低位。深发展A在5元区间停留时间极短，显示底部的筹码不会轻易让人捡走。

②主力诱空是为了打压股价，达到吸筹的目的。

③主力震仓的幅度一般为30%。

④此时深发展A不作为银行股来理解。

2. 拉升

（1）缩量震荡封涨停+同板块股票大涨。

2005年4月7日深发展A开盘后略有震荡，就直接封住涨停，当天封住涨停的数量是1093万股，异常凶猛，但成交量并没有极度放大，换手率仅为1.7%，见图4-71。

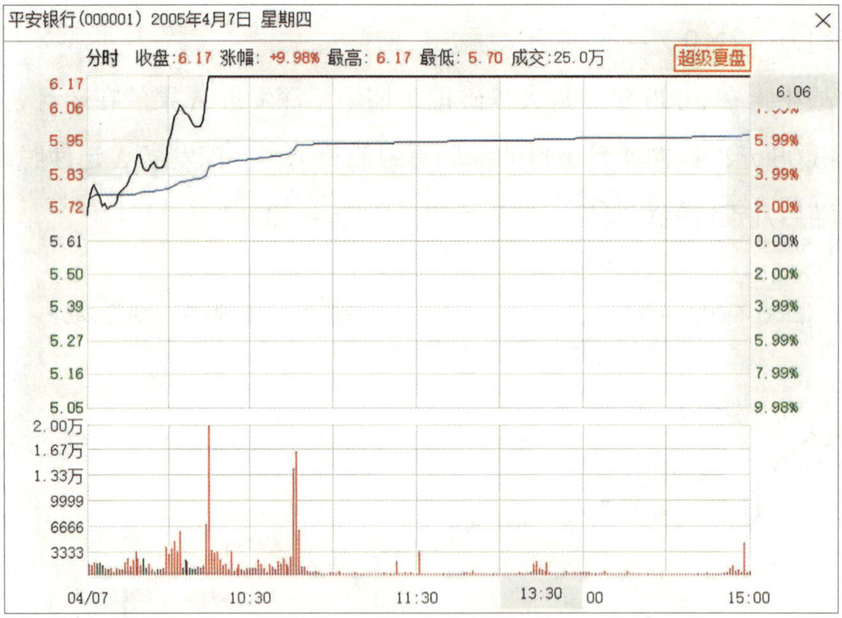

图4-71　2005年4月7日深发展A分时图

从补涨的角度来看，龙头深物业A当日（2005年4月7日）也封住涨停（见图4-72），并未落后于深发展A，这意味着深圳本地股第一阶段行情没有走完，深发展A后市还有不小的空间。

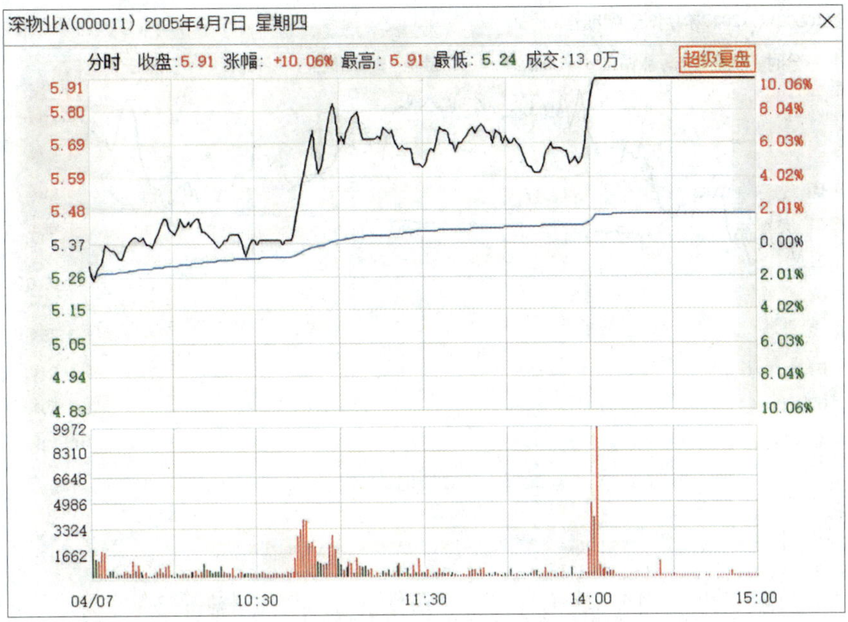

图 4-72 2005 年 4 月 7 日深物业 A 分时图

(2) 行情未完，次日重仓杀入。

操作中，调整了一年之久的深发展 A 买入时机终于到来，投资者应该在第二日（4 月 8 日）行情中重仓杀入，见图 4-73 和图 4-74。

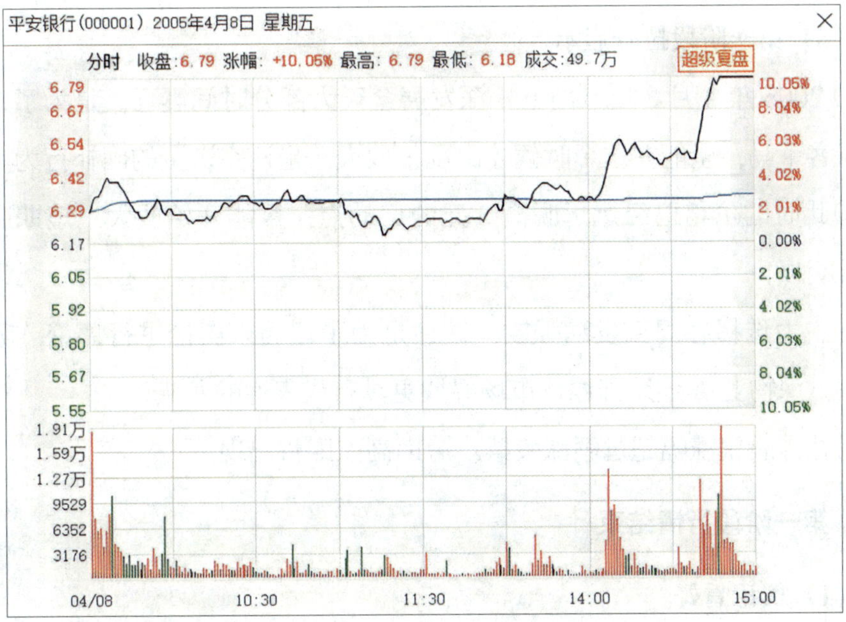

图 4-73 2005 年 4 月 8 日深发展 A 分时图

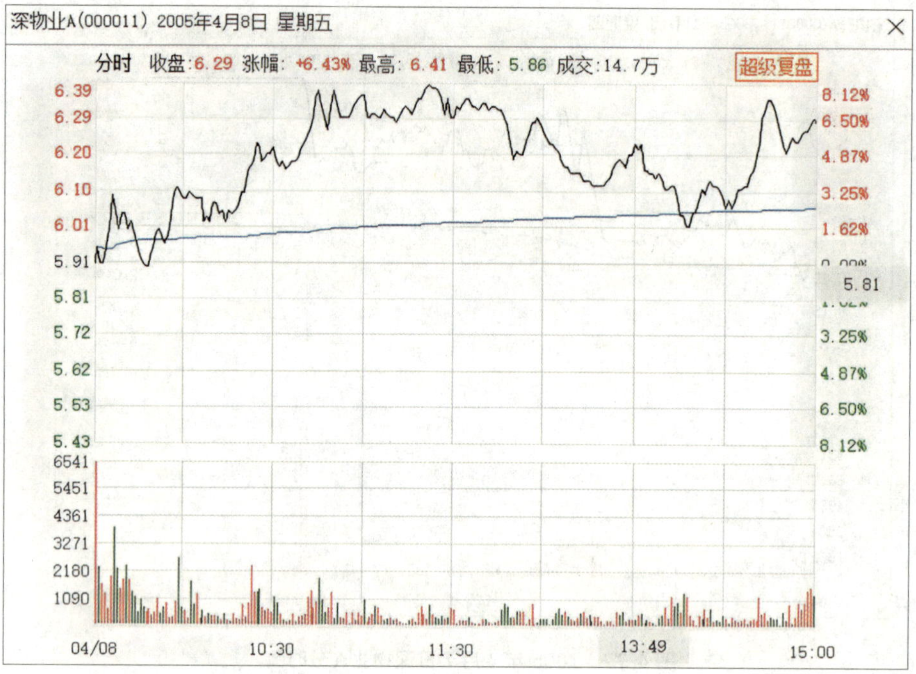

图 4-74　2005 年 4 月 8 日深物业 A 分时图

2005年4月8日,主力按照计划在开盘附近大举买进,当日成交均价为6.40元。深发展 A 尾盘封住了涨停，带动大盘收在全周最高点。

（3）第一阶段拉升启示。

① 2005 年 4 月 8 日（周五）深发展全天大部分时间震仓，是为了让短线的跟风客下马，量能在这个时候才出现了放大，是诱空资金的回补行为。

②此时的价格已经远远脱离 5 元的启动点，量能开始放大，短期底部形态非常明显。

③主力选择在周五发动强攻，往往是为了让周末舆论进行评论，吸引市场关注。深物业 A 连续涨停让市场寻找更具有代表性的龙头。

④补涨股票涨幅超过领涨股票，短期高点即将出现。

3. 第一阶段行情结束

（1）舆论看好。

周末舆论极为看好深发展 A，对新桥重组题材无比乐观，使短线游资继续追涨。舆论看好易使股价见顶，有以下几点需要注意：

①新桥入主是在2004年8月发生的，2005年4月才拿来炒作，无疑是一种题材效应。

②如果深发展强行拉升，就会使市场挖掘银行股的题材了。注意此时深发展A不作为银行股上涨，而是重组题材的“补涨”。

③银行股中市场公认的龙头是招行（也是深圳本地股），招行横盘将限制深发展A进一步上涨。

④连续拉升以后，深发展A股价已经回归到2004年10月的平台，这个区间当时套住不少散户，主力当然不会以解放他们为目的。

（2）实战出货操作指南。

2005年4月11日的深发展A处于拉升之中（见图4-75），投资者应以7.20元均价全部卖出。

图4-75 2005年4月11日深发展A分时图股价冲高回落

深发展A第一阶段行情结束，需要通过新的利空来打压股价，见图4-76。

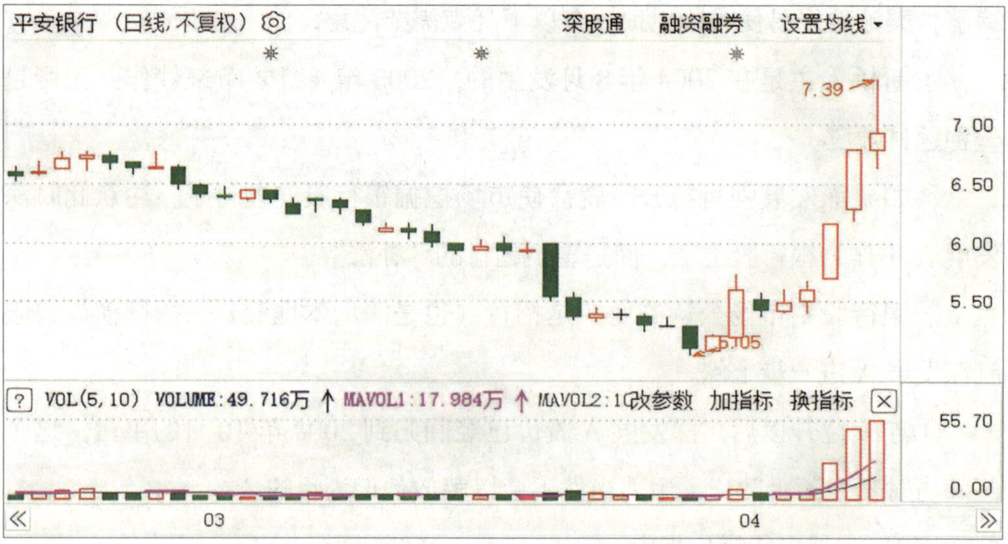

图 4-76　深发展 A 第一阶段行情结束

（3）第一阶段出货点评。

①主力资金在 2005 年 4 月 8 日和 11 日大幅拉升股价，吸引市场跟风，促进交投活跃。

②通过“打压—启动—再打压”的过程，深发展 A 已经悄然放量，主力吸货目的已达到。

③本轮震仓中，主力已经拿到了大量的深发展 A 底仓的筹码，介入深发展 A 的程度较深，成本在 6.5 元附近。

④短线深发展 A 成为热点后，需要通过制造新的利空组合拳来打压股价。

二、第二阶段

1. 第二阶段建仓

在 2005 年 4 月 11 日到达阶段性顶点后的几天，深发展 A 逐渐走低，但每天盘口都有 5% 以上的震荡幅度，成交量与前期相比，也是放大好几倍，见图 4-77。在当时大盘探底过程中，我们可以明显看出，深发展 A 的放量属于长线资金有计划的建仓行为。

且看主力是怎样通过新的利空消息来打压股价的。

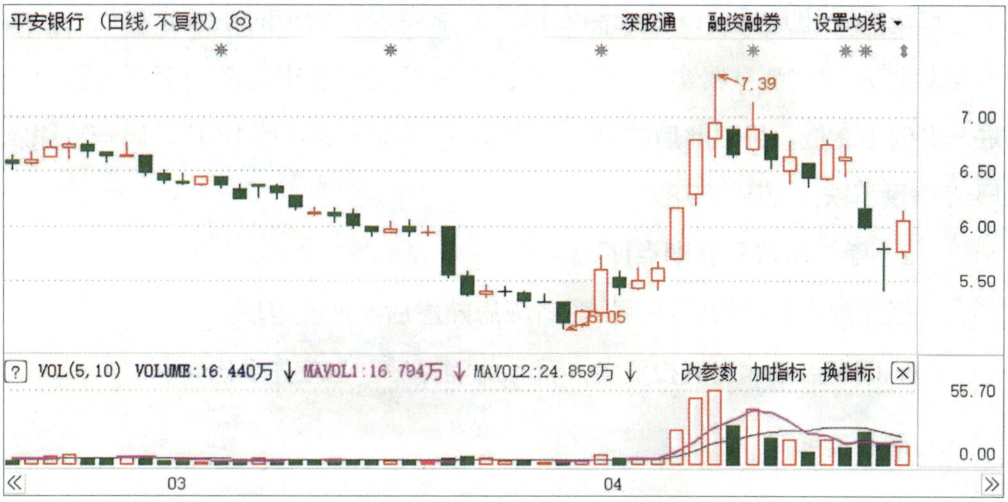

图 4-77 2005 年 4 月 11—25 日深发展 A 震荡下跌

2. 第二阶段震仓

（1）放风震仓。

2005 年 4 月 15 日，主力通过渠道开始放风以下消息：

> 深发展北京支行的某笔 15 亿元贷款有可能为呆坏账，年报中将进行计提，并将影响到 2005 年 4 月 15 日公布的 2004 年年报。

图 4-78 2005 年 4 月 18 日深发展 A 分时图

市场舆论迅速反应：由于浦发银行、招商银行公布的业绩非常优秀，如果深发展A利空消息属实，业绩倒退，尤其在交行上市的影响下，其股价会进一步创下新低。果然此后的第二个交易日（2005年4月18日，周一）深发展A缩量下跌，见图4-78。

（2）第二阶段震仓期点评。

①经过周末舆论的引导，投资者深思熟虑后，理性退场。

②前期高点未卖出的投资者，获悉此消息后，也应先退出套利。

3. 震仓反弹

（1）放量反弹。

利空消息发酵后，深发展A的股价连续几天下跌，但2005年4月19日，股价放量上涨，见图4-79。

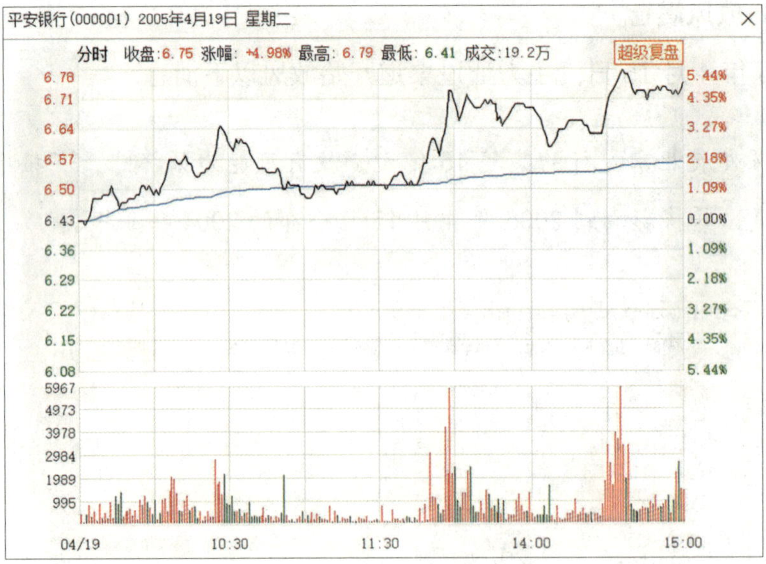

图4-79　2005年4月19日深发展A分时图

（2）震仓反弹点评。

①深发展A 2005年4月19日大幅上涨并再次放量的走势（见图4-79）为佯攻走势，使意志不坚定的投资者返身杀回，做出错误决定。

②在6.5元区域，以长线战略为目的进场的主力仍然可以进行筹码收集。

③推高价格，可增加今后打压的波动幅度。

④要点：只要震荡就会放量，只有放量才能建仓。主力正是通过利好利空消息的组合拳达到了放量建仓目的。

4. 投资者观望

2005 年 4 月 20 日深发展 A 发布董事会公告：

> 2003 年 8 月，某系列企业获得本行 3 年期合计 15 亿元贷款。全部贷款由某担保公司担保。目前上述贷款尚未到期，付息正常，担保单位经营正常。……并将在 2004 年年度报告中计提约 1.5 亿元人民币的损失准备。

该公告对市场的提示是：贷款传闻确有其事，且会影响年报业绩。

1.5 亿元计提，折合每股 0.08 元，市场对该消息反应平淡，“观望观望”是投资者常见的策略。

从形态上看，深发展 A 呈现出整理形态，日振幅达到 4%，是 4 月以来 13 个交易日中震荡幅度最小的一天。在大盘低迷背景下，深发展 A 当日 1321 万股的成交量依然是不小的量，见图 4-80。

图 4-80 2005 年 4 月 20 日深发展 A 分时图

价格未能有效打压，主力会进一步制造利空因素，必要时还会牺牲低位筹码，抛售杀跌以扩大市场反应。

5. 停牌引发放量大跌

（1）停牌致大跌。

2005 年 4 月 21 日深发展 A 刊登公告临时停牌一天：

> 因某媒体报道了公司尚未披露的相关信息，公司将于 2005 年 4 月 22 日刊登相关公告。

我们对“某媒体报道了公司信息”的理解是，主力机构故意散播消息影响市场，是一种蓄意行为。另外，强势运行的股票停牌一天，是为了引起市场注意。

2005 年 4 月 22 日深发展 A 刊登公告，称：

> 深发展 A 新管理层对贷款的回收高度重视，目前公司已经采取了积极的风险控制措施，有关单位已分别向深发展 A 出具了资金流向的确认函……

图 4-81　2005 年 4 月 22 日深发展 A 分时图

贷款事件被再次证明属实。市场一再讨论该事件，被主力巧妙地利用成打压工具。中性偏空的消息被强行放大成重大利空消息了。

2005 年 4 月 22 日深发展 A 复牌后，股价下行，成交量放大，全天在震荡中收于跌停板，见图 4-81。全天的放量有部分为主力的打压量，其目的是引发市场恐慌。

2005 年 4 月 25 日深发展 A 在继续大跌中放量，见图 4-82。

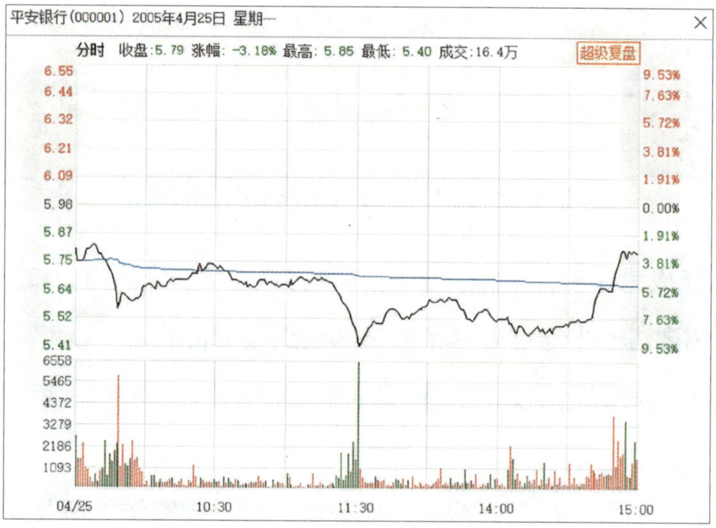

图 4-82　2005 年 4 月 25 日深发展 A 分时图

（2）停牌大跌点评。

① 2005 年 4 月 22 日的跌停即是勉勉强强，最后收于跌停，是为了破坏 K 线形态，使其难看。

② 2005 年 4 月 25 日再度杀跌，前市几乎跌停，短线 20% 跌幅诱导短线投资者止损。

③诱空的筹码当然不会持续停留在低位，下午即进行拉升。

④在这两日的利空组合拳中，主力再次拿到了大量的廉价筹码。

6. 定期报告致二轮反弹

2005 年 4 月 26 日，深发展 A 同时公布了 2004 年年报和 2005 年第一季度报告，每股收益分别为 0.15 元和 0.08 元，股价继续反弹并放量，见图 4-83。

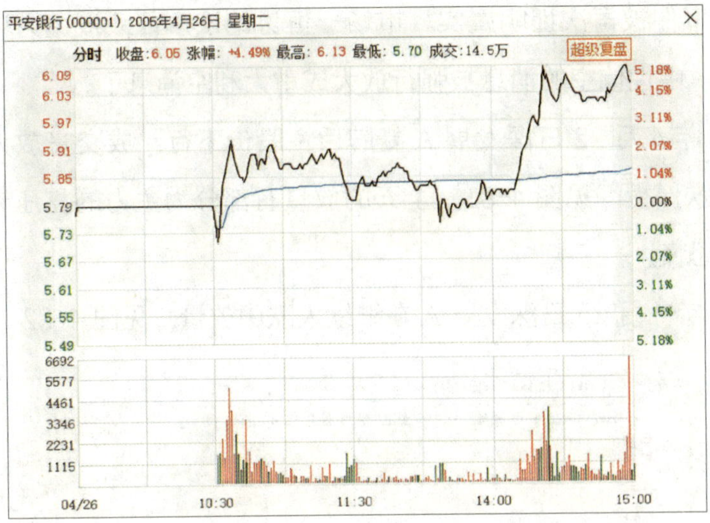

图 4-83 2005 年 4 月 26 日深发展 A 分时图

业绩已经成为过去，利空消息的影响已经结束，但是主力的建仓过程还没有结束，需要进一步通过震荡和放量来达到吸筹目的。

通过这一阶段的运动过程，我们很容易总结出：利空兑现当日就是股价上涨之时。

利空消息其实没有什么好怕的，但是做到“反向操作”却很难。

7. 第二阶段震仓洗盘

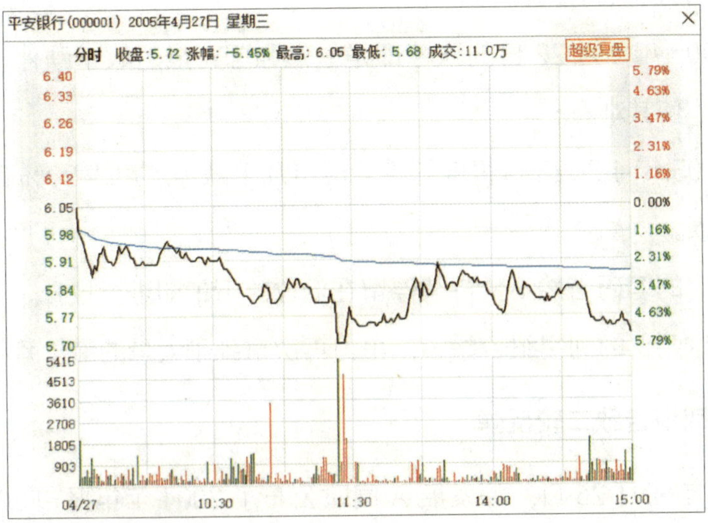

图 4-84 2005 年 4 月 27 日深发展 A 分时图

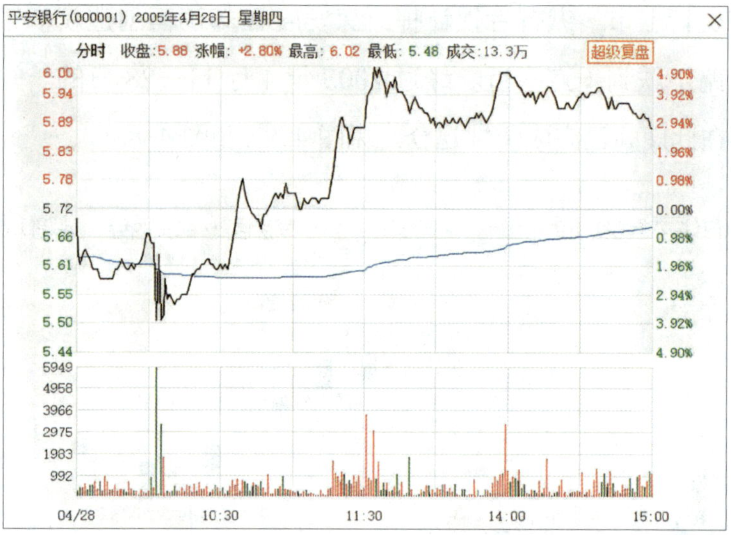

图 4-85　2005 年 4 月 28 日深发展 A 分时图

接下来的两天（2005 年 4 月 27—28 日），深发展 A 大幅震荡，两日振幅分别为 6% 和 8%；成交量自然放大，两天的成交量分别为 1097 万股和 1326 万股，主力达到了震仓和洗盘目的，见图 4-84 和图 4-85。

2005 年 4 月 29 日，深发展 A 巨幅震荡，一度涨停，最后以涨幅 5% 以上的大阳线收盘，成交量为 2362 万股，见图 4-86。

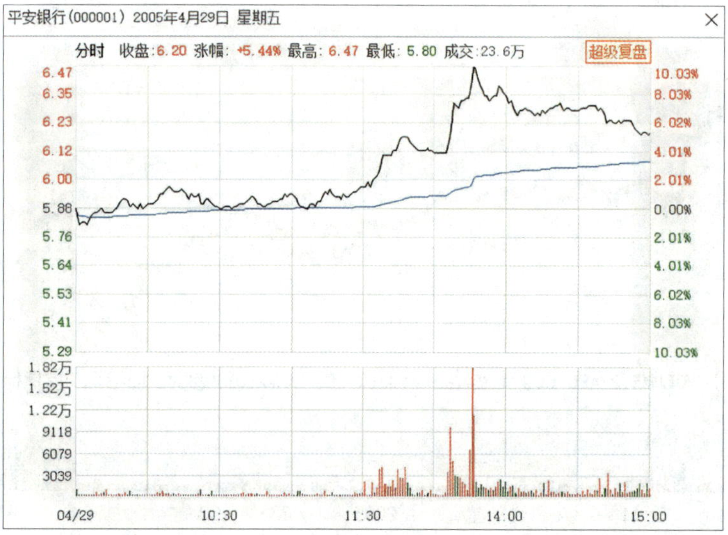

图 4-86　2005 年 4 月 29 日深发展 A 分时图

纵有交行上市，纵有亏损计提，深发展 A 却不再创造新低了，而此阶段大盘已一路下跌到千点附近。经过 2005 年 4 月 11—28 日的一轮下跌震仓，主力机构在此期间已完成弹性建仓，见图 4-87 和图 4-88。

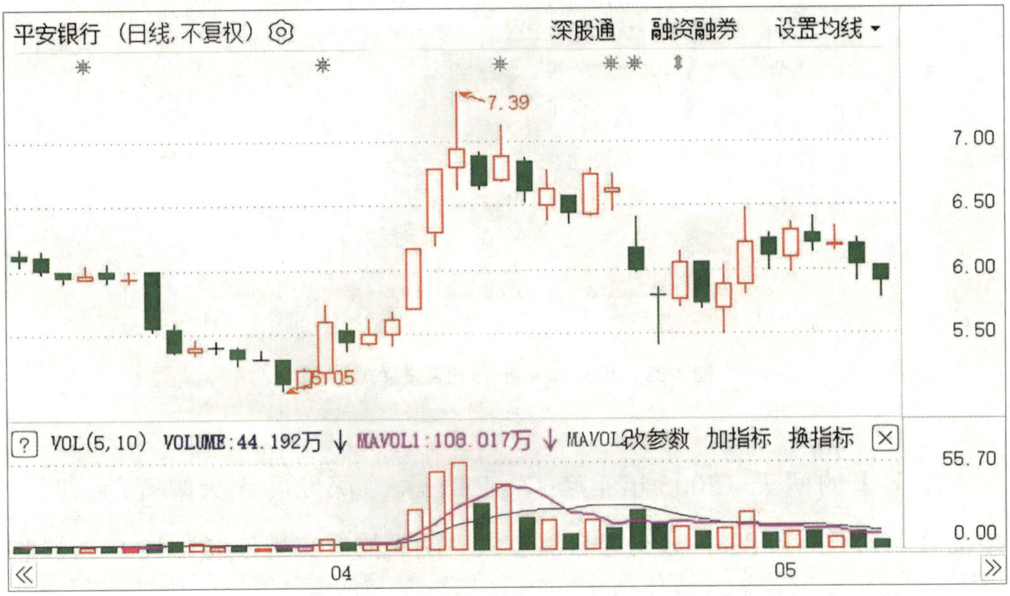

图 4-87　2005 年 3 月 14 日至 5 月 16 日深发展 A 日线图

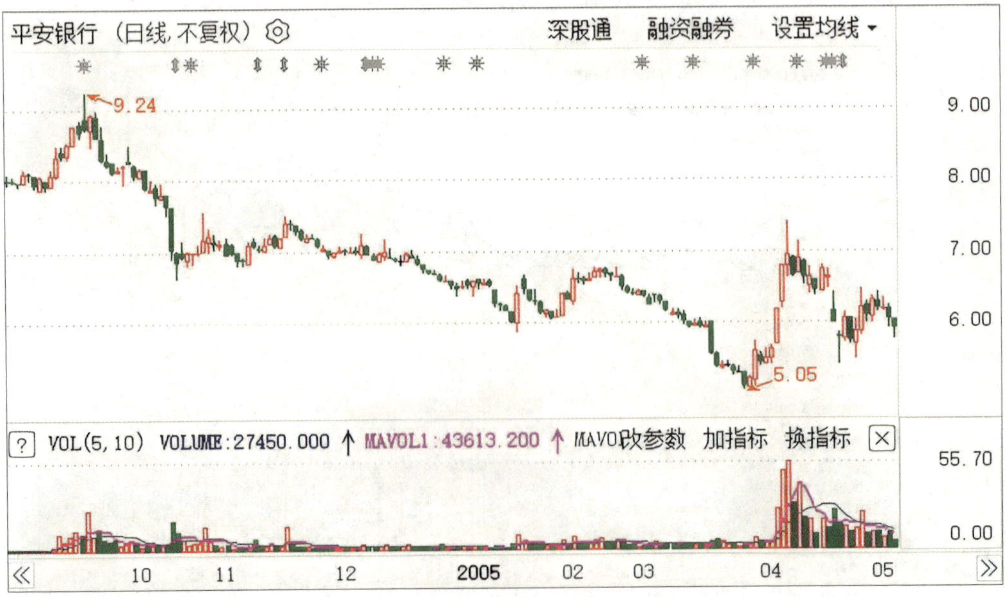

图 4-88　2004 年 9 月 2 日至 2005 年 5 月 16 日深发展 A 日线图

三、复盘

通过一轮暴涨—暴跌—震荡收敛，我们看到，主力为了满足自身利益，通过传闻、舆论、技术形态来影响投资者心理。

深发展 A 重组并非在 2005 年 4 月开始，而是在 2004 年 8 月就开始了。显然 2005 年冠以“重组题材”非常勉强，但深发展 A 确确实实依靠重组题材涨起来了。

另外，亏损 1.5 亿元平摊到每股 0.08 元计提，算不了什么大事，但是放在主力诱空的场合下，能够清洗出投资者斩仓止损的筹码。

震荡，是为了让低位筹码产生松动，低位弹性放量是主力机构发动长期行情的必要准备。

我们再次强调，股票本身没有好坏，涨跌过程是通过舆论影响出来的“从众行为”（盲目跟风）。在主力的眼中，基本面是股价波动反向操作的有力工具。

观察市场强弱的角度有很多种，既可通过政策面，也可通过盘面，这是因为热点展开层次决定了市场的强弱度。

4.8 市场强弱观测角度

2005 年每一波反弹行情启动，都由银行股牵头，银行股已渐渐成为新的龙头。由于沪深两只发展银行已先后启动，短期大盘强弱将取决于招商银行和华夏银行的上涨力度。

2005 年 4 月，深发展 A 以深圳本地股重组题材启动，短期升幅超过 30%。作为长期具有人气的指标银行股，比价效应已触及其他银行股定位。而银行股对市场人气的影响极大，银行股强弱是观察大盘强弱的一个重要角度。

换言之，在深发展 A 股价到位之后，我们只需要通过银行股的补涨顺序，就可知道大盘的强弱。参照的样本很简单，拿最强的银行股——招商银行（600036）和最弱的银行股——华夏银行（600015）来进行分析。

2005 年 4 月，由于浦发银行和深发展 A 相继启动，并且价格已经回到 2004 年 10 月中旬诱空前的水平，主力中长线建仓基本结束，短线将进入横盘整理阶段。而业绩最好的招商银行在 9 元附近横盘，也将压制两只发展银行股的上升空间。银行股除了华夏银行还在 2004 年 11 月平台以下运行，其他的 4 只银行股都已经回归到平台以上。

因此，2005 年 4 月我们对大盘 2005 年 5 月的看法是：如果下一波银行股启动华夏银行，将表明未来一个月大盘定位是弱市反弹，需要补涨股票维持热度；如果银行股启动的是招商银行，将表明大盘已经完成前期空头调整，进入正循环上升周期。

下面通过实战来检验预测的有效性。

2004 年 10 月至 2005 年 4 月华夏银行的股价一直在 2024 年 10 月下方的平台运行，见图 4-89。

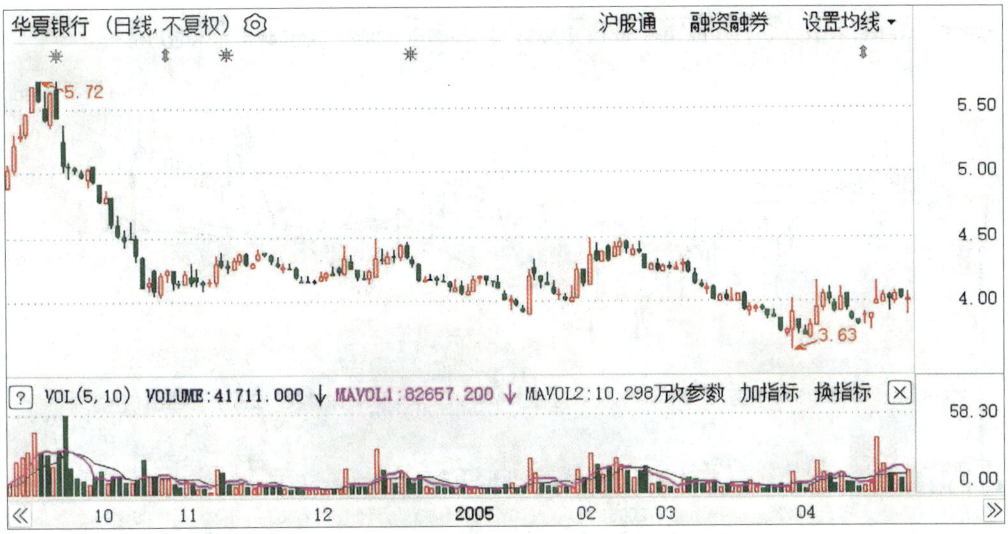

图 4-89　2004 年 9 月 14 日至 2005 年 4 月 28 日华夏银行日线图

2005 年 4 月 11 日，深发展 A 在诱空结束后，股价回归到 2004 年 11 月平台附近，价格位于 7 元多，触及其他银行股的比价体系，见图 4-90。

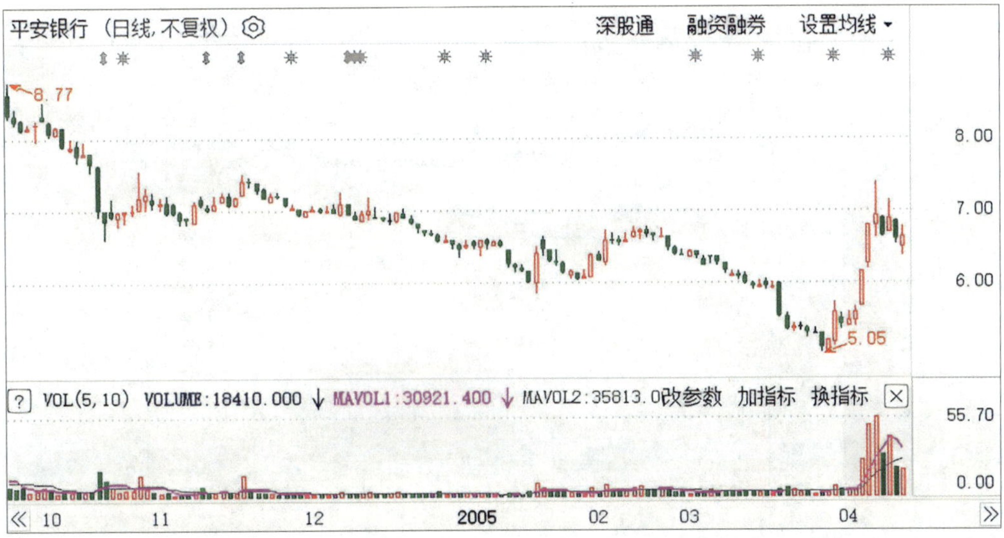

图 4-90　2004 年 9 月 27 日至 2005 年 4 月 15 日深发展 A 日 K 线走势

低价总有低价的理由。如果深发展A再度上攻，就会触及招商银行股价（此时在9元附近），从而影响整个银行股的价格链，见图4-91。因此银行股后面必然会有联动反应。

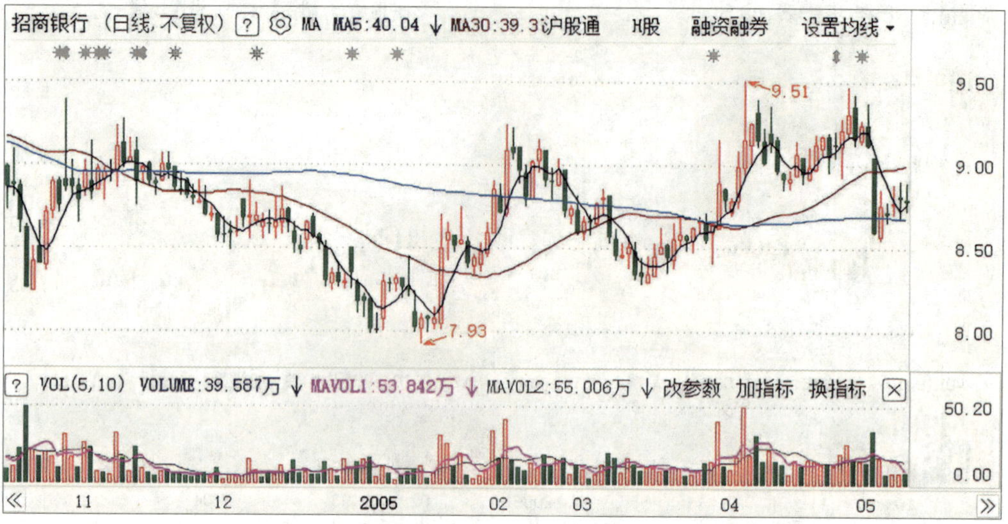

图4-91　2004年10月18日至2005年5月20日招商银行日线图

2005年4月19日，我们判断：如果招商银行启动，则代表强势股向上突破，大盘会有一轮新的上升行情；如果是华夏银行启动，则代表市场需要补涨的股票形成热点，大盘为弱市格局。

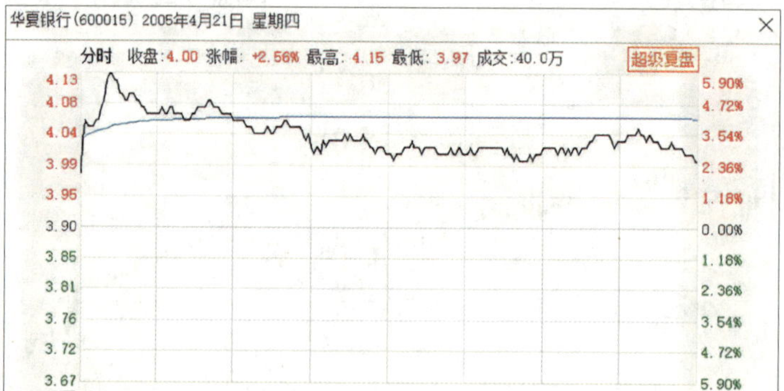

图4-92　2005年4月21日华夏银行分时图开盘冲高出现补涨行情

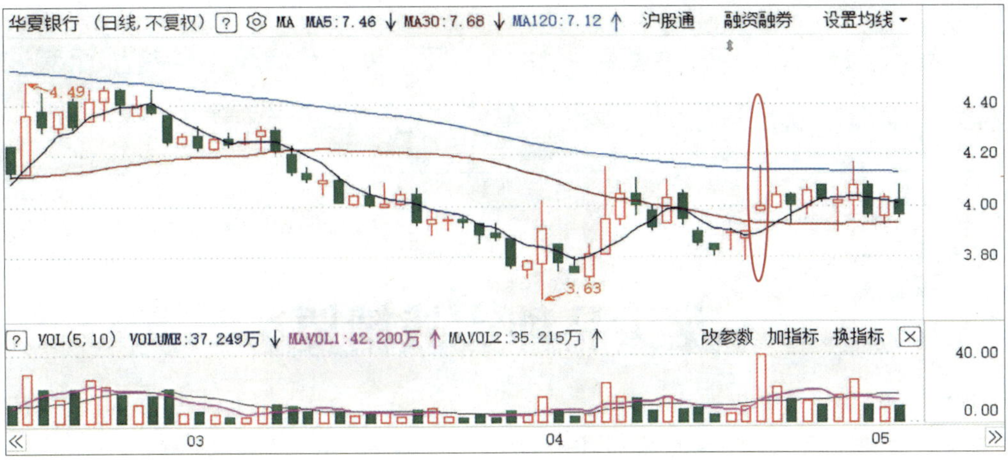

图 4-93　2005 年 4 月 21 日华夏银行触及半年线后回落

华夏银行果然在两日后的 4 月 21 日启动，开盘冲高出现补涨行情，触及半年线后回落，没有任何基本面题材推动，见图 4-92 和图 4-93。深发展 A 当日停牌。而华夏银行盘中直接高开，最高涨幅为 6%，此时拉升可视为银行股补涨。

从日 K 线形态来看，4 月 21 日的华夏银行是一个带量的射击之星，在关键技术位回落，是典型的补涨遇阻形态，不具备短线操作价值。

市场选择了启动华夏银行，由此判断，2005 年 5 月大盘没有行情。

从2005年5月的上证指数日K线走势图来看，5个点以上的阳线仅有一根，整个 5 月，上证指数从 1160 点跌到了 1050 点，没有任何反弹行情，见图 4-94。

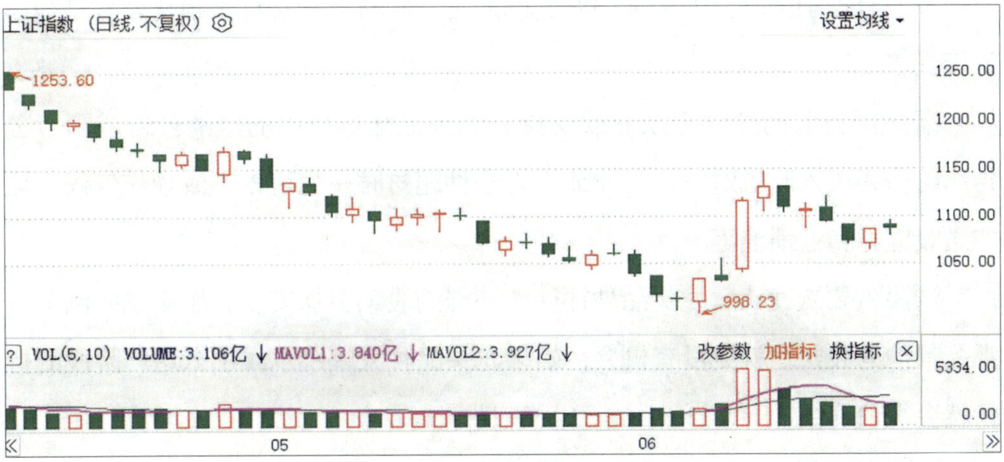

图 4-94　2005 年 5 月上证指数日线图

超级题材因其隐蔽性和突发性，市场还来不及消化，往往出现两波机会。随着市场认识加深，龙头调整后分化行情将产生新的龙头。

4.9 龙头品种实战精要

每一轮行情发起，都伴随着题材和龙头品种的确立。牛市需要有大概念和大龙头，比如1996年“发展再发展”的深发展A、1999年垂直加笔直上涨的“网络科技”综艺股份（600770）等，阶段性大行情也有2003年汽车板块中的长安汽车等。

从大资金运作角度来说，为树立题材炒作的板块，需要有以下条件：

第一，板块长期超跌，具有主力运作空间；

第二，题材性质容易被媒体接受；

第三，能够带动相关个股，影响人气。

龙头品种虽然不需要实际业绩，但要有业绩的想象空间。这表明业绩仅仅代表着过去，而题材代表着未来。换言之，股价启动之时，与它本身的业绩好坏并没有特别关联，但必须要有明确的主升题材，并且这个题材要容易被舆论接受。

既然题材股的炒作无须业绩支持，那么上涨过程中的澄清公告或预亏公告，可作为买入时机对待。当业绩作为一种题材时，也可以形成炒作气候，比如送股题材和业绩浪等。

选股就要选龙头。龙头品种往往比补涨的股票更加安全。如果龙头倒下，那么其他的股票也就更没有机会。如果龙头品种大幅跳水，那么这一阶段的行情就会很快终结。

网络科技题材炒作了多年，每一年的题材都在翻新。2000年是“网络科技”，

2003年追随“网络游戏”，2005年换成“IPv6”和“IPTV”，实际上都是网络题材的翻新炒作。

通过2004年的道博股份（600136，后改名为“ST明诚”）案例，我们来看看主力是如何炒作“IPv6”概念的。

一、触底反弹

1. 走势

2005年市场的第一个热点是IPv6。

2004年12月沪市跌破重要的心理关口——1300点，即所谓的“政策底”。市场主力寻找新的战机，发动了IPv6概念的行情，成为跨越2005年的第一波战役，道博股份成为IPv6的龙头股份，见图4-95。

图4-95　2004年10—12月道博股份日线图

> 背景：IPv6是指第六代互联网协议，发展前景十分广阔。2004年年末，中国在IPv6研发方面已走在世界前列，IPv6示范工程已经启动，国家投入14亿元启动资金用以建设IPv6的示范网。道博股份的大股东赛尔网络拿到了这14亿元资金中的将近一半。

IPv6、IPTV 由于涉及传媒领域，此概念容易被舆论接受。

2004 年 12 月 28 日，道博股份在盘中拉出涨停并封住，当日成交 487 万股，换手率高达 11%，见图 4-96。这是道博股份自 2004 年 12 月 17 日见底以来的第二个涨停。

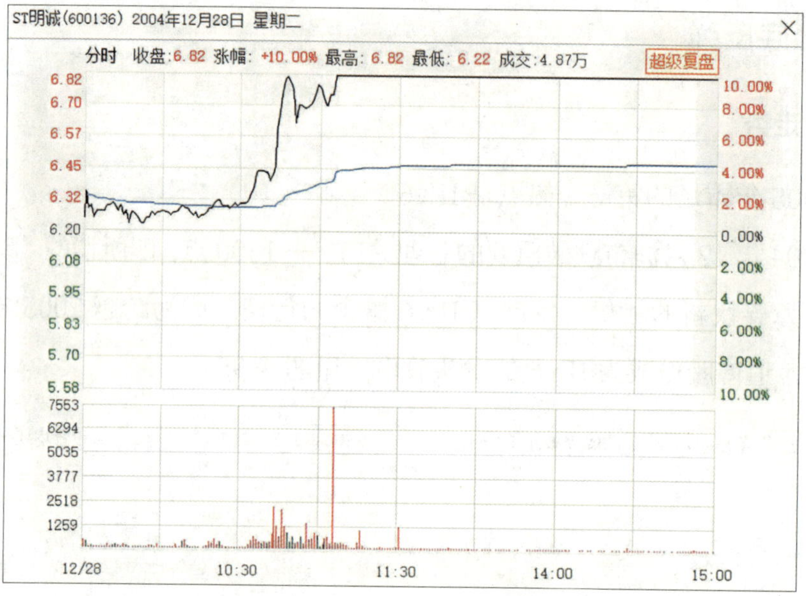

图 4-96　2004 年 12 月 28 日道博股份分时图

2. 启示

（1）在大盘弱市中出现强劲拉升的股票，易使媒体关注研究。但追涨的投资者容易短线被套。

（2）此时 IPv6 概念处于市场接受的初期，谨慎的心态不会使行情见顶。

（3）该股的两个涨停，形成向上攻击形态，第一次买点在 5 日均线，第二次买点会落在 10 日均线，应耐心等待回调。

二、冲高遇阻

1. 走势

在 2004 年 12 月 28 日涨停后的三个交易日，道博股份冲击前期平台高点后，遇阻回落，消化短线浮筹。成交量维持在每天 7% 以上的换手，技术形态上显示三连阴，为整固形态，见图 4-97。

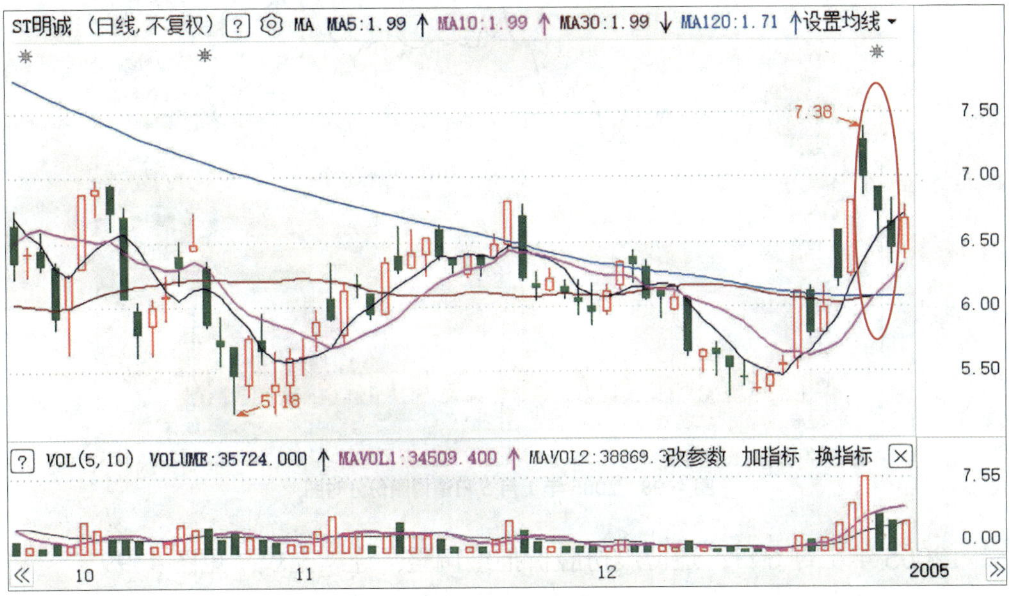

图 4-97　2004 年 12 月 29—31 日道博股份出现巨量三连阴

2. 注意

（1）此三连阴与见顶信号的“三只乌鸦”有所不同。主要区别在于三只乌鸦的每根 K 线都是高开低走，而这里的三连阴是低开低走。

（2）前期高点是阻力区，需要回抽确认。

（3）12 月 29 日的冲高中阴线，尤其是带量的情况下，意味着小级别头部的出现。

（4）调整 3 天之后，股价在 10 日均线附近着陆，可买进。

三、买入

做好了买入计划，2005 年 1 月 5 日在 10 日均线 6.5 元附近投资者可埋伏接货，但当天下午该股未能回落到均线就启动（见图 4-98），意味着该股筹码的清洗已在三根阴线中完成。14：30 可第二次买进。

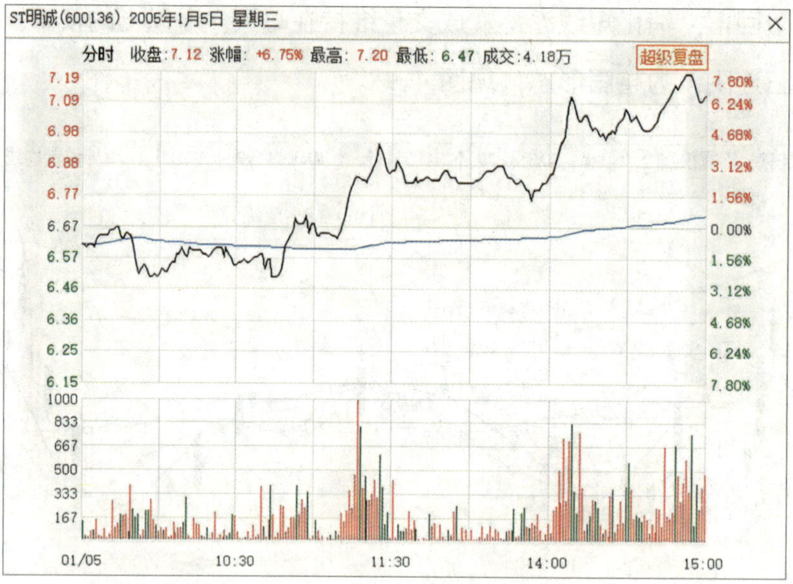

图 4-98　2005 年 1 月 5 日道博股份分时图

2005 年 1 月 6 日，道博股份股价拒绝调整，连续上攻，见图 4-99。

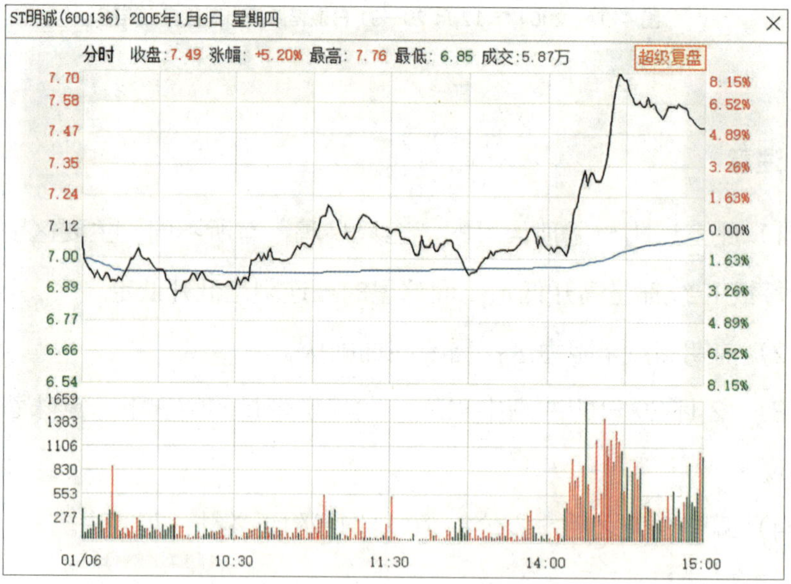

图 4-99　2005 年 1 月 6 日道博股份分时图

2005 年 1 月 7 日，道博股份公布业绩预亏公告。业绩亏损，但股价只是放量震荡，并未下跌（见图 4-100），强势整理形态给周末舆论带来希望。这表明 IT 概念与业绩无关。

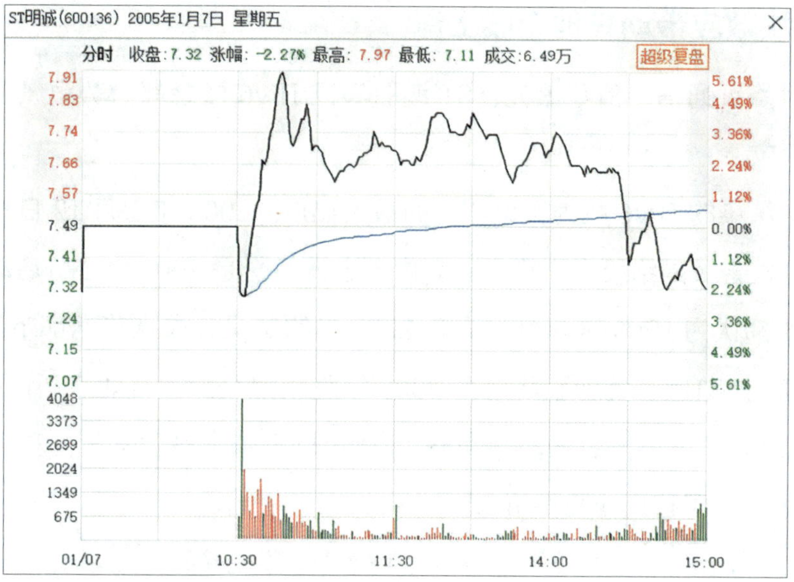

图 4-100　2005 年 1 月 7 日道博股份分时图

在量能不放大的情况下，强势股利空消息可作为买入时机。

新的一周开盘，该股给足舆论面子，连续上攻三天，并于 1 月 12 日再次涨停，见图 4-101。

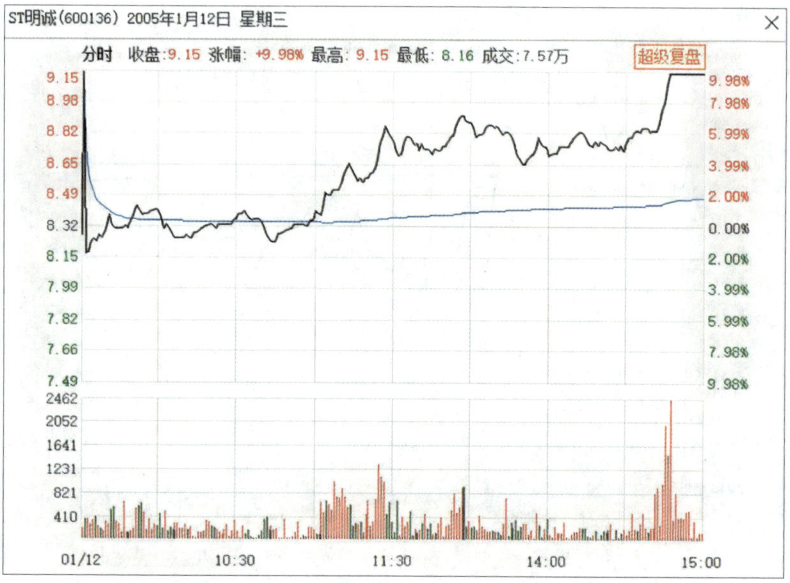

图 4-101　2005 年 1 月 12 日道博股份分时图

四、板块效应带动其他个股上涨

此时烽火通信、清华紫光、ST 鸿股等准 IPv6 概念都借势跟风上涨，形成板块效应。

受到渲染的 IPv6 成为舆论认为的最大热点，2005 年 1 月 12 日招商证券发布研究报告《网络股卷土重来》。由于道博股份是 2005 年 1 月启动的，故不少媒体都认为 IPv6 概念股将成为 2005 年的黑马。如《华西都市报》1 月 13 日发表了《IPv6 概念股将成为 2005 年股市黑马》，《北京新闻晨报》1 月 11 日发表了《道博股份炙手可热，IPv6 故事越来越生动》，和讯网 1 月 13 日发表了《寻找道博股份第二》。

五、主力出货

1. 趁机出货

媒体的反复渲染使得市场热情被充分调动起来，道博股份每天都维持 10% 以上的高换手率，主力已经有了充分的出货条件。1 月 13 日道博股份大幅震荡，其换手率更是高达 27.69%，见图 4-102 和图 4-103。

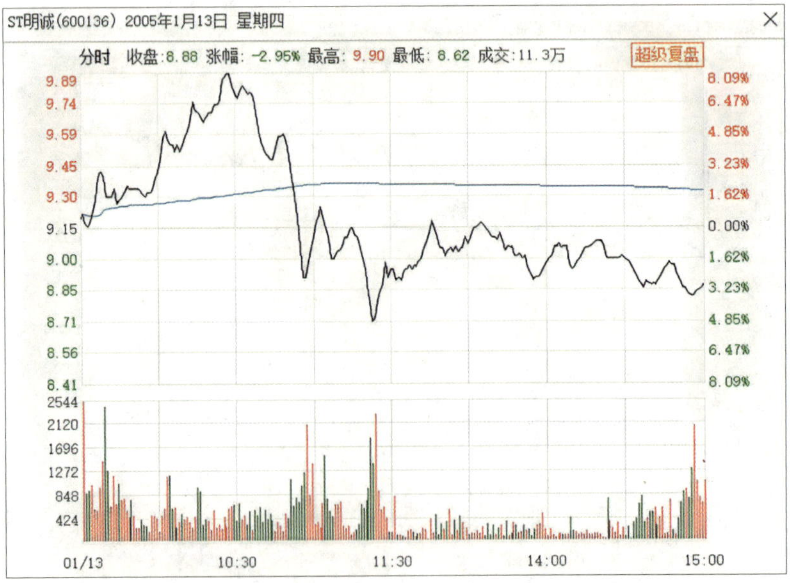

图 4-102　2005 年 1 月 13 日道博股份分时图

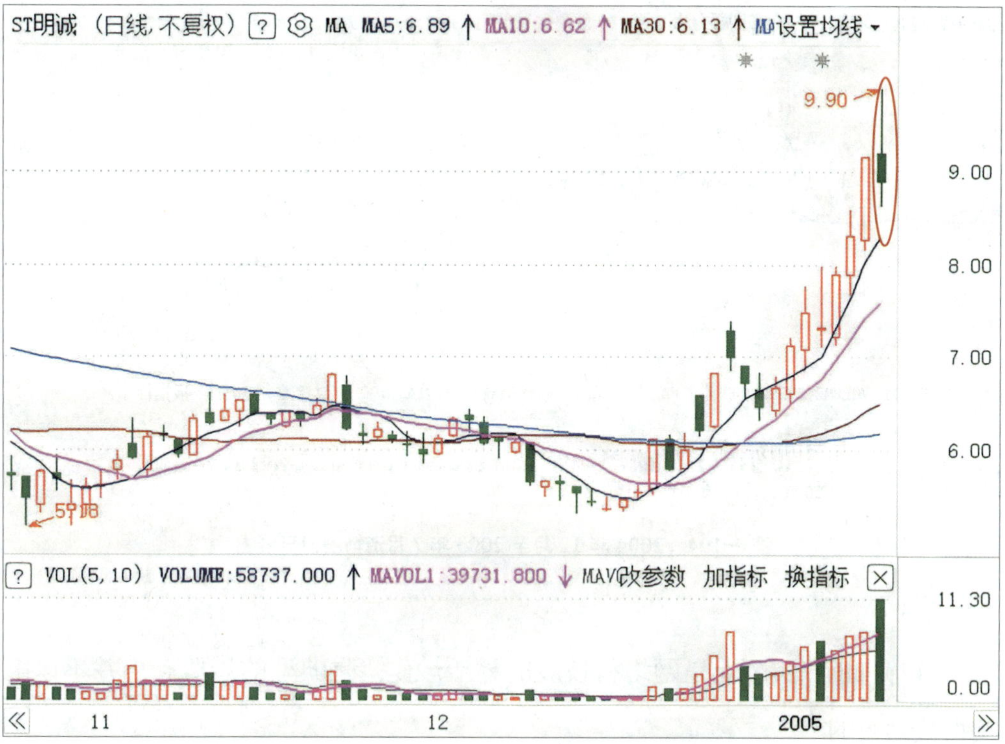

图 4-103　2005 年 1 月 13 日道博股份大量出货

此时该股拉升已是强弩之末，制造高点是为了使投资者产生惜售心理。

2. 启示

如果一只股票由底部上冲以后，某一天股价在收盘时涨幅较前几天快速缩小，这时必须小心，通常这是已经到达或非常接近顶点的迹象。股价见顶多发生在成交量最大的那一天。

由于股价已经接近翻番，10 元目标是短线资金一致认为的了结点，也构成了重要阻力。

六、一路下跌

主力出货后再也不用考虑 IPv6 有什么前途了，在随后的短短半年时间里，道博股份股价就从最高 9.90 元下跌到 2.67 元，跌幅高达 70%（见图 4-104），2005 年的行情并没有属于 IPv6 概念。

图 4-104　2004 年 12 月至 2005 年 7 月道博股份日线图

七、启示

（1）IPv6 实际上是网络科技股的翻新炒作，是典型的炒概念，并不以影响指数为目的。

（2）底部放出大量的股票和在大盘见底时第一个涨停的股票，不会是行情的龙头，比如 2002 年春季启动的 *ST 龙科和 2003 年年底启动的湘计算机。

如 *ST 龙科（600799）在 2002 年大盘春季行情中率先启动。2002 年 1 月 18 日涨停后，换手率每天都在 7% 以上，盘口显示主力资金介入。但是该股并没有成为 2002 年的龙头，甚至连春季行情的龙头品种也算不上，春季行情中涨幅最大的股票是银广厦、深深房。

底部放量，不是长线资金所为。换言之，最像底部的形态，就不会是底部。

2003 年 11 月 13 日上证指数于 1307 点见底，在见底时期第一个涨停的是湘计算机（000748），其于 2003 年 11 月 7 日率先涨停。当日湘计算机的量价配合形态非常好，换手率基本在 4% 以上，显示主力资金介入。但本轮行情中的龙头却并非该股。上海梅林、长江电力、TCL 等股票的涨幅远远超过湘计算机。

可见在行情启动初期根据第一涨停的方法判断龙头，其意义不大。主力树立龙头品种，目的是给其他股票发出上涨信号，从而带动地面部队进行战斗。

主力制造行情，不是为了让投资者赚钱。热点龙头往往是烟幕弹，而潜伏在其他个股中的仓位，才是真正赚钱的筹码。

4.10 补涨题材实战精要

大资金所选择的领涨品种的建仓要早于大盘的启动。在大盘见底之前表现强势是此类被大资金所选择的领涨品种所共有的特征。龙头品种在启动之后，一般会形成一个明显缩量的窄幅震荡带，这是主力资金大规模吸筹之后进行洗盘的过程。

主力建仓的过程比较漫长，一旦筹码收集充分，便会迅速脱离底部，然后通过舆论影响大众的投资行为，在市场热情洋溢的巨大成交量中，将筹码归还给投资者。这也是股票下跌的过程非常漫长，而上涨的时段非常迅速的原理。

中小投资者相对于主力机构最大的优势是进出方便，不像主力机构建仓时间往往长达一两个月。中小投资者即使通过技术面或消息面的渠道，发现了主力建仓的股票，主力也不会轻易让你赚钱，因为中小投资者所买到的筹码都是主力想要的，其买进的筹码是从主力手中夺来的——除非主力封涨停不让买进。

当利好消息发布出来，这时股价已经在高位了，舆论此时也会热烈追捧。主力一旦有了全身而退的机会，那便是义无反顾地把筹码交给下家，无论当初描绘的蓝图多么远大，主力都不再眷恋，此时波段行情结束。

龙头品种虽然容易识别，但是在能够识别出来的时候，涨幅往往已经很大了，这时可选择补涨题材的个股进行操作。市场也会在龙头效应下寻找补涨板块。

补涨股票虽然涨幅较小貌似安全，但是一旦龙头撤退，补涨股票的跌幅会更大，多数情况下会创出新低。所以补涨股票是作为波段短线来操作的，而且要时时盯住龙头盘口，寻找补涨关联性。

读者可通过下面案例中龙头品种与补涨品种的联动关系，来掌握实战交易中买卖点的操盘手筋。

一、补涨股选择

2005 年春季行情中的主升题材是“新能源”，龙头品种是天威保变（600550，后改名为“保变电气”），我们选择操作的是补涨个股航天机电（600151）。

2005 年 2 月 3 日，大盘已经确立启动，这时选择的股票最好有题材配合。

我们了解到，“清洁能源”概念相关类型的股票有望成为 2005 年春节后的第一个市场热点。

于是我们立刻进行基本面分析，发现龙头品种是天威保变。其技术形态非常漂亮——创新高股票的形态当然都会漂亮。换句话说，市场普通投资者都能辨别的“好股”，肯定不是什么好股。此时，天威保变已有一定升幅，不符合买跌原则。

由于天威保变非常抗跌，且已处于拉升状态（见图 4-105），因此排除在我们的选股范围之外。

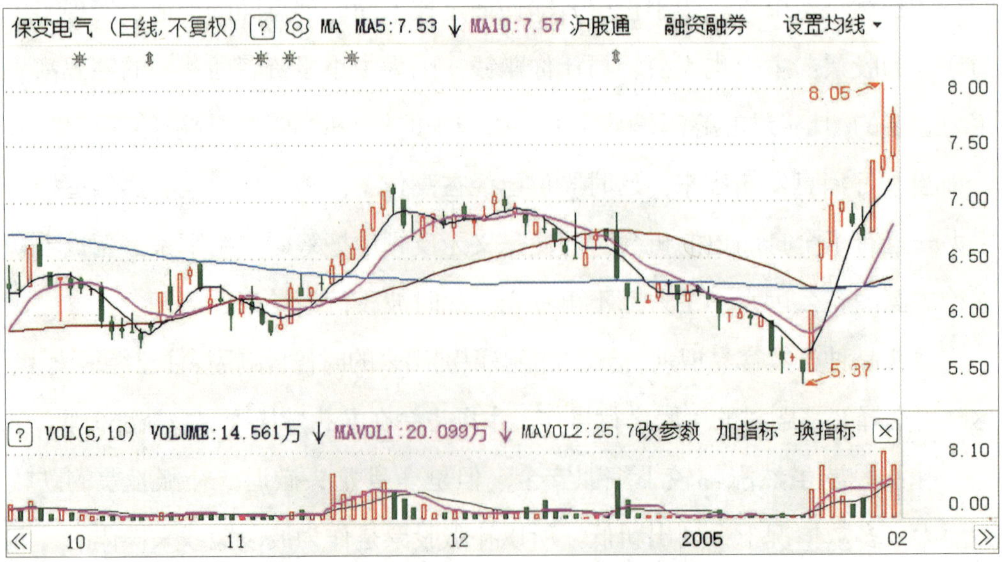

图 4-105　2004 年 9 月至 2005 年 2 月初天威保变日线图

然后，我们从所有 17 只涉及太阳能概念的股票中，挑选出航天机电，原因就是其处于超跌状态，从 2004 年 4 月到 2005 年 2 月初，其跌幅已达 50%，见图 4-106。

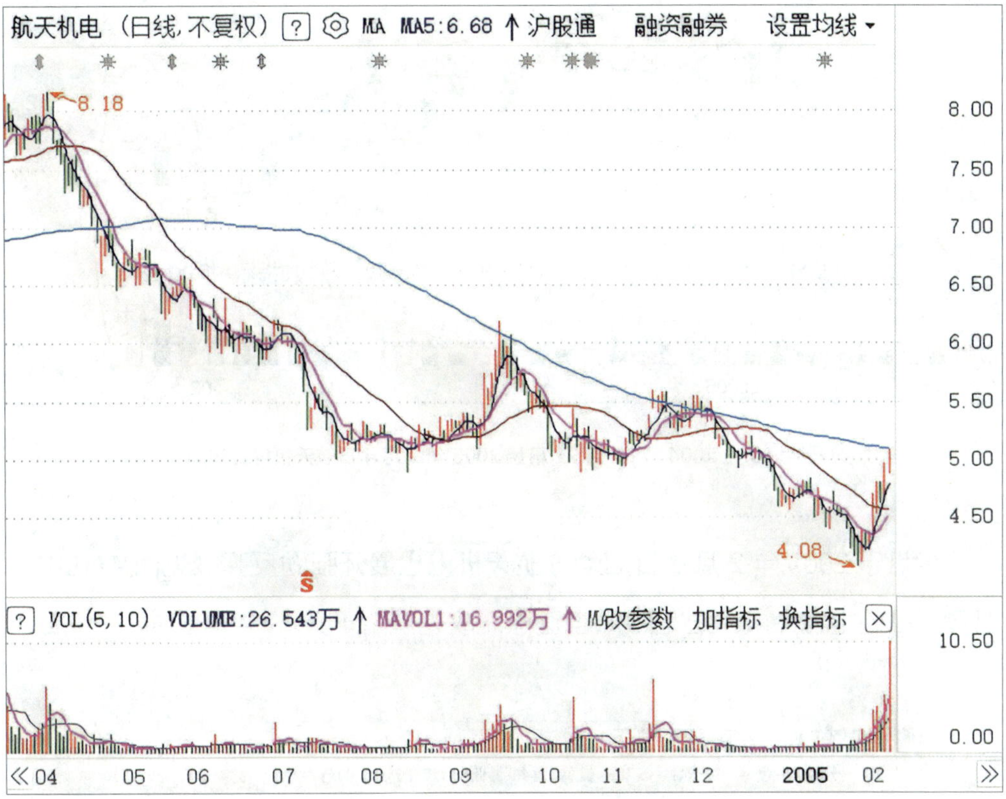

图 4-106　2004 年 3 月至 2005 年 2 月初航天机电日线图

超跌，是选择股票的基础，使短线资金有运作空间。

股票没有好坏。超跌，甚至可以跌出一只牛股来。

盘口有埋伏资金进场。大资金进场往往是兵团作战。虽不能判断天威保变主力的级别，但是“逢低介入”的原则最安全。

二、寻机介入

挑选出航天机电作为该热点的可操作股票后观察该股走势，在 2005 年 2 月 1—3 日，连续三天，该股走势阳线有量，阴线无量，由此判断有游资进场，见图 4-107。

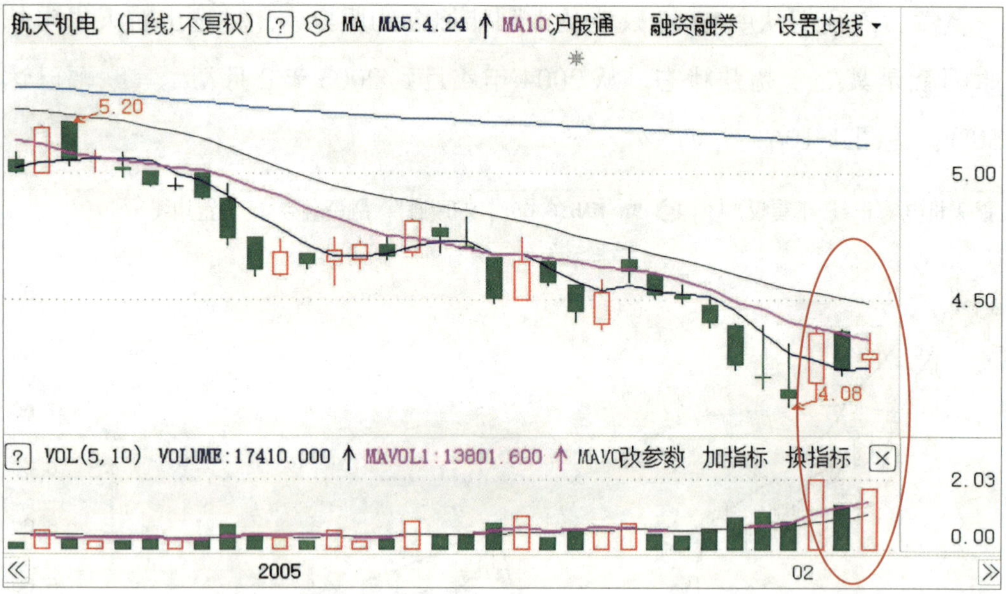

图 4-107　2004 年 12 月 21 日至 2005 年 2 月 4 日航天机电日线图

大盘于 2005 年 2 月 2 日启动，航天机电也展开强劲反弹（见图 4-108），但看不出是主力介入，还是跟风盘追涨，故先观望一天。

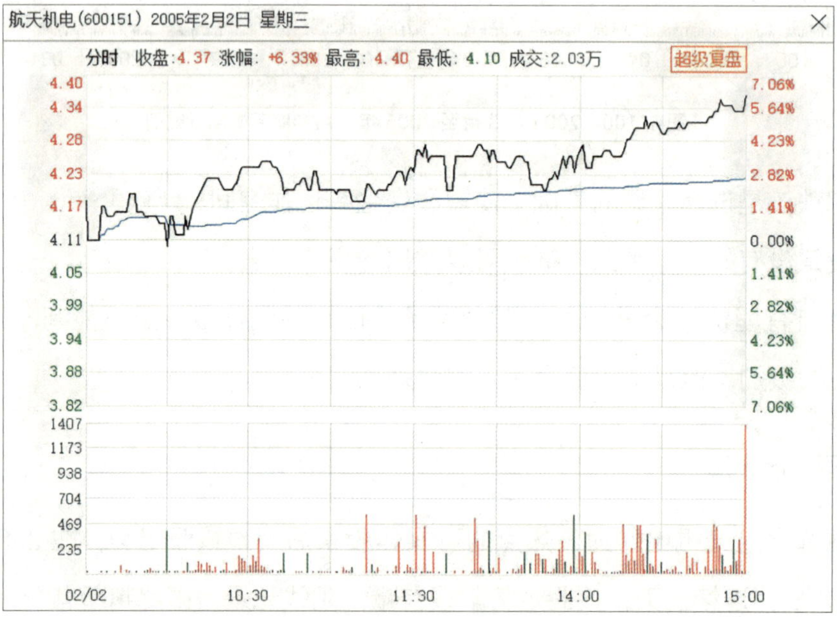

图 4-108　2005 年 2 月 2 日航天机电分时图

缩量回调是回补买入的时机，我们决定在 4.3 元附近大胆买进。如图 4-109 所示，2005 年 2 月 3 日股价在 4.3 元左右浮动，于是买入半仓头寸，准备持股过春节（2 月 8 日为除夕）。

图 4-109　2005 年 2 月 3 日航天机电分时图

2005 年 2 月 4 日，市场传来航天机电投入巨资生产太阳能电池的消息，如图 4-110 所示，股价未有炒作，可采取宁可信其有的策略，进行短线买进。

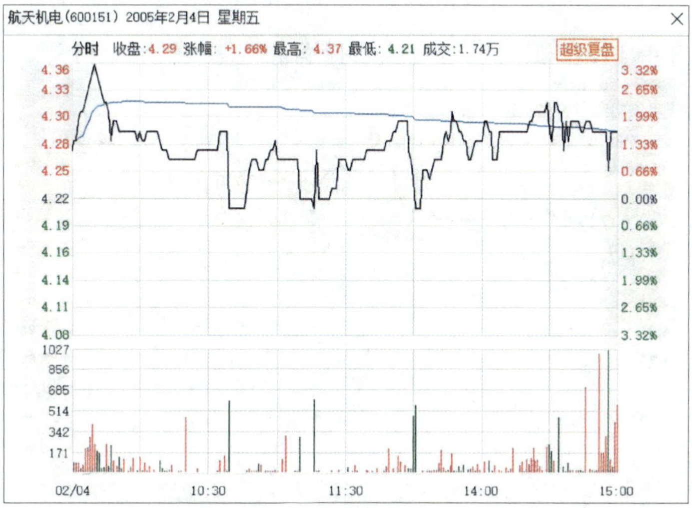

图 4-110　航天机电 2005 年 2 月 4 日随大盘整理

底部的股票要大胆买进。我们在 2005 年 2 月 4 日（春节前最后一个交易日）下午满仓，买入成本均价为 4.30 元。

三、股价攀升

春节期间《京都议定书》即将生效，“新能源”概念确立。

天威保变继续攀高，龙头特征明显。日均成交量500万股，换手率维持在7%左右。市场交投活跃，在节后第一个交易日（2005年2月16日）该股票股价就创出新高，意味着有更多的人关注，见图4-111。

图4-111　2005年2月16日天威保变继续创出新高

补涨的航天机电借势启动，当日升幅达到7%，成交量与春节前相比，放大一倍，见图4-112。航天机电可放心持有。

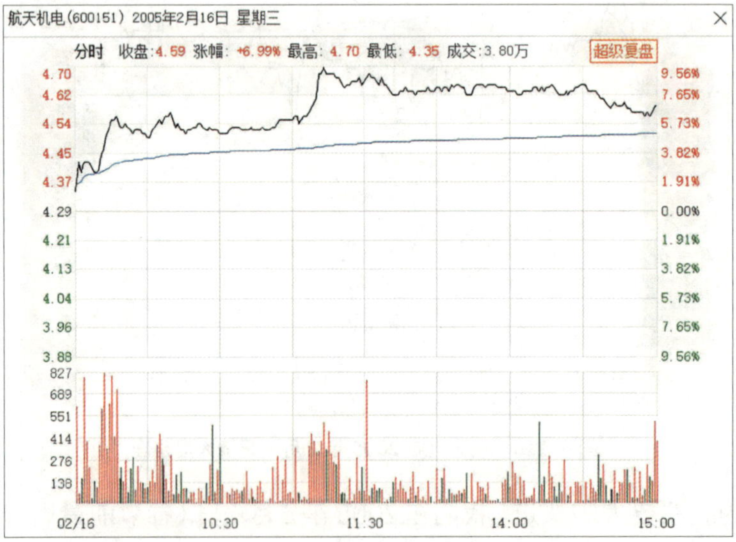

图4-112　2005年2月16日航天机电分时图

节后走势符合判断，满仓持股收到一个大红包。由于该热点刚刚被市场接受，尚未充分消化，应继续持股，其后续走势见图 4-113。

图 4-113 2005 年 1 月 10 日至 2 月 22 日航天机电日线图

由于股价本身超跌，该股仍然不被市场关注。同时，龙头天威保变没有出现滞涨，新能源概念没有走完。

需要注意的是：补涨的股票量能的放大。2005 年 2 月 21 日航天机电换手率 7%，这是一个警戒线，值得注意。但是龙头天威保变仍在带头上涨，仍可持股观望。

节后关于《京都议定书》的研究，使新能源的概念得以深化。

但节后，市场仍在讨论年报的热点，如文山电力等高分配个股的挖掘，同时，中集集团股票的表现也令人瞩目。

由于春节后第一周市场尚未来得及反应，因此新能源概念股票未能充分消化，我们注意到，在周末媒体推荐新能源概念股票的文章不多。武汉某证券周报整版推荐新能源板块，市场陆续重视起来。经过周末舆论的消化，天威保变继续领涨新能源概念。龙头天威保变涨停，轻松拉升创造新高点，整个板块涨势尚未结束，见图 4-114。

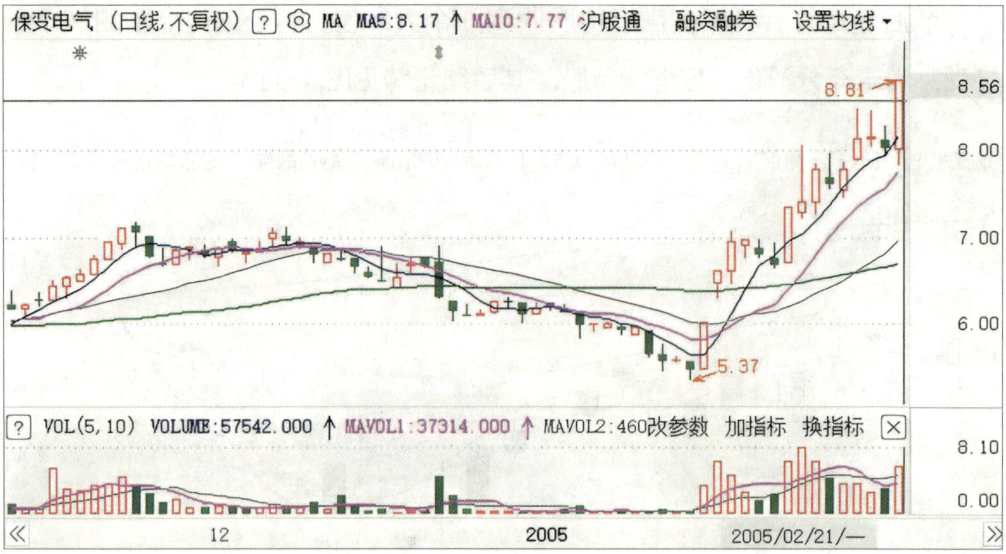

图 4-114　2005 年 2 月 21 日天威保变涨停

果然，航天机电在节后继续上涨，其上涨趋势维持了两周，见图 4-115。

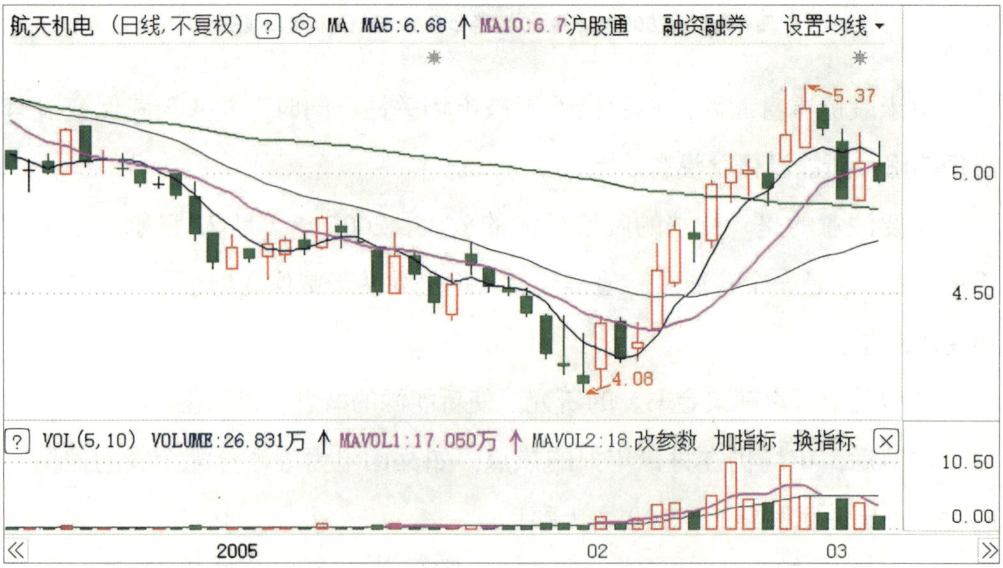

图 4-115　2005 年 2 月 2—28 日航天机电连涨两周

2005 年 2 月 28 日，航天机电再次放量，此时已向上突破半年线。量价配合较好，放量突破半年线，上升空间已被打开。此时新能源的热点已经在基本面上深入人心。

周末舆论定会对新能源热点进行全面挖掘。相信股评会全面剖析新能源概念，并承认天威保变为龙头，然后苦口婆心劝投资者不要再追高天威保变，要去捕捉其他补涨的股票。

四、涨幅到位，出货走人

诱空区间为 30%，拉升空间同样也是这么多。航天机电的度量幅度已到。再次放量的时候应该是卖出时机了。买卖策略正好和舆论相反。

我们计划头寸在 5.20 元以上卖出。

再看看龙头天威保变，同样也是放出巨量。2005 年 2 月 25 日换手率为 10%。自 1 月 21 日启动以来，价格已经翻番。长长的上影线形成射击之星的形态组合，见图 4-116。

图 4-116 2005 年 2 月 25 日天威保变放量收出射击之星

2005 年 2 月 25 日收盘时，天威落后于其他的补涨品种，如小天鹅、风帆股份、航天机电等。在换手率超 10% 后出现这样的盘口，意味着此时的天威保变上涨已经成为强弩之末。持有天威保变的投资者应该坚决出局。

2005 年 2 月 28 日开盘，补涨股票航天机电就快速推高（见图 4-117），而天威保变却出现逆市下跌（见图 4-118）。显示第一阶段行情结束，此时新能源概念的高点已现。因此，持有新能源概念股票的投资者应该坚决全身而退。当天的任何一次冲高，都应是离场的时机。随后航天机电股价虽然再次摸高，但已不影响大局。

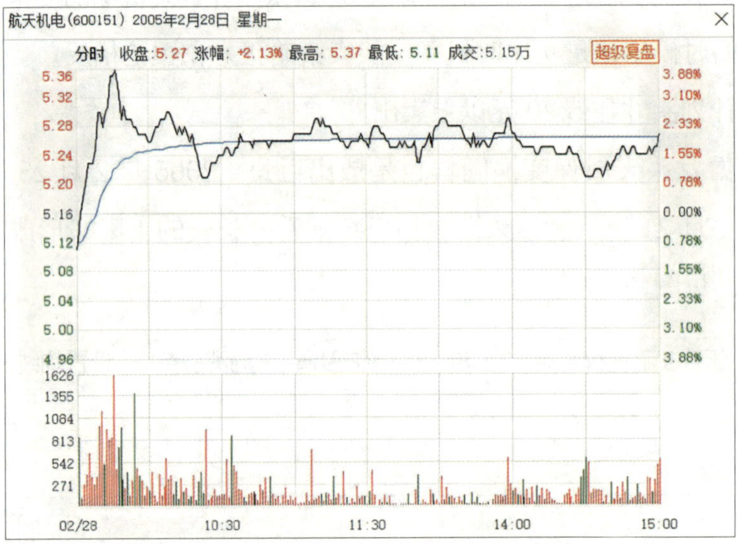

图 4-117 2005 年 2 月 28 日航天机电分时图

图 4-118 2005 年 2 月 28 日天威保变分时图

出货后的主力不会再有任何眷恋，没人照顾的航天机电两个月时间一路下跌到 3 元附近，跌幅高达 40%，见图 4-119，比启动时的价格 4 元还低了整整 1 元有余。难道航天机电生产太阳能电池的项目就没有了吗？不，还是有的。只是现在没有了主力而已。

龙头股的上涨，需要靠补涨的股票辅助，这一轮热点炒作宣告结束。

历史上，也有不少联动的品种，如小飞（飞乐音响，600651）每年都有一波领涨行情，而大飞（飞乐股份，600654）往往会补涨。

龙头股和补涨股的辩证关系，可通过这一案例来说明。

图 4-119　2005 年 1—5 月航天机电日线图

五、启示

（1）主力机构进场往往是兵团作战，先后次序，前后呼应，形成领涨股与补涨股合作的格局。

（2）龙头股以示范为目的，主力未必在龙头身上赚钱，埋伏在补涨股票中的暗仓，是其获利的主要筹码。

（3）龙头品种涨升幅度落后于补涨股票时，第一阶段行情结束，要迅速卖出。

（4）概念仅为股价上涨服务，对其长期走势毫无意义。概念题材消失，主力撤退，中小投资者相当长时间内不会有解套机会。

主力资金往往是兵团作战，龙头品种是为了树立榜样，龙头股本身并不需要赚钱，其目的在于掩护埋伏在补涨股票里面的其他资金获利。

4.11 研究报告盈利模式

一、研究报告盈利模式

2001 年以来，中国证券资讯界进入了重要的变革时代，一方面大券商的研究所推出了核心研究报告的评级模式，另一方面咨询机构纷纷推出“招会员”的业务模式。两种业务模式都以昂贵的资费显示自身价值。

二、研究报告评级类型

研究报告始于君安证券、申万宏源证券。报告研究员往往都是名牌高校相关专业的硕士，他们能够深度了解上市公司，发掘其投资价值。

目前业内中金、中信、申万、国君、招商、长江、兴业等券商的研究报告质量较高，有“强烈推荐”“审慎推荐”“中性”“回避”等评级分类。

三、研究报告的影响力

在新财富最佳分析师榜单上排名第一的分析师，年薪可高达千万元人民币，首席研究员撰写的报告也具有影响力，推荐的个股在报告推出当日往往会有一定的涨幅。

这些报告对股价的助推作用引起了主力机构的关注，主力机构为了引起市场注意，与研究员合谋策划研究报告，刻意提高其目标个股的投资评级，或者抬高某事件的影响。这样的报告对市场杀伤力较大。

四、研究报告学习三阶段

投资者对研究报告的学习要经历三个阶段：海量阅读、有效识别、独立创作。只有多阅读研究报告，才能甄别其质量。

研究报告体系在 2000 年以后逐渐成熟，对公募机构投资行为构成支撑。2001 年中国股市走熊后，一些基本面素质较好的股票走出了独立的行情，自华能国际（600011）、中兴通讯（000063）开始，到 2004 年的南方汇通（000920，后改名为“沃顿科技”）达到高潮。

几乎所有的基金经理都要看研究报告。虽然大基金都有自己的研究机构，但小型的基金就无法拥有专业细分的研究员了。基金都会直接购买机构券商的研究报告来进行决策。

研究报告中的成功典范有南方汇通（000920）、浙江医药（600216）、深天马（000050）。

2004 年 1 月 8 日，申银万国推出《南方汇通的深度调研报告》，研究报告推出当日，南方汇通涨停，并连续收获了 6 个涨停（见图 4-120），将研究报告模式推向了极致。

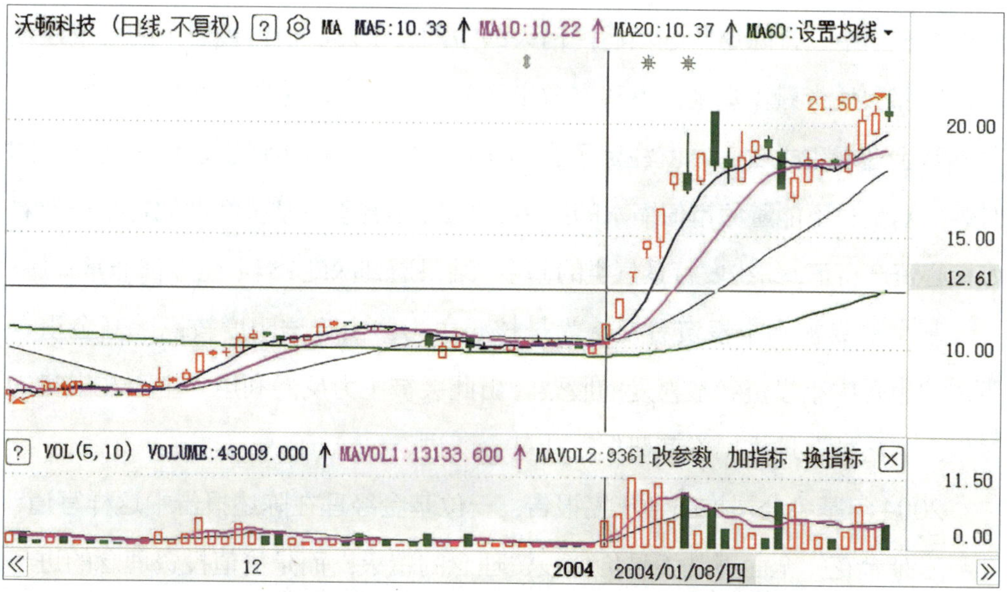

图 4-120　2003 年 12 月至 2004 年 2 月南方汇通日线图

该研究报告认为：南方汇通2004年有望在全球实现1英寸硬盘500万台的销量，将在2004年第四季度供应样品、2005年第一季度开始生产直径小于1英寸的微型硬盘，该微型硬盘的主要目标是第3代手机市场。

南方汇通公告称收购世华微硬盘股权的同时，将汇通微硬盘股权注入世华公司，此举意味着公司将1.8英寸和1英寸硬盘项目进行了资产重组与整合，极具发展前景，2005年有望达到每股2元。

基金在获得该报告后，如获至宝，疯狂抢购南方汇通的筹码，导致2004年1月8—15日该股连续出现6个涨停，扮演了一回市场游击队的角色。南方汇通2004年第一季报告和2004年半年报告中，前十大股东全部是基金。

五、研究报告的主要推动力量

大型机构。由于买方机构的内部研究团队不能覆盖全部股票，仅对自己的股票池里面的重点股票进行持续跟踪，因此大型机构往往非常关注深度行业研究报告。

基金组合讲究配置，亏损股票、庄股、市盈率高的股票都不在基金配置股票的选项中。排除这些选项后，偌大的中国股市，“值得投资”的股票还真就只有那么几十只。基金们不买市盈率最低的白酒、石化股，买什么呢？

基金在诞生之日起，就注定了它的命运。因此，当市场出现系统性下跌的时候，基金也不能避免市值缩水的厄运。2022年春季，基金经理们几乎一致看好核心资产行情，纷纷发行景气类的基金，结果遭到深度套牢，至今都非常尴尬。

基金极易被中小投资者误认为是核心主力，由于透明度较高，基金重仓股往往也是中小投资者最喜爱的股票。由此会被主力反向利用，主力在出货的时候，“巧妙”地推出券商研报，让基金买进。

2004年基金公司推出半年度报告，一位基金经理在陈述报告中这样写道：“‘五朵金花’全面下跌不是价值投资理念的覆灭，而是价值投资理念的进一步深化。股票的内在价值取决于股票在未来的存续期内的盈利情况，以及宏观、微观环境保证这种盈利持续的可能性。”

套用了几句专业术语，回头来看是多么可笑和可怜，这位基金经理可能已经不在任上了。

六、股价并非由基本面主导

股票的价格不由基本面决定，而是由资金的性质决定。资金推动股价上涨时，研究报告会构成支撑，成长性、业绩兑现、并购故事都是研究报告中的热词。

长时间来看，价值是主导公司价格的内因，但是大多数研究报告无法告诉你五年后的公司价值。其实五年后上市公司能发展成什么样，董事长自己都不清楚。那些自称能预测几个月后上市公司经营利润的人，只是在玩“成绩游戏”的骗子。

七、盲点选股

我们从选股着手，目标公司应该是在历史上未经大幅炒作过的企业。如果未经大幅炒作过的公司拥有扎实的基本面，那么这家公司就存在运作空间，可以囊括进选股调研范围。

发现市场的盲点是投资成功的关键。所谓的低估就是市场还没有发现上市公司基本面已发生有利变化，此时投资者应提前介入。规模资金运作某只股票，一定要对企业有非常深刻的了解，并建立起有效的沟通渠道。

八、案例

本节我们通过 2007 年十大金股之山西三维（000755，后改名为“山西高速”）的案例来讲解私募基金选股、选时、选点的投资模型。

山西三维地处山西省洪洞县，盛产煤炭和富商，戏曲中的苏三是此地的名人。

1. 涨幅落后于大盘

2006 年 6 月，我们内部使用的全息操盘决策系统对该股频繁发出筹码收集信号，但该股上市以来未经主力运作过，在 2006 年的牛市中，涨幅不到 50%，落后于大盘，引起我们关注，见图 4-121。

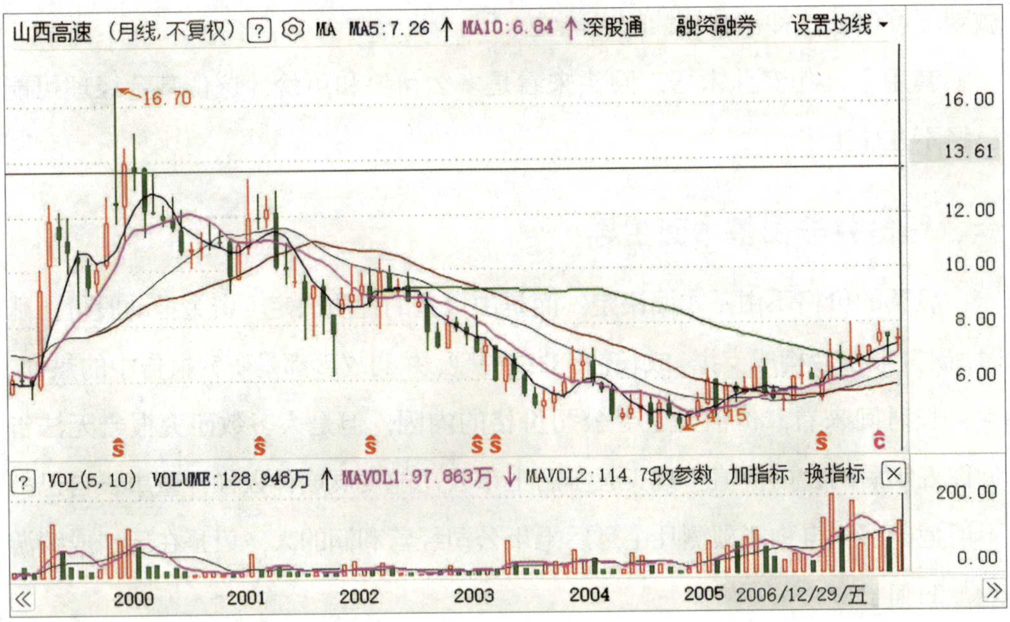

图 4-121　1999 年 3 月至 2006 年 12 月山西三维月线图

2006 年初春我们前往山西三维进行第一次实地调研。

调研一家上市公司一般要经过以下几个步骤：

1. 确定调研对象，收集信息，整理分析，明确调研的目的。

2. 实地调研，考察上市公司经营状况、生产及销售等环节。

3. 公关调研。与上市公司的管理层，如董事长、总裁、董秘、证代、财务总监、销售总监等企业高管建立有效交流渠道，获得企业宏观发展方面的信息。

4. 收集整理调研材料。包括文字、图片、录音、录像等各种形式的资料。

5. 分析研究，撰写调研报告。

此时关注山西三维的机构很少，仅有中金公司推出了该股调研简报，并给出了谨慎推荐评级。

在 2005—2007 年那一轮牛市的第一阶段，带动行情的是有色金属板块。

当时市场并未意识到，在人民币升值的环境下，产品价格上涨将会成为一种普遍现象，并成为推动公司业绩增长的动力。

2. 价值低估

根据我们当时掌握的信息，山西三维主营品种BDO已经出现涨价趋势，而且公司有规模扩张的计划，一旦定向增发获得成功，这将与公司当时6元的股价不相匹配，存在价值低估的可能。

我们此次调研的目的是：

（1）了解公司未来的经营发展计划。

（2）采用电石法生产工艺，是否存在环保压力。

（3）与公司建立良好的沟通渠道。

调研后我们认为该公司极具投资价值，于2006年6月20日发布了《高速成长的精细化工产业龙头》的研究报告，给出了“强烈推荐”的评级。

主要内容如下：

1. 山西三维是国内最大的BDO生产企业。其生产的电石法BDO在高油价背景下具有低成本优势。

2. 三维的工艺路线契合中国国情，技术研发上锐意进取、精益求精。公司通过引进吸收、自主创新，使产品质量敢与国际知名企业巴斯夫、杜邦媲美。

3. BDO产品价格已上涨至19000元/吨，比2006年3月的16300元/吨上涨了2700元。

4. 年万吨BDO生产线（实际年产能估计要达到4.5万吨）已经于2006年6月20日试生产。

5. 给予“强烈推荐”投资评级。

定增致跌停。

2006年7月13日，山西三维公司停牌公告定向增发方案：

“非公开发行新股数量不超过8000万股，发行价格不低于本次董事会决议公告日前二十个交易日公司股票收盘价均价的百分之九十。”

复牌后，该股股价不断走低，大量的抛盘，将股价打到跌停板，见图4-122。

收盘后，我们分析后认为，市场对本次定向增发的BDO项目的理解产生了错误，认为环保污染治理费将吞噬增发项目的利润。

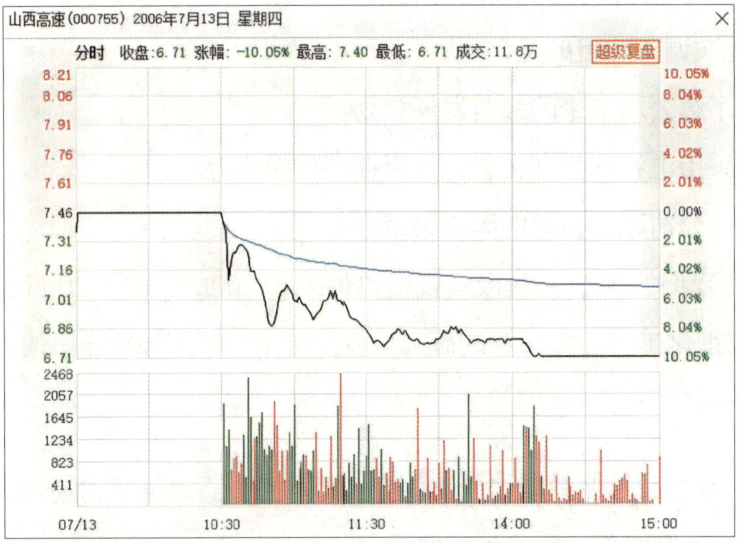

图4-122 2006年7月13日山西三维公告定向增发致股价跌停

我们在2006年7月13日当天及时发布异动点评报告《G三维跌停快评》，分析公司此次定向增发项目——顺酐法制BDO对公司经营的影响，并继续给予公司“强烈推荐”评级。

报告中我们得出的结论是，公司产品环保问题的过度宣传属市场刻意打压行为。

“关于市场对公司产品环保问题的担心，纯属市场主观臆测，三维环保各项指标都在国家安全范围之内，作为山西省重点扶持企业，国家部委不会出台不利于公司发展的限制性政策，有关三维厂区“寸草不生”的环境报道属过分渲染。”

3. 高业绩预期达标

对上市公司定期财务报告进行跟踪点评，是保持企业调研工作连续性所必须的，是对前期调研结论的检验。研究员可以根据公司定期报告的结果调整投资评级。

公司公告称：公司 2006 年上半年主营业务收入 8.43 亿元，同比增长 9.1%；主营业务利润 2.94 亿元，同比下降 19.2%；净利润 5600 万元，同比增长 55.8%；每股收益 0.18 元。

公司 2006 年的半年报符合我们预期，我们发布《G 三维：主业高增长时刻即将来临》的调研报告并继续给予其“增持”的投资评级。

一般来说，上市公司季报、年报公布前后，是机构进行短线交易的黄金时期。借助已掌握的上市公司业绩信息提前介入，见利好出货是常用手法。上市公司整体业绩的增长幅度，一定程度上影响行情的活跃度。

山西三维在业绩预增前涨幅不大，主力并未借此炒作，主要原因在于定向增发工作未完成以及人事变动的不确定性。

4. 并购重组

2006 年 9 月 6 日，山西三维发布“阳煤入主公告”。

我们研究员调研后了解到：阳煤集团的入主实际上是为本次公司 BDO 项目的定向增发而来的，将有效缓解公司的资金面压力。公司与实力雄厚的阳煤集团联合，是在政府支持的背景下向煤化工领域扩展并发展成为山西省五大煤化工企业的必由之路。

这表明几年来，公司一直谋求引入包括境外投资者在内的战略投资者来缓解资金压力，几经波折现终于尘埃落定。

综合判断，阳煤集团入主为上市公司的长期利好，我们发布《G 三维：阳煤入主公告点评》报告，继续给予“增持”的投资评级。

5. 持续跟踪

2006 年 11 月 15 日和 16 日，我们再次抵达山西三维进行实地调研，拜访了公司总经理以及董事会秘书，并通过公司大股东山西国资委有关高层调研到山西三维的最新情况。

通过此次调研，我们更加坚定了对该企业未来前景的判断。而股价表现落后于上市公司的内在增长，主要原因是公司刚刚更换大股东，人事调整尚未结束。同时公司增发认购的机构尚未敲定，机构分歧较大。由于上述原因，公司股价未到最佳表现时机。这与我们原来的判断一致。

2006 年 11 月 16 日，我们发布《山西三维：化工巨头蛰伏待发》调研报告，继续建议增持该股。

上述研究报告体现了私募机构“基本面选股”的操作思路。

6. 大幅攀升

2007 年伊始，山西三维开始从 7.30 元起步一路上涨，2007 年 10 月 22 日最高达到 44.60 元，涨幅超过 6 倍，成为当年最耀眼的一匹白马，见图 4-123。

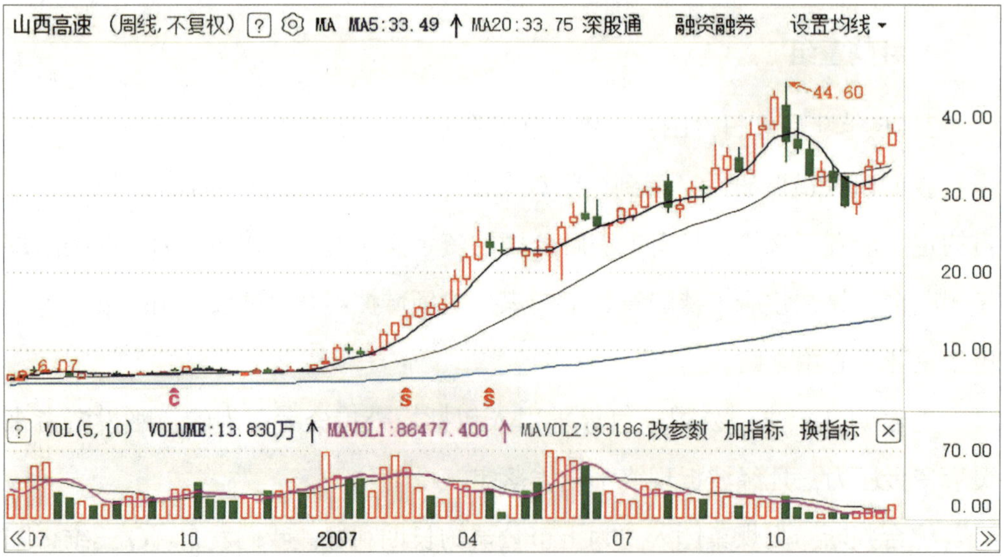

图 4-123　2006 年 6 月至 2007 年 12 月山西三维周线图

分析一家企业的发展前景要求有专业的知识和正确的思路，不能带有过于强烈的个人感情色彩。比如现在电力供应紧张，受益的是电力企业吗？不是，因为电厂的装机容量在短期内是固定的，在电价不上调的情况下，电力生产、销售企业不会受益，受益的应该是电力生产所需原材料生产企业，比如煤炭企业、电机生产企业。

2005 年后山西三维业绩保持增长态势，加之阳煤集团的入主，但公司股价一直未有任何表现，其原因我们在研究报告中曾多次提及：人事变更及增发事项有待通过将成为短期制约股价上涨的主要因素。

2007 年 1 月 5 日该股突然启动，当日在大盘下跌 2.2%的情况下以涨停报收，开始进入大行情的启动阶段，见图 4-124。

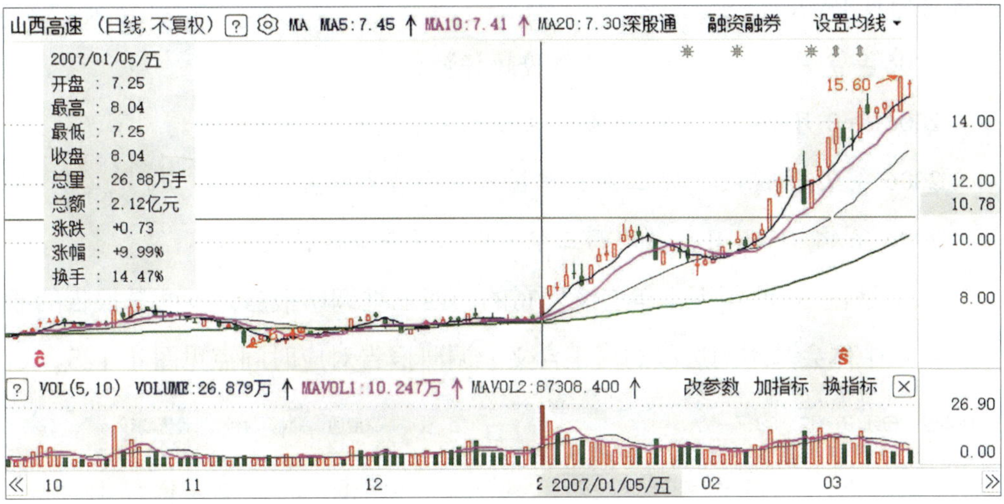

图 4-124 2007 年 1 月 5 日山西三维启动

2007 年 1 月 31 日公司发布重要公告，给出了当月该股逆势上涨的原因，内容如下：山西三维 2006 年非公开发行 8000 万股股票于 2007 年 1 月 17 日已经中国证监会发行审核委员会审核通过。

股价的启动，没有上市公司配合是不现实的。一般在上市公司需要定向增发、完成股权激励，或者股改阶段，才会配合发布利好，这时二级市场的上涨才与上市公司的利益一致。上市公司才有意同步扩大宣传，释放利好，送转红股，从而得到市场的进一步响应。

调研报告是对上市公司实地调研结果的汇总和分析，是进行投资决策的基础资料。机构内部报告的价值无法用金钱衡量。

4.12 山西三维系列报告

本节以山西三维为案例，为读者详细讲解基本面选股、消息面选时、技术面选点的私募机构操盘模型。实地调研上市公司并撰写调研报告是贯彻基本面选股理念所必需的一步。

2006 年 7 月 13 日，《G 三维跌停快评》。

2006 年 8 月 29 日，《G 三维：主业高增长时刻即将来临》。

2006 年 9 月 6 日，《G 三维：阳煤入主公告点评》。

2006 年 11 月 16 日，《山西三维：化工巨头蛰伏待发》。

以上是在 2006 年下半年连续发布的山西三维调研报告，下面是报告的原文，可从中体会基本面选股的真正含义。调研报告对应时间点见图 4-125。

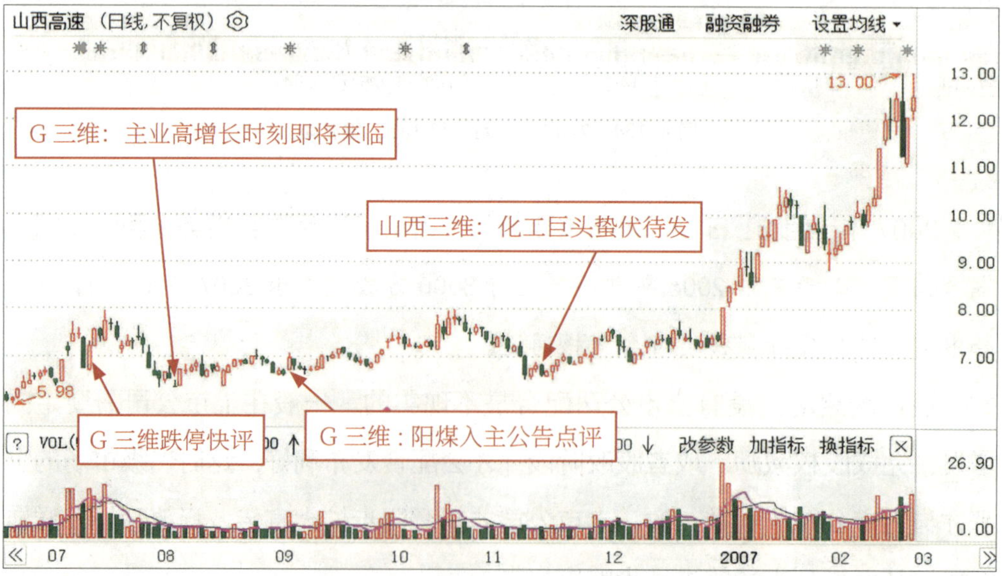

图 4-125 山西三维研究报告的盈利模型

报告 1：

G 三维跌停快评：定向增发顺酐法 BDO 项目增强公司成本优势

报告日期：2006 年 7 月 13 日

事件：G 三维 13 日复牌后出现跌停，除了 13 日大盘大幅调整的原因外，市场对公司增发项目中的顺酐法 BDO 的意见分歧可能是主要原因。

市场对顺酐法 BDO 认识不够，和电石法相比，顺酐法 BDO 有几个优势：

☆顺酐法投资较低，年产能 7.5 万吨的生产线的总投资不到 4 亿元，而电石法 7.5 万吨年产量的生产线投入需要 10 亿元。公司现有两套电石法生产线的投资较低，主要是公司原有乙炔发生和乙炔净化产能有较大余量，而再扩建需要很大投资，所以从投资回报（ROIC）的角度来看，顺酐法回报率也接近电石法。

☆同时拥有两条线将增强公司的抗油价波动风险的能力。电石法继续扩大会出现电石渣处理的问题，目前公司电石渣通过掺在周边水泥厂产品中予以清除，继续扩大将带来电石渣的环保问题，而顺酐法从环保角度来讲比较清洁。

☆顺酐法产品品位略高于电石法，特别是 BDO 的下游产品 PBT 树脂对 BDO 的要求很高，电石法基本难以满足。中国 PBT 树脂每年进口量高达 20 万吨，未来国内需求量的增加可能将拉动 BDO 需求上升。

☆导致公司股价大跌的主要原因，是公司缺乏和市场以及现有股东的沟通导致的。公司业绩仍处于上升周期，未来几年业绩增长比较确定。

☆业绩维持中报 0.175 元的预测，同比增长 53% 左右。预测该股 2006 年、2007 年、2008 年的 EPS 分别为 0.38 元、0.55 元和 0.65 元。顺酐法 BDO 有利于提高公司产品竞争力，可继续给予其“强烈买入”评级。

点评

1. 山西三维 2006 年 7 月 13 日出现跌停走势，主要是因为市场对公司定向增发产生了误解。定向增发不是再融资吗？习惯了用“脚”思考问题的投资者很难看出其中的关键。本报告从分析增发项目前景入手肯定了公司的价值。

2. 主力机构建仓的标志有：①消息面，刻意炮制利空传闻，夸大利空影响，打击市场的多头理论和分析，形成空头氛围。②技术面，通过连续阴线使技术指标变得极其难看，从而消磨投资者意志，引发止损盘。超级主力机构在进场扫货的时候，无论是消息面，还是技术面，都将出现恶劣的背景环境。

报告2：

G三维：主业高增长时刻即将来临

报告日期：2006年8月29日

一、事件描述

2006年7月29日G三维发布2006年中期业绩报告。公司上半年主营业务收入8.43亿元，同比增长9.1%；主营业务利润2.94亿元，同比下降19.2%；净利润5600万元，同比增长55.8%；每股收益0.18元，符合我们的预期。

二、半年报经营状况分析

1. BDO产能进一步提升

下半年年产能3万吨BDO项目投产，实际产能可达4.5万吨。定向增发用于投资建设年产能7.5万吨顺酐工艺BDO项目，项目完工后，预计2007年后公司BDO年产能将达到15.5万吨，实际产能还会超过这个数字，公司有望成为世界BDO巨头之一。

2. 主要产品价格上涨、成本下降

目前，公司主要产品的产销率超过103%，产品处于供不应求状态。受国际油价高企及市场供求状况等因素影响，国内PVC、BDO及其下游产品价格近几年都将维持在高位运行，并有持续上涨的潜力。预计下半年的出厂价将略好于上半年。与此同时，公司主营业务成本进一步下降。公司从6月1日起将原有电石车间外包给华石能源公司（该公司拥有自备电厂，可享受优惠电价）经营，租赁期为20年，外包后加工每吨电石的成本将下降80～90元，公司每年消耗电石在10万吨以上。

3. 新建项目保障业绩持续

新建项目的不断跟上为后续业绩的增长奠定了基础。公司最近两年新建的项目有：年产能10万吨的甲醛项目，预计2006年年底建成；年产能20万吨粗苯精制项目，预计2007年6月建成；年产能7.5万吨顺酐法BDO项目，计划2006年年底开工，预计2007年年底建成。届时，在公司规模壮大的基础上，成本优势将更加明显。

4. 负面因素

由于公司3年以上的应收账款1865万元和其他应收账款1123万元（合计2988万元）没有作坏账计提，很可能公司会在2006年年底计提坏账，但不会掩盖公司业绩高速成长的事实。

三、增发项目分析

2006年7月13日，公司发布公告，拟定向增发不超过8000万股流通股，募集资金用于年产能7.5万吨顺酐法制BDO项目。

顺酐法制BDO边际成本1.28万元/吨左右，明显高于电石、乙炔法，会对公司整体盈利水平造成影响。顺酐法BDO工艺的优势在于生产线建设投资较少，年产能7.5万吨的生产线的总投资不到4亿元，仅是同等规模下电石法总投资的40%左右。另外，顺酐法产品品位战略高于电石法，具有较强的抗油价波动风险能力。公司本次增发成功可能性比较大，增发将摊薄每股盈利19%左右。

四、盈利预测

根据报表测算，下半年在合同价格上调的背景下，我们认为每吨BDO的毛利将达到6000元以上，而下半年BDO新装置有望生产1.5万吨，相当于增加9000万元毛利。另外下半年新增年产能4.5万吨BDO生产线后将根本性改变以往的格局。我们相信“主业高增长的时刻即将来临”。

不考虑定向增发，预计公司2006年、2007年、2008年的EPS将达到0.37元、0.53元和0.66元，PE分别为16.8倍、12.2倍和10.2倍。定向增发如果顺利完成，对2006年的EPS将有18%的摊薄，而募集资金到位后2007年、2008年净利润将会好于目前预期，定向增发后，预计2006年、2007年、2008年的EPS分别为0.32元、0.50元、0.62元。

在化工行业景气度回升的大背景下，公司未来几年业绩高增长的趋势已十分明确。鉴于公司未来几年净利润成长性非常突出，我们给予其“增持”评级。

五、操作策略

目前A股市场的下跌使G三维进入价值低估区间，如同2003年中兴通讯16元附近的波动走势。建议客户对G三维这样具有竞争优势、内在价值突出的个股进行战略性增持。

第三季度最佳配置区间为6.1~6.3元，6个月内的预期目标为9.5元，有40%左右的上升空间，建议逐渐加仓，波段滚动操作，中线持有。

点评：

1. 本报告明确提出了该股的投资要点：①公司生产规模扩大；②BDO价格持续上涨。事实证明这两点成为公司后来业绩增长的主要推动力。

2. 本报告提出的详细的操作策略，是内部报告的一个特色。

报告3：

G三维：阳煤入主公告点评

报告日期：2006年9月6日

一、事件描述

日前，G三维的第一大股东山西三维华邦集团有限公司的资产整体划入阳泉煤业集团，以实现企业强强联合，优势互补。

二、事件分析

1. 主营业务高增长已十分明确

G 三维是国内精细化工龙头企业，在丁二系列产品上具有显著的技术优势和成本优势。7 月 13 日公司公布定向增发融资预案，所募集资金用于建设粗苯精制项目生产线及 7.5 万吨顺酐法 BDO 生产线，这将进一步做大做强丁二系列产品，增强公司整体经营的抗风险能力。随着后续 BDO 生产线的陆续建成达产，公司近两年业绩增长轨迹十分明显，有望成为世界级 BDO 生产巨头。

财务费用较高的瓶颈得到解决。财务费用较高一直制约着 G 三维的长期发展，资产负债率一直在 57% 左右，公司偿债压力较大。几年来，公司一直谋求引入包括境外投资者在内的战略投资者来缓解资金压力，几经波折后终于尘埃落定。

我们认为，阳煤集团的入主实际上是为本次公司 BDO 项目的定向增发而来，将有效缓解公司的资金面压力。公司与实力雄厚的阳煤集团联合，是在政府支持的背景下向煤化工领域扩展并发展成为山西省五大煤化工企业的必由之路。

2. 环境治理问题被市场错误夸大

目前一些机构对 G 三维的电石法生产工艺存在质疑。实际上，自 2006 年 6 月 1 日起公司将原有电石车间外包后，不仅公司的生产成本大大降低，因电石污染导致的环保问题也与公司没有任何关系。电石法 BDO 属国家重点项目，公司环保治理的排放标准不可能与煤炭行业等同，被部分机构错误夸大。

以公司现有的近两年的建设计划可知，新项目将在 2008 年起陆续投产，届时公司将凭借在相关产品领域中的规模、技术和成本优势使收入和盈利水平大幅提高。同时，考虑到已经完成并于 2006 年中期投产的 BDO 扩产在 2007 年全年的贡献，我们预计 2006 — 2008 年公司的净利润平均增长 60% 左右，以不变股本计算的每股收益依次为 0.38 元、0.61 元、0.97 元，给以“增持”的投资评级。

点评：

1. 报告原文中的“我们认为，阳煤集团的入主实际上是为本次公司BDO项目的定向增发而来，将有效缓解公司的资金面压力”。是分析阳煤入主事件的关键点。没有无缘无故的爱，也没有无缘无故的恨。

2. 当时某家机构的报告以环境治理成本压力大为由，夸大公司负面因素。实地调研后我们迅速得出结论：环境成本压力大只是主力打压股价的借口。

3. 由于定向增发未完成，大股东当时也有压制股价的意愿，因此对市场上流传的所谓的“公司厂区寸草不生”的说法未回应。

报告4：

山西三维：化工巨头蛰伏待发

报告日期：2006年11月16日

11月15日和16日，我们抵达山西三维进行实地调研，拜访了公司总经理杨学英、董秘张亚平先生，并通过公司大股东山西国资委有关高层调研山西三维的最新情况。

1. 阳煤集团委派的新任董事长已经到位，新的经营风格尚未明确。前任董事长仝立祥的风格比较保守，未能充分利用企业外部资源做强企业。未来上市公司经营思路方面有望朝积极方向转化。山西三维目前的资金仍然十分紧张，新股东入主后，如何从资本市场中获得融资是新班子考虑的重点。

2. 公司BDO产品技术含量高，在国内没有竞争对手，2007年年产能7.5万吨生产线达产后，其年产能将达到世界前4名水平，具有极强的国际竞争力，这种制造业的上市公司，拥有“资源密集+技术含量”的优势，中短期内不可复制，竞争对手进入门槛高，产品特点和烟台万华、中兴通讯类似，市场前景与湖北宜化在1998年转型时期类似，企业处于生命周期的高速成长阶段。

3. 关于市场对公司产品环保问题的担心，纯属市场主观臆测，三维环保各项指标都在国家安全范围之内，作为山西省重点扶持企业，国家部委不会出台不利于公司发展的限制性政策。有关三维厂区“寸草不生”的环境报道属过分渲染。

4. 公司增发价格预计为5.84~6元。定向增发项目实际上已经上马，增发项目相应的生产线将于年底前竣工，2007 年上半年即可投产。公司目前生产订单饱和，产销率为101%，没有库存。

5. 预计公司2006年销售收入将达到20亿元，2007年为28亿元，2008年40亿元。公司主营业务的成长十分明确，净利润增长速度将达到40%以上。

次日我们拜会了山西国有资产管理经营公司的高层，作为上市公司的大股东，经过交流，我们认为国资委表达了如下几层意思：

（1）山西三维从纺织行业到化工行业的转型是成功的，产品生产在极短的时间内获得定型，比预期的要好。

（2）对于股价表现落后于上市公司的内在增长，主要原因是公司刚刚更换大股东，人事调整尚未结束。同时公司增发认购的机构尚未敲定，机构分歧较大。由于上述原因，公司股价此时表现并非最佳，牛市中给以20倍PE，维持2006年0.38元的每股收益不变，公司对于半年内的股价的合理定位在9.6元以上，给以其“短期中性，长期增持”的投资评级。

点评：

1. 增发进展及人事变动情况是本次调研的重点，报告中做了重点论述。

2. 本次调研让我们更加确信前期的判断是正确的，但增发工作未完成是制约股价上涨的主要因素。为什么？请读者思考。

3. 本报告从多个角度对上市公司未来价值和股价表现做了评估。

4. 2007年1月该股从7.25元起步扶摇直上，在2007年10月最高价达到44元多，不到一年的时间股价翻了6倍多。2007年每股收益达到0.87元，大股东释放业绩的动力充足。

翻番股票的改变往往是从内在价值的改变开始，因此对基本面的把握尤为重要。多数投资者因能力、资源、精力等问题，无法调研上市公司，因此阅读研究报告，是普通投资者的重要参考依据。

4.13 研究报告怎么读（小结）

研究员为了获得派点，不断推出重复报告来迎合、取悦买方机构，如果中长期没有写作，这个分析师就会被遗忘。所以分析师为了引起注意去写报告，就是拼凑报告，我们称之为“噪声”。

多数研究报告无观点，只起到助涨作用，股票一跌就鸦雀无声。30多年来，整个市场看空的报告趋近于零，主要原因是，卖出评级将影响研究员和上市公司的关系，所以不发布买入报告就是看空这个公司了。另外，研究员也对研究的公司产生感情，心态上属于多头思维。

研究员的股票盈利预测也没有什么参考价值，通常是简单判断来年增长30%，或者听董秘说说。

研究员对某上市公司的集中点评是重要参考指标，关注度往往和股票收益成反比。也就是关注的研究员多，股票反而会见顶。

优秀的研究报告具备七个要素：第一，不复述每个人都知道的事实。第二，提供真正带来价值，经得起时间检验的观点。第三，可以区分基本面分析和市场面分析的不同。第四，相信自己的调研结果而非上市公司公告。第五，采用理论成熟的基础模型来分析和预测。第六，不会对所有跟踪股票给予“买入”评级。第七，敢于通过合理分析冒犯和挑战市场观点。

投资者还要注意“好公司”不等于“好股票”的问题。事实上，基本面差的公司经常市场表现好，基本面好的公司市场表现反而不那么好。

好公司是基本面好，好股票是股价能涨。

每个热点题材都能迅速造就大黑马板块，把握题材，找好方向，笑看股海沉浮。

4.14 短线波段操盘精要

一、中国历年题材概念

每一波股价上涨必然伴随着崭新题材的诞生。1992 年以来，每一年中国股市都是在上涨翻番股票出现时，才宣告行情结束。

1992 年，第一次认购证、自由竞价、拆细；

1993 年，第二次认购证、宝延风波；

1994 年，浦东概念；

1995 年，T＋0 改 T＋1、少数民族概念；

1996 年，绩优股、降息题材；

1997 年，成长性、高科技板块；

1998 年，资产重组板块、“三无”概念；

1999 年，网络科技股；

2000 年，有线传媒；

2001 年，深圳本地股；

2002 年，钢铁、石化板块；

2003 年，汽车板块；

2004 年，核心资产、能源电力；

2005 年，股改题材、试点概念；

2006 年，股改高对价、成长股、有色、军工；

2007 年，垃圾股；

2008 年，医药股；

2009 年，消费电子；

2010 年，安防、环保；

2011 年，白酒；

2012 年，军工；

2013 年，创业板、互联网金融。

二、有所为，有所不为

如同在 2005 年春季行情中，我们选择航天机电补涨，而放弃对龙头天威保变操作一样，面对投资者时，你只能选择他能够接受的方式。

有的钱我们是不赚的，正所谓“有所为，有所不为”。

三、启示

（1）在短线波段行情中，能够判断大势的时间窗口是不够的，必须把握住短线龙头的起点，重仓出击，才能算是真正意义上的战胜市场。

（2）操作的方向，一定要选择股性好，最近几年曾经活跃过、上轮行情最为超跌的股票作为短线首选。短线上涨的理由跟上市公司基本面毫无关系。

（3）带有科技题材的股票更受到短线主力青睐，拉升起来更为方便。

（4）操作以短线为主，连续拉升中，碰触重要均线、成交平台，换手率放大，都是卖出时机是否到达的衡量标准。

（5）盘中操作最大的干扰，并非是来自计划本身，而是来自心态的变化。

当全国人民全面看空市场时，你的心态如何才能不受影响？你有多大的勇气来和全国人民“作对”？

无论市场多么谨慎，无论市场有多少人看空，我都坚信：十年的大牛市已经形成！波澜壮阔的行情将造就一批伟大的公司（包括私募基金）和企业家。

虽千万人，吾往矣！！

专业的资产管理机构应把投资的知识框架作为风险控制的理论基础，把交易技术与经验作为风险控制的技术支持。

4.15 私募基金资产管理模型

机构资金需要专业资产管理人员提供战略资产配置方案，以达到收益和风险组合的最佳匹配。

一、热点跟随

对于专业的机构资金管理人来说，正确地审时度势是必备素质，特别是提前于市场给出答案的预判能力。优秀基金经理在 2015 年 5 月 4000 点以上，就应该对过热行情做出正确判断，并能动态把握好市场运行的节奏和力度。

一个成功的资金管理人要学会充分利用市场波动，跟随趋势，跟随热钱。热钱属于热点，可以是汇市，可以是楼市，可以是股市，也可以是局部的板块等。

在证券市场，热钱代表了市场波动的主导能量，其活跃度带来的利润超过市场平均利润两倍以上。跟随热钱是超越市场平均利润的制胜之本。

由于目前市场的变化，机构博弈力量加强，大资金所主导的市场，必然应把跟踪市场的资金流向作为进退依据。所以，私募机构立足点应该是市场跟随者，而不是行情制造者。切不可因自身有一定的资金实力而傲视市场，从而导致陷入流动性陷阱之中。

二、基金管理核心内涵

进行项目投资必须经过决策层论证，重点应该是在风险控制方面，而不是在项目本身的涨跌趋势上，尤其是对长线盘的项目研判。

我们用三句话来代表机构资金管理的核心内涵：

（1）远见的投资智慧：解读政策真正含义，诠释幕后真实原委。

（2）专业的机构高度：洞察主力交易步骤，透析资金真正意图。

（3）科学的博弈系统：破译机构操盘密码，把握股票启动瞬间。

综合起来就是：基本面选股、消息面选时、技术面选点。

三、私募机构资产运作机制

基本面选股是指基金管理者必须到上市公司调研入围核心股票，与企业高管充分沟通，了解企业未来经营和成长情况，对企业的长期价值进行判断。作为回报，基金管理者通常会针对企业的股权激励、股权战略管理提供财务顾问报告，针对企业二级市场走势提供技术分析报告。

消息面选股是指在上市公司有意影响二级市场价格的某些特定阶段（如定向增发、股权激励、反收购等特殊时段）进行选股，此时受消息面影响，市场交易机会丰富。

技术面选点是指通过全息操盘决策系统观测所介入的股票，以寻找最佳时点，符合条件，即买入。

我们通过研究部、投委会、交易部三个独立部门来完成整个投资过程。其中，研究部负责提供基础调研报告、技术测评报告；投委会负责决策和风险控制方案；交易部负责下单执行。

四、私募机构资产运作流程

进入市场前首先应确定自身可承受的最大风险。政策市场充满不确定性风险，随机的市场变化注定会使投资人的情绪受影响。做决策之前做好充分的准备是必要的，应杜绝拍脑袋式的随机交易产生。

为此，我们认为较为安全的运作策略、资金配比及组合投资方式如下：

（1）根据市场波动节律及国家政策宏观导向，寻找安全的介入价格区间。

（2）根据板块波动节律与国家产业政策倾斜，分析未来可能兴起的行业方向，并锁定目标板块。

（3）根据所选板块，研究相关公司的基本面、个股波动节律、市场资金参与情况、人气及盘口，确定可操作品种。

(4) 根据所选品种的市场流动性以及资金容量，测算参与运作所需要的资金量，确定运作策略以及风险控制预案。

(5) 根据运作过程中盘口变化细节以及对手盘动作，利用波动节律调整持仓比例并降低持仓成本。

(6) 根据所拥有的人脉资源、媒体资源或上市公司关系，为拉抬价格与顺利清仓创造条件。

五、私募机构资产配比原则

1. 资金配比原则

按军事作战单位“333 制”原则进行资金配比，除非市场出现一致性做多型逼空，通常持仓资金比例不超过计划投资总额的 3/4，而在市场上行趋势确立的条件下，正常情况下的持仓比例也不应超过 2/3。

2. 仓位配比原则

(1) 长线：1/3 强的仓位锁定长线盘中，长线盘只做市场盲点而不做市场热点，选择品种以容易唤起主流资金注意或主流资金埋仓蛰伏的品种为主。介入原则为根据波动节律逢低介入，并以右侧交易逐步增仓为主。

(2) 中线：1/3 仓位根据股指、板块波动节律以及资金流向，运作阶段性拟走强或者即将走强的品种。选择品种应充分考虑其流动性与资金容纳量，根据波动节律寻找回调至相对低位时介入，以右侧交易为主要原则，并在脱离成本的关键节点做适当的半主动引导盘。此外，当长线盘出现中线波动节点时，中线仓资金如已获利不菲，应与长线盘并仓协同作战，取得利润最大化。

(3) 短线：1/3 仓位在判定股指环境为强势市场时，可根据板块热点狙击市场龙头品种，并配合外围影响资金以及可影响的大众传媒烘托市场气氛，吸引跟风盘做高股价。该仓位资金需保证其流动性足够好，并时常应使其处于浮盈状态，以视同为活期存款。当长线盘与中线盘出现适合的波动节点时，应考虑并仓操作、顺势引导，但不作过高盈利预期。

以上各部资金均应以“333 制”配比分批寻求战机。

第5章 经典回顾

在投机市场中通过“战斗”的胜利获得金钱，本质上不是金钱的增加，而是一次思维上的胜利，金钱的增加是对思维结果的奖励。每一次失败都是对思维混乱的惩罚。对市场中每个概念的深刻理解，对市场细微现象的深度认知，是形成正确操作思维的基础。

打开未来的钥匙藏在历史之中，证券市场的成功也是来自“勤奋+灵感”。每日复盘，勤于笔耕，终有一日能成正果，从而达到快乐投资的境界。

2025 年 6 月基金经理投资报告

5.1 蓄势震荡迎接利空

深圳市共同基金管理有限公司
2025 年 6 月 2 日

美国加征关税事件后，全球股市大跳水，现又再次逐渐回升原位。6 月美债到期，全球资本市场再次迎来重要时间窗口。

一、“反内卷”工作推动有序竞争

在加快建设全国统一大市场的背景下，垄断和涨价是被反对的。但是导致了另一个极端——无序的价格战让产业失能，也是不可取的。

整治“内卷式”竞争，与 2018 年的供给侧结构性改革相似，这是一个顶层设计。主要目的是调节过剩产能 ，防止市场崩溃。保持中国竞争优势，必须先以行业政策为引导，淘汰落后产能，再以技术进步为契机，调整市场结构，从而保证做大做强。

欧盟最近出台《反强迫劳动法案》，禁止压榨劳工福利以获得价格优势。强大的企业需要规模，更需要利润支撑。国家从中获取税收，员工获得薪资，股东获得价值，客户获得保障 。

上个十年，中国在新能源领域成为了全球冠军，民企是绝对主力军。美国关税影响下，汽车行业出现内卷内销现象。“反内卷”工作开展后，国家对车企的价格战进行了干预。

华为推出尊享系列的百万元级豪车。这种逆势上涨的现象让人眼前一亮，新能源行业连续多年亏损，可能迎来重要底部。

二、大风口来自于超跌股

我们基金年报中看好的医药股，不少已经走出大牛，创出历史新高。

疫情之后，最大的改革来自医保。争议越大，机会越多。医改的加深、集采价格的降低、商业保险的介入、综合门诊的改革，都使这个行业有序出清，资本则更具投资机会。

美国不久前也降低了医药集采价格，这个政策对中国的创新药是重大利好，中国的创新药能够通过市场竞争，打破高端壁垒，是出海的必由之路。中国创新药产业已完成 0~1 的原始积累，市场秩序回归正常。

汽车智能化的过程中，电动化是技能化的基础，汽车电子的自控升级，和机器人的具身智能一样，都面临着革命。技术迭代加快，续航和减重是进步的方向。电池革命和车身电子行业都在快速成长。

特斯拉把 12V 车身电压改为 48V，使电流减小，降低了电线负荷，这将引起其他车身电子的适配改革。其中蕴藏的机会，是未来市场的大风口之一。

三、等候利空来袭加仓

本月市场迎来美国关税的 90 天窗口期, 同时大量美债到期, 需要债主续约。而关键债主都是通过贸易顺差积累美元，“欲擒故纵、上屋抽梯 ”的博弈手段在舆论中必然反复上演 , 导致资本市场波动。如果上述任何因素扰动 A 股，将构成三季度行情启动的条件。

本月时间窗口：6 月 10 日、6 月 25 日。

2025 年 3 月基金经理投资报告

5.2 动态把握科技节奏

深圳市共同基金管理有限公司
2025 年 3 月 2 日

本轮春季行情由科技股点燃，主升浪依然是最性感的题材股。2 月我们重点布局科技股，收获了春天。本月将继续以震荡市为判断基础，稳中求进，迎接科技股波段行情。

一、变化总比不变好

大国关系变幻莫测，我们不能对外部环境抱太大幻想，需做好各种困难的准备。当年的自主可控政策，就是革命靠自己的万全之策。

对外部环境是否向有利于我们的方向发展，我们不能抱任何侥幸心理，自力更生是基本原则。

世界格局不断变化，是万物规律，也正是股市起伏的魅力所在。

二、科技股反复向上

本轮行情由科技股重塑 A 股价值体系，具备了超级行情的所有条件。

宇树代表的硬件，DS 代表的软件，站在世界巅峰。横空出世的感觉，就是中国自主可控的厚积薄发。

不少机器人产业链公司，都创出历史新高。十年前的互联网 、二十五年前的互联网，都是科技股引领十倍股的主线索。

如今 AI 技术已经颇成气候，自主创新效果突出，下一步就是商业化的进程，而商业模式塑造是优势所在。

科技股对指数影响较小，对人气影响较大。行情会不断反复。围绕商业价值重塑，带来的各种应用与行业整合，推动个股轮涨。

三、热点波段前进

2700 点大底已经确立，目前大盘的位置攻守俱佳。大盘上升阶段，可以将仓位调整到热门赛道中的科技股。大盘调整阶段，可以将仓位逢低布局定增打折的股票。

2024 年以来，股市融资数量减少，市场回血充分，政策向好基调前所未有，次新股中埋伏了众多优质公司，再融资值得重视。

2025 年稳中求进的大环境不会轻易破坏，守候黄金坑的机会，而定增股票是黄金坑中的黄金坑，应把握蓝线的建仓机会。

大行情下，所有板块都会轮涨一遍，机会较多，把握好节奏是制胜关键。

本月时间窗口，3 月 14 日。

2025 年基金经理投资报告

5.3 循环向上 守候深蹲

深圳市共同基金管理有限公司
2025 年 1 月 1 日

财政与货币政策同时“积极”，推动宏观形势向好。强调提高投资收益，证券市场将直接受益。稳住楼市和股市，因外部因素构成的冲击，就是 A 股最好的买点。

一、行情预期非常明确

经济内循环的两大要素是投资和消费。政府通过加大财政赤字，预计拿出 10 万亿元增加投资规模。宏观政策超级逆周期调节，央行资金进入实体领域。

政府允许货币适度贬值，扩大出口，消除美国加税政策的影响。企业出海也是出路，是大国竞争的缓冲地带。中国制造的全球化路径，是下一个时代命题。

各种补贴政策，会继续加强，刺激消费政策可能出台。消费需要老百姓收入提高。劳动收入不能提高时，财产收入的提高，亦可增加信心。

美国针对全球进口商品加税，已有充分预期。美国股市本轮上涨，是七大股票大涨所赐，其他股票没有多少贡献。特朗普自残式加税，希望促进制造业回迁。但美国制造业并无优势，补短板难以推动股市进一步上涨。大涨过的欧美市场，2025 年在降息周期作用下，走势上先扬后抑，进入一个较长时间的调整周期。

二、放水对抗冲击

银行股作为基本面最超跌的板块，2024 年涨幅最大。随便一个反弹，就是历史新高。尽管如此，大多数银行股还是破净。

“国家队”建仓后，新“国九条”随之出台，银行股这种不破产比破产还便宜的股票，通过强制现金分红，逐渐填满净资产，为大资金创造了丰厚回报。但是银行股蜗牛式上涨，是绝大多数散户瞧不起的，散户的偏好行为再次被彻底否定。

黄金没有利息，都成为资金的去处。钱在银行里还有点利息，当然是避险的最佳保障。钱进去了，银行股当然就上涨了，和黄金、比特币上涨的原理一样。

三、消费行业反转预期

由最大困境反转的行业，总是投资者最不看好的行业。2024 年跌幅最大的行业是医药、食品行业。老百姓从消费降级，到不消费。手中有点钱都往银行里放，反映对未来经济悲观看法。

不过这两个行业都是前几年受机构追捧的优势行业，调整也是合理现象。刺激消费政策，并不是让大家多吃点，多用点，而是把正常的衣食住行释放出来，至少会有个反弹。

医药行业大规模集采貌似伤害了药企，但是实际上有利于行业出清。正规药企不用把精力放在促销上了，营收增量足以抵消降价带来的影响。

集采的真正受益对象是老百姓。医药行业重塑价值，是未来最值得期待的一个方向。有内在价值的企业，不靠贿赂抢渠道，一心搞研发，会做大做强。

胖东来的成功，说明了质量是市场竞争最重要的因素，市场并不怕竞争，即便一片红海的商超市场，在四线城市依然能诞生出全国仰望的明星企业。消费行业的核心要素是产品质量。

提振消费的最大市场是房地产领域。地产行业具有投资和消费的双重属性。上涨是投资，下跌就是消费。政府超级逆周期调节，最大的化债，就是把烂尾楼全部收储。地产行业将直接见底。

政府收储、百万套旧改，都是住房货币化的具体表现。刺激房地产比什么消费都管用。国家政策的引导是消费行业预期改善的逻辑。

四、险资是重要市场力量

党的二十大后，财政部第一个大政策，就是个人养老金的出台。每年 1.2 万元额度免税，相当于进行每月 1000 元的基金定投。但社保基金出现了亏损。能够管理个人养老金的公募基金，一般以债券投资为主，股票投资比例很小。当该基金收益整体为负时，说明股票投资的亏损非常大。

个人养老金政策事关养老政策改革大计，如果投资人不仅连通胀都跑不赢，而且出现连年亏损的话，就根本不会去买社会保障性养老金了。这项政策只允许成功，不允许失败。国家也会对养老保险的权益资产进行政策引导，直到扭亏为盈。所以险资的投资方向需重点考虑投资逻辑。

目前政策已经非常清晰，分红和高股息的个股，实际上就是净资产。资产荒背景下，大面积央国企上市公司破净，是当前最安全的投资方向，是长线资本的投资主线。

以高股息为 ETF 的基金，是唯一以低吸高抛为策略的被动基金（股价上涨后，股息率降低，基金卖出；股价下跌后，股息率上升，基金买进），这种波动操作特点和基金定投的属性，将会创造真正长线投资价值。

20 世纪 60 年代到 80 年代，美国股市有 20 年几乎没有上涨。自从 1978 年实施了“401K”养老金计划，美国股市自此进入慢牛，40 年上涨 20 倍。中国版的个人养老金制度，有望复制美国慢牛格局。

五、科技股最具爆发力

不能证伪的阶段，所有股票都会轮涨一遍，不看业绩。但是业绩兑现阶段，市场中只有龙头能够挺住，其他股票会掉下来。

人工智能是人类史上的重大进步，目前在各个领域都到达了革命的前夜，规模比 10 年前的“互联网 +”大得多，将颠覆所有行业，教师、医生、工程师、司机等业态都将被重塑，并将催生各个领域的“小模型”投资机会。计算机和传媒行业，是最容易诞生黑马的根据地。

科技股的主要市场在科创板，这里集中了近年来最好的新质生产力。科创板上市之初，受到市场热烈追捧，超额募集资金的现金储备，使得未来现金并购资产能力最强。新股发行降速后，科创板成为并购能力最强的买方，并购将提升科创板估值。

科创板于 2020 年试点设立，于 2024 年大面积解禁。由于监管呵护市场，PE 加码受限无法退出，排队卖出的 PE 形成堰塞湖，制约涨幅。当解禁潮过去后，科创板有望成为最好的板块。

六、"筝盘"投资法建仓

3300 点下方有 3 个跳空缺口，技术上有调整要求。但是当前政策底十分明确，因此每次的外部冲击，都构成深蹲的黄金机会。市场进二退一，螺旋式上升。

当前经济并无实质好转，但是股市好起来，会倒过来影响经济。2025 年中报是重要的业绩转折时点，如果经济同步见底，那么定增、询转等投资，将创造超额收益。我们继续"筝盘"投资法，在行情低迷阶段完成建仓。

2025 年重要的时间窗口在 8 月下旬。1 月时间窗口在 1 月 20 日。

2024 年基金经理投资报告

5.4 一年之计在于春

深圳市共同基金管理有限公司
2024 年 1 月 1 日

中国股市十年循环一次牛熊，往复始终。超跌的技术面和基本面，都处于历史低位，A 股已经具备发动行情基础。

一、中国十年一轮牛市

每当政府推出改革措施后，积极政策就会推动股市走出一大波行情。此时流动性宽松、汇率升值，技术创新推动业绩上升，股市向上让投资者对未来充满希望，属于全面牛市。例如 1996 年、2005 年、2014 年，多数股票都走出数倍行情。

股市快速上升又聚集了风险，中央政策出手调控，使其快速回落，多数新股民追高致使亏损累累，信贷资金回归银行，这是市场“大起必有大落”的阶段，体现出大跌的市场特征。例如 1998 年、2007 年、2015 年。

过快下跌的市场，引来政府护盘，指数方面企稳。上轮快速成长的上市公司，完成了新产业从 0 到 1 的积累，成长股胜出，题材股退潮，形成结构性牛市。体现出少数股票上涨，多数股票下跌的特征。机构资金抱团取暖，蓝筹股胜出。例如 2003 年“五朵金花”、2019 年“漂亮 50”。

多数股票的亏钱效应，使投资者意识到熊市的存在，抱团取暖的基金也难以幸免净赎回压力，由于存量资金不断消耗，市场重心整体下沉，此时业绩也不起作用，只有少量题材股吸引眼球，直到蓝筹股也完成补跌，熊市终结，进入新的周期。例如 2004 年、2012 年和如今的市场。

二、牛市瓶颈需要解决

如今牛市的两个基础条件都具备了。第一，跌幅足够。无论是基本面还是技术面，都处于历史底部。第二，政府态度。眼下不仅“国家队”出手进场，并且几乎所有的上市公司都响应国家号召，进行了回购增持。这是市场的绝对主力。

A 股点位之所以这么低，一直没有起色，还有两个重要的原因。

一是上市速度过快，退市难以平衡，导致市场失血。如果管理层下决心不以停发新股作为启动市场的手段，那么必将在退市方面给以严格执行。2023 年 A 股共上市 313 家企业，退市 43 家，IPO 募集资金 3500 亿元，再融资 469 家，融资规模 7600 亿元。两者合计超过万亿元。而上市公司回购增持资金大约为 1000 亿元，“国家队”进场资金也难抵挡融资规模，大盘难以上涨。

二是场外资金选择银行存款，没有新增量入市资金。2023 年预计人民币新增存款达到 25 万亿元以上，即使央行多次降息降准，但是老百姓继续存钱到银行，反映出当时的资产荒。M2 高达 10%，央行释放的流动性，使其回到了商业银行，形成资金空转。银行息差收窄，放贷严苛，过多资金在银行成为包袱。

解决上述问题的方法，就是考虑怎样把钱从银行渠道逼出来，为实体经济的良性循环做出贡献。

三、守候制度变革红利

预计 2024 年会施行更加严苛的退市条件，对上市公司的违规行为也将提升处罚规则。近年来我们明显看到地方国资成为上市公司的实控人，这也是一种建仓手法。对后地产时代的地方财政收入，做出布局。

研究机构对 2024 年行业的投资策略已经出台，市场预期最乐观和市场预期最悲观的行业，是我们要重点研究的。技术突破和政策加持的行业，最可能诞生在半导体和地产链。

四、电子行业春暖花开

2023 年华为在国内悄悄推出了 M60 手机，并且一机难求。这在一夜之间解决了芯片问题吗？坊间对华为光刻机有不少推测。我们在草根调研中发现，只有半导体领域有订单饱满、欣欣向荣的公司，其他领域都没有这么景气。中国可能已经打通了芯片最关键的技术，如果这个推论成立的话，那么中国电子产业格局就会被改写。起码靠买几块 GPU，就大涨一波的股市商业模式就不再成立。

中国企业善于抓住从 1 到 10 的发展阶段。如果华为解决了芯片从 0 到 1 的过程，那么电子行业超预期的发展将不断出现。庞大的英伟达市值将回流到我们的上市公司，这个机会巨大，上游的材料、下游的终端，都将出现产业级的机会。

苹果作为一家科技公司，苹果链在中国造就了至少百家上市公司，这就是产业红利。如今华为解决了芯片问题，在 MR、人形机器人、智能汽车、AIGC 推理训练等新兴领域，也将创造出更多的商业机会，专精特新的小公司们将迎来机会。

五、地产链当属困境反转

地产政策不断放松，银行资金开始对购房者和房企“输血”。

其实企业降价，是对市场的让利，对房价着陆具有积极意义，房价逐渐具有赚钱效应，会吸纳更多资金进来，消化银行的巨额存款。

“保交楼”本质上是去库存，而且出险企业不会再拿地，绝大多数民企地产公司不会再进入地产行业，库存出清，行业周期也就见底了。

六、春季行情呼之欲出

人民币升值和美元降息，在 2024 年是比较确定的预期，对资金回流较为有利。这几年我们扛过了美元潮汐，并且主动刺破了城投债和地产泡沫。目前汇率和利率都处于相对低位，政府化债都需要释放流动性。

2023 年下半年以来，政府工作重心也放在经济方面，宏观经济好转，是共同富裕的基本保证。不久前的中央经济工作会议推动积极的财政政策，这是在继续执行宽松环境，中美关系破冰对外循环有利。企业家信心在逐渐恢复。

无论是否启动大牛市，春季行情在历年都会存在。短则以两会为终结点，长则延续到年报披露结束。银行资金回流，上市公司业绩报喜，政策环境宽松，起势的条件是存在的。跌多了的股市，腾出了反弹空间。

疫情过去后，经济各领域百废待兴。上市公司是各行业的排头兵，2023年第一季度因疫情其业绩处于低位，2024年预增公司较多，也营造较好的春季行情氛围。年报预增与高分红，将是短期市场亮点，定增作为“筝盘”投资法，在当前低迷市场，投资胜算更大。

新年到来，春暖花开，政策进一步推动市场信心，将逐渐扭转下行的趋势，一波行情呼之欲出。2024年重要的时间窗口是7月5日。1月时间窗口是1月11日、1月25日。

5.5 没有痛苦就没有希望

深圳市共同基金管理有限公司
2023 年 1 月 1 日

没有痛苦就没有希望，疫情阵痛过去，经济百废待兴，这几年受到疫情和其他政策压制的最大行业，将最具有投资机会。

一、没有过不去的冬天

对于上市公司而言，这几年业绩不好，可以说是疫情影响，假如新年业绩继续不好，就没有什么可以推脱了的。

所以 2023 年的思路，就是去抓困境反转性行业。即使是一个反弹，也是超级行情。

二、二十大是新篇章

当前经济领域百废待兴，如何唤醒群众干劲，如何恢复企业家信心，如何吸引外资重新进场，都需要新的政策推动。提高劳动者收入，创造共同富裕新时代，都要通过发展民企，促进就业来实现。

今后包括股市在内的政策市特征将会十分明显。“两会”后关于经济建设的内容应该围绕就业、招商、消费等领域重点突破，股市也会形成相关热点的机会。

三、重启经济的主线索

经济重启的两大支柱是房地产和互联网，一个是 GDP 的核心权重，一个是就业的关键指标。上个时代，首富们云集在这两大领域。“十四五”后，国家强力管控这两大行业，相当于自动完成了供给侧结构性改革。两大领域的首富地位一落千丈，上市公司市值腰斩有余。此时政策风向转向，就是建仓的绝好时机。无论是通过纾困，还是混改，这都是明确的信号。

房地产 GDP 对经济的贡献无与伦比。地产重启，最先从金融方面着手，解决企业融资问题。然而地产无论如何也回不到过去的时代了，这就要从改变商业模式着手，寻找受益领域。地产原有商业模式是，开发商拿地后，由建筑商垫付工程款，一旦开发商资金链断裂，风险就转嫁到建筑商头上。如今建筑企业直接去拿地，自己做开发商，扩大了行业边界，建筑业迎来“戴维斯双击”。重启地产经济对地产上下游行业影响较大，玻璃、防水材料、家居行业有望获得困境反转的机会。

平台经济作为新兴商业模式，对就业影响太大了。物流把消费打通，提供了大量的就业机会。只有充分满足就业，才能提高劳动者收入。中央经济工作会议明确了提高收入的目标，对互联网公司是方向性利好。网上小贷公司能够促进消费，也具有积极意义。只要不是“剥皮抽血”的校园贷、高利贷，靠规模赚钱的公司，就能获得政策性红利。

四、大消费链条充满机遇

疫情后，西安饮食成为“黑马”，股价直接5倍上涨。压抑的报复性消费需求，在这个“小妖股”身上得到释放。

疫情结束，民众的海外旅行需求有望迎来井喷。大家好久没有去过香港地区了，东南亚旅游也比海南要便宜，境外出行的上市公司直接受益。其中境外航线占比高的航司和境外旅行社公司迎来机会。

不过支撑老百姓消费的基础很差，作为阶段性题材具有一定空间，但消费整体复苏要等待经济全面好转。从医药消费的行业属性来看，医比药的消费价值更好。

药品领域由于这几年核酸检测大幅消耗了医保，所以未来医保集采会打压药价。药企为了中标，会压低研发费用，而医药公司靠研发费用估值，因此行业继续低迷。

五、来年春色更迷人

经过疫情冲击，2023 年大盘处于一个低点位置，股市需要上一个台阶。这几年被压制比较多的行业，尤其是供给侧结构性改革出清的行业，是最佳“笋盘”，也是好的投资时机。

促生产、抓就业、保经济已是核心目标，消费和投资是国民经济“三驾马车”中的两大抓手，从投资和消费来看，2B 制造业的机会更大。

在眼前政策市特点较为明显的情况下，经济不好，股市可不能太差。即使是美国 2020 年暴发疫情，也通过再次量化宽松，推动股市创出新高，解决了很多问题。等经济好的时候，金融政策再慢慢收回来。

混改是一个推动国企蓝筹发展的好主题，围绕数字经济、国产替代、农业建设、地产投资等诸多领域，产生多层次机会。

传统的价值蓝筹还是没有太好的前景，满足就业和市值成长，都得靠民企带动。很显然，价值蓝筹还需要很深刻的价值洗礼。

1 月时间窗口是 6 日、20 日。

2022 年基金经理投资报告

5.6 新格局 新时代

深圳市共同基金管理有限公司

2022 年 1 月 1 日

2021 年是不平凡的一年，全球疫情肆虐，中国成为诺亚方舟，供应全世界的产业链，获得了弯道超车的机会，资本市场也迎来年线三连阳，和三年前《操盘智慧》著作预测一致。

2022 年新冠疫情也进入第三年，病毒或被征服，或被群体免疫。全球经济迎来复苏，对世界经济格局重新定义。中国面临增速下降、外资撤退、中美关系等诸多问题。

没有问题就没有机会。在“共同富裕”的顶层设计下，实施“双循环”战略，推动专精特新“小巨人”加速融入全球产业价值链，北京冬奥会、二十大召开、房产税落地等，都将深刻影响 2022 年的大势格局。

一、全球竞争格局深刻变化

2022 年美国经济增速将超过中国，外资回流美国市场，全球竞争格局出现新变化，经济巨无霸将由美国新经济巨头和中国央企组成。中国大民企正慢慢退潮，中国央企将占世界 500 强的 1/4 左右。

随着外资退潮，中国资本市场会逐渐降温，中概股崩盘使中国创新企业无法定价。未来创业者、投行、基金和投资者在新的红绿灯下，学会与国资和国企的相处之道，在新游戏规则下探索前行。

创投将由地方政府和国资基金主导，它们除了钱还有你想要的任何要素资源，投行生态将由十家左右 VC（主要 LP 也是国资）和国资主导的 PE 基金掌控。新目标是行业的隐形冠军和专精特新。

资本市场会分为内循环和外循环两类。内循环分为内地市场和香港市场，香港是“双循环”的结合部，香港资本市场看好。

国内的经济矛盾转为刺激需求。地方政府推出更多的消费券来鼓励消费。中央政府也将加大政府采购和投资力度，尤其是基建的适度超前投资。

二、房产税推出势在必行

地方政府债务危机显现，土地经济不能支撑财政后，鹤岗市的财政成为第一个“重整型”财政。2023 年将有更多的地方政府面临重大危机。城投债的发行更加困难，借新还旧模式一旦不能维持，地方债违约可能性就会增大，但其触发面比去年的“永煤债”更广，因此政府债的投资机会有望到来。

2021 年中国 GDP 总量预计达到 110 万亿元，其中房地产占 17 万亿元。中国恒大的债务为 2 万亿元，如果多几个许家印，地产贡献的 GDP 就没了，可见在“稳经济”的宏观政策下，房地产去杠杆，并非是以“硬着陆”为目标。

主动调控房价，虽牺牲了一定的政府收入，但若用不动产持有税替代土地买卖收益，从存量上征税，高达 400 万亿元的不动产规模税基将解决所有问题。

房产税的推出时机，要包含两个要素：一是房价有上涨预期，二是租售比要大于 1.5%。满足这两个预期条件，政策推出时才不会形成“5 · 30”式的崩盘。所以当前房价主动调控，国家应该有更深层次的考虑。

房产税推出后，地产热钱将逐渐流入权益市场，对股市有间接利好作用。

三、注册制是小而美的机遇

全球疫情下，中国新制造业加速融入全球产业链，国产替代和出口贸易，是一次“小循环”，一批专精特新“小巨人”企业获得机遇。

外资撤资下，大市值股票面临压力更大，与沪深 300 挂钩的香草期权 20% 以上的票息，绝不会是免费午餐。“雪球”基金卖得越多，未来的坑也就越大。

2023 年五一期间，将是检验注册制全面落地后的关键时点。以往退市股票牵涉方方面面利益，使得资本市场有生无死，不能形成良性循环。如果2023年退市制度坚决实施，并且退出股票达到200只，那么A股慢牛长牛将有现实基础，整个A股优胜劣汰，整个指数将成为优质股票的合集。

注册制实施后，次新股越来越多，细分领域既“专”又“特”，一大批陌生公司构成投资的盲点，在次新股大面积估值回归后，专精特新百花齐放，指数方面不要有太高期待，自下而上的选股策略，将会胜出。

全球复苏后，国内上游的利润向中下游转移，玻璃行业可能出现投资拐点。去年玻璃的上游价格大幅上涨，下游地产行业处于困境，玻璃行业压力最大，因此2023年改善空间最大。如有定增机会，将是好的投资时机。

四、元宇宙概念受益

数字经济股票迎来投资机会，重点是元宇宙概念股。

元宇宙作为比特币的升级版，以更加宏大结构定义虚拟未来世界。元宇宙属于鸿蒙阶段，不需要业绩，因此无法证伪。低价股会借势加持，成为炒作目标。在比特币的初生阶段，也是同样的不为人知，越多人不懂，投资机会就越大。目前的元宇宙就类似于比特币的初始阶段。

美国最大的传媒股脸书改名META，实际上就告诉了投资者，元宇宙的未来，不应该像多数人的第一反应一样，前途未卜，不值得进入。未来特殊硬件结合应用软件的模式，提供了崭新的应用场景，目前属于概念普及阶段，最理想的状态是从硬件开始炒起，消费电子在各个领域都面临突破。

新生事物往往能创造暴利。在这个赛道上，越是小公司，越能成为黑马。在一个产业形成的初期，每个公司的机会均等，敢于把自己定义为元宇宙的公司，将成为大牛股，颠覆投资者认知。

传媒股多年来涨幅垫底，有望借助元宇宙一举翻身，成为最大受益板块。2022年杭州亚运会上，电竞成为正式赛事。传媒行业的游戏股多年受到政策打压，如果游戏批文重新下发，意味着行业放开，属于困境反转的逻辑。

5.7 改革迎来新牛市

深圳市华银精治资产管理有限公司
2020 年 1 月 1 日

改革是资本市场走好的必要条件，注册制改革、深圳先行试点改革、国企改革等顶层设计纷纷落地，标志新一轮政策红利开始释放，为证券市场转势创造条件。

本轮行情并非货币放水形成，楼市资金搬家是长期资金来源，资本市场逐渐开放形成慢牛基础。供给侧结构性改革为产能出清扫除障碍，周期复苏股是新增资金进行调仓配置的首选。生产力释放形成新的商业模式，诞生新的牛股。

一、改革释放金融红利

《证券法》修订通过，标志着注册制正式落实。当注册制全面推出之时，也标志着国家认为市场已经具备相应的承受能力，在资金上已经做好了对抗冲击的准备，时间和空间上都已经成熟，不会因注册制推出形成冲击。

当一年前科创板以注册制试点的名义推出时，其性质与股权分置改革试点的重大意义一样，重大“利空”政策落地，意味着重大底部形成。本轮行情 2440 点的起点，如同 2005 年“股改正式落地”1000 点大底。

纾困基金实际上也是一次国家主力建仓行动，大面积上市公司大股东因为熊市超跌出现爆仓，国家开始承接，表明熊市的最后一批筹码完成交换。

二者共振使得 2440 点和 2449 点形成大型双底，去杠杆政策逐渐退出，基本面、技术面、资金面、政策面共同完成底部构造，目前市场已经具备牛市形成条件。

当注册制全面实施后，科创板作为“科技创新”的独特意义就会显现。并非所有的公司有科创性质，传统公司也会实施注册制，因此交易所会按照分类原则，小心翼翼将高成长公司归类为科创板，以确保科创板长期成功。

在注册制实施阶段，科创板会有一波涨势，走出大牛股。科创板作为注册制试点，首批上市企业往往是优秀代表，同时为确保其可持续发展，以往的并购、重组、分拆等市值管理手段，将重出江湖。科创板将进入高分红、高业绩兑现、高融资的贵族时代。

中国当前制度改革的潜力还很大，2 万亿元国家减负降税的结果，实际上增厚了公司利润，国家可以从上市公司市值增长中获得红利。美国降税形成“特牛”，也是异曲同工。

二、深圳股市可望领涨

深圳改革开放先行示范，也作为一项改革红利。改革就意味着创新，当 P2P 等金融供给侧结构性改革基本出清后，一轮新的改革红利即将释放。允许境外投资者扩大入市规模，也是金融市场红利所在。

深圳的改革先行，只有在民生和科技领域获得成功，才能对香港具有示范作用，这势必带来金融方面的率先反应。

2019 年 8 月以来，历次特朗普反水语言和美国股市暴跌惊魂，都构成了 A 股的触底反攻，这表明市场进入牛市氛围：对利空消息反应迟钝，对利好消息反应敏感。因此当前市场已经不能用熊市思维来衡量。

深圳写字楼空置率达到 30% 以上，逼迫业主降价放盘，最终的结果是让利于实体经济，雄厚的地产商瘦瘦身，并不影响他人的生活质量，但是带来其他行业利润提升。至少为香港人回深圳买房和创业提供了可能性。

对比武汉、西安等城市为引进人才推出的落户政策，连高职高专的人才都被发放补贴，那么为什么不对香港的高才生们实施相同政策呢？让他们买得起房，安居乐业，分享社会主义体制的优越性。

因此，深圳开放先行示范的改革，极可能使深圳股市再次超越上海股市，形成“领头羊”效应。而历来牛市都是深圳股市领涨。

三、地产去杠杆是资金来源

“房住不炒”的顶层设计，已经开始显示威力。

银行业都进行利率市场化的改革，开始为社会让利，那么地产更是一个应当回吐利润的行业。楼价不能涨，地价不能跌，只能压缩地产商的利润。

7月央行高层在陆家嘴论坛上发声，强调银行不得违规贷款。可以理解为政策面开始在楼市降杠杆。居民购房首付提高，地产商只能进行开发贷，信托资金去通道化，都使得楼市的资金容量下降。

未来居民提高家庭金融资产比重，将对股市资金形成回流。所以即使政府不像以往依靠货币放水形成快速牛市，那么存量资金的大类资产配置转移，也是资本市场长期向好的重要保障。

四、放松管制刺激内需

贸易摩擦改变中国贸易出口红利的模式，重塑中国内生的经济结构。后贸易摩擦时代，政府会刺激内需，扩大消费，去对冲外部压力。政策方面可能放松管制，释放市场活力。

贸易摩擦重塑世界经济秩序，中美完成世界分工新阶段。科技股随着贸易摩擦结束完成行情。但是由于贸易摩擦由“自主可控”上升到国家高度，因此围绕华为产业链的新技术、新应用公司，形成牛股。漫步者作为超级牛股，耳机的风口会延伸到眼镜，一切与手机相连的独立设备，都会形成庞然大物，这是新技术的刚需。

五、周期股的补库存机会

供给侧结构性改革在去库存方面做出了较大贡献，同时经济下滑本身出清一部分产能，在经济向好拐点出现后，补库存的行业存在较大机会。

补库存的机会已经在半导体行业兑现。尽管行业整体亏损，但是下游复苏使得上游进入补库存的节点，拐点预期使电子行业成为年末最佳品种。

多数行业研究员都认为补库存是2020年春季市场躁动的原由。化工、钢铁、有色、环保、建筑等周期性行业是近几年领跌的行业品种，受供给侧结构性改革影响较大，进入“剩者为王”时代，同时估值已经处于历史底部。一旦经济好转，业绩和估值同步恢复，弹性空间较大，“戴维斯双击”容易诞生类似猪周期这样的超级机会。

猪肉股实际也是供给侧结构性改革的产物，产能出清后遭遇猪瘟疫情的超级利空。但是作为剩者为王的上市公司，实际上借助供给侧结构性改革完成产业整合，谁有库存谁是最大赢家。因此利空是优质股的最佳买点。

权健事件后，国家整肃直销行业，保健品市场受到冲击，进入剩者为王的时代。当整肃运动结束，活着的上市公司就是下一个牧原股份。

2020 年重要时间窗口是 1 月和 6 月。

5.8 阵痛迎接新生

深圳市华银精治资产管理有限公司
2019 年 1 月 2 日

2018 年市场单边下跌，导致 2019 年预期普遍悲观。我们预计 2019 年出现前低后高的走势，科创板推出、富时基金入市等因素使 2019 年热点频出。局部机会可能在军工股中诞生。同时可转债作为 2019 年投资大年，将出现较好投资机会。

现在的阵痛，都是为今后的复苏留下空间。终结熊市的因素在于去杠杆政策退出、注册制真正落地。

一、科创板推出是一次扩容

科创板推出是注册制的一次预演。当前市场以存量资金主导，科创板推出是又一次扩容。在新股堰塞湖尚未出清之际，科创板匆忙推出让市场承受巨大压力。

科创板让有发展前景，但是业绩暂时亏损的公司能够在中国股市拥有一席之地。BAT 的领袖成为改革开放 40 周年的代表人物，互联网方向的商业模式无疑是科创板的最佳发源地。

京东已经成立 14 年，至今尚未盈利，所以并没有真正意义上的“投资回报”。刘老板的公司在美国股市有上千亿元的市值，但是如果在我国股市，连 ST 股票的资格都不具备。

所以让亏损企业上市，会让证监会在制度制定上绞尽脑汁，煞费苦心。

监管层领导一切，如何让未盈利的公司获得上市资格，如何让连续三年亏损的企业退出股市，从矛盾中找到统一，从无解中找到有解，这个平衡的尺度，需要上帝的智慧。

当前科创板快速推出，也为几年前互联网浪潮中进行投资的公司提供一次解放的机会。能够符合标准的公司不会很多，因此算不上是真正的注册制。

二、注册制是熊市终结点

一级市场的收购价格已经高于二级市场，也就是面粉比面包还贵，那么如何在股市中去消化这些筹码？更重要的是，这些公司连业绩都没有，如何让老百姓信服监管层所倡导的“价值投资”？截至目前，共享单车几乎全军覆没，无人零售行业三年也不见有商业模式成型。让自诩为价值投资的基金经理更加摸不着头脑。

注册制以科创板名义试点推出，那么亏损企业如何上市？亏损企业如何估值？市占率？MPV？还是 DCF（未来现金流折现）模型？一个滴滴司机强奸案，就几乎摧毁了顺风车行业。依靠融资度日的商业帝国，是资本传销的游戏，和权健帝国土崩瓦解的命运类似。

中国股市，注册制是下波牛市启动之源。作为本轮熊市最大的利空，注册制真正推出之时，极可能是终结本轮熊市的最佳时点。

三、地产热线回流股市

杜绝系统性金融风险，也包括民企股整体爆仓的风险。纾困概念是当前唯一有增量资金进场的板块。纾困的意义，实质上是对资本市场的一次重建。产业资本对上市公司壳资源觊觎已久。借纾困名义对上市公司进行一次建仓行动，迎接下一轮牛市。

当前 10 倍 PE 的价值股对产业资本极具吸引力，可以说是一个投资的洼地。加上前期大跌已经完成，2 元的股价已经不怕任何利空。比如乐视网已经资不抵债，市值还高达 100 亿元。

深圳纾困基金的来源之一，就是安居房的闲置资金。对于 3% 的安居贷款回报而言，上市公司大股东 9% 的收益更具有吸引力，使地产热钱有望转战资本市场。

房产近二十年的牛市中，每次回调都是买入时机。中国不动产高达 350 万亿元。而股市仅仅是其一个零头。从“房住不炒”定义开始，让地产瘦身成为最高指示，这部分市值的回流，对股市和实体经济都是大有裨益的。

如果楼市分流出的资金回补到股市中，这将是长线资金最佳容纳之处。如何有序引导这些资本流入股市，也考验监管层的智慧。

地产是在 2018 年创出历史新高的行业，也见证了当年“野蛮人”的产业眼光。回头来看，这些野蛮人才是真正的价值投资者。但是中国股市第一个因跌破面值退市的公司中弘，竟然出现在地产这样的优势行业中，可见经营好一个企业多不容易，即使是在牛市板块。

四、军工题材值得期待

如今，国际形势复杂，很多地区处于战乱之中，因此对军事装备的需求量也很大，而具有先进军事装备制造生产能力的国家不多，中国算是其中一个，且具有明显的价格优势，因此军工题材也值得期待。

五、其他热点解读

把油价提升上去应该是美国的国家战略，一个个产油大国，都是美国收拾的对象。作为最大的石油储备国，美国完全可以通过补贴方式对国内的高油价进行弥补。在新能源替代的情况下，石油并没有太多的储备意义。将库存变为利润，将石油库存变为外汇储备，是美国今后要打出的牌。但是油价上涨洗牌中，竟然扳倒了联合石化，确是始料未及。局部走势绝不是常规逻辑能够预测出来的。

很多人担心忧虑中美贸易摩擦的结果，我认为这根本无须担心。经济摩擦的背后，是政治力量的博弈。中美关系并非敌我关系，未来趋势一定会向好与和解，施压只是为争取更多的谈判筹码。纽约原油合约比布伦特便宜，我们多买点美国原油，就会把贸易顺差对冲掉。等区块链时代和 3D 打印到来后，贸易关税将大幅下降，完全可以通过分布式生产解决贸易问题。过不了多久，这一次中美贸易摩擦将被市场忘记。

中国降低税负是大势所趋。但是打破眼前的利益分配格局，将是非常困难的。降税的边际影响有滞后效应，短时间内不会改变公司的投资回报。但税收调节有利于产业升级，中国经济结构已经处于从量变到质变阶段，阵痛代表新生。春天再度来临，将诞生一批新的巨人企业。

六、第一季度行情可期

在当前去杠杆的宏观资金政策指引下，牛市到来的说法还为时尚早。大盘指数下跌趋势尚未完结，2267 点还有一个上行缺口，2019 年将会回补。只有在注册制落地，并且去杠杆政策转为加杠杆之后，行情才有可能启动。

但年初行情在悲观预期下，已经得到充分消化，眼下政策底附近可望走出一波反弹。业绩浪每年必炒，但是 2019 年估计会非常短暂。因为高送转不允许被炒，高分红又要缴税，第一季度经济不会见到好转，业绩浪不会有太好表现。

可转债是 2019 年的投资大年，上升预期 30%，下跌空间 10%，对于多数避险资金来说，非常有吸引力。当前能够发行可转债的达标公司不多，优质可转债还是稀缺标的，2019 年会有更多上市公司跟进发行可转债，中短期内具有可见的投资机会。

5.9 跌出来的机会

深圳市华银精治资产管理有限公司
2018 年 1 月 3 日

2018 年在经历估值洗礼之后，市场风格不会立刻进行切换，上半年还会延续以往虚牛震荡格局。机会是跌出来的，二线蓝筹股有补涨要求。全年市场高点可能在第一季度出现，如下半年出现破位，可望构成小股票的超级反弹。

一、上半年延续价值主导

2016 年年初至今，市场延续慢牛爬升的格局，主要系“国家队”维稳力量所引导，“杜绝系统性金融风险”已经写入党的十九大报告，其重要性得到进一步提升。“脱虚就实”营造了内生价值的基本面。党的十八大关于“打造一批世界级的企业”率先在蓝筹之王中实现。

推动慢牛的资金来源，除了“国家队”以外，价值投资逻辑使公募基金大为受益。讲究资产配置的公募体系，形成抱团取暖的建仓原则，进一步为“漂亮 50”等指标股锁仓。

从“国家队”深度控盘大蓝筹的手法上看，短期改变这种格局不太现实。2018 年还会继续延续蓝筹为王的价值投资。

结构化的行情在 2018 年还将继续演绎。但是白马股不可能无限制带来超额收益。2018 年行情性质上价值投资仍占主流，但总体上需要行业切换，而中小市值股票的崛起之路还十分遥远。

二、避免价值投机行为

慢牛维持资本市场中国梦。美国股市的慢牛已经推升了几十年，中国慢牛才刚刚开始。估值修复的过程，既是创业泡沫回归之路，也是蓝筹股慢牛的起始。

海量资金有信心和勇气，安稳长久驻守在股市里，让资本市场成为热钱的蓄水池，而不是割韭菜的场所。某种程度上，就是要扭转原有游资打一枪就逃的习惯，逼迫场外资金拉长投资周期，为长线资本驻守市场，创造氛围和投资习惯。

价值化是新常态。但是不要误解价值化就是蓝筹化。所谓价值投资就是买一堆白马型的蓝筹股。今年不能等候风格切换，等待蓝筹股熄火后中小创整体崛起。只要坚持以价值为核心，主板中小板都可以均衡配置。

但是在蓝筹股涨势如虹后再高呼价值投资，实际上是懒惰的惯性思维，新蓝筹的估值不可能无限制带来超额收益，在白马股整体翻番的环境下，估值修复已经完成，继续坚持投资惯性思维，充其量是价值投机而已，是伪价值投资。

三、小盘股结构分化存在局部机会

小盘股下跌时间已经长达两年半，下跌幅度达到 60%，下跌时空已经完成主跌段，继续下跌将引发超级反弹。

目前乐视还未复牌。考虑到维稳需要，复牌时机恐怕要等到 2018 年“两会”以后。乐视补跌完成以后，小盘股指数补跌也将完成。

2017 年 4 月定增新规也使限售股利用春季行情展开自救。在当前只能做多才能赚钱的条件下，2018 年小盘股的总体行情不会太差，虽然不具备总体走牛的环境，但是局部机会将超过去年。

中国 M2 增速下降成为趋势。以往 M2 的增量都消化在地产中。2017 年开始楼市因“双限”降温，已经消化了买盘涌入。M2 降速对楼市影响有限，却可能因此对股市资金环境构成间接影响。总体而言，2018 年股市资金偏紧，不具备全面牛市基础。

由于宏观资金面的收缩，资本市场并不具备全面牛市的环境，结构性牛市必然稀释中小市值，来形成跷跷板现象。这一特点，在贵州茅台和创业板的走势上表现得淋漓尽致。

四、小盘股走好看下半年

中小创重新走好的信号，必须解决两个问题。一是注册制利空落地，二是监管环境改善。

注册制当前无人敢提。在维稳背景下，谁都担不起破坏慢牛大局的责任。注册制就成了皇帝的新装。当前连新设公司都不再是注册制，各种行政审批不断加强，新股注册制任重道远。

强监管环境，使上市公司的并购故事不被市场接受，定增资金锁定时间加长，改变了上市公司与定增股东的原有利益约定，加大了投资成本和风险，放大了利空效应。最近不少上市公司突然跌停，就是因为发布限售股解禁公告所致。只有等这批资金彻底退场，才能有新的机会出现。

挤泡沫的过程，也是强监管的必然结果。打击短炒行为，迫使游资退出市场，压缩新股 IPO，限制定增退出期限，严格跨业并购，都使上市公司原有的市值管理手段大幅收窄。如此环境下，小盘股难现生机。凭借资金实力强攻，将使部分股票逐渐成为庄股。

这些监管措施，都是延续“脱虚向实”的国家战略，使上市公司回归内在价值为王的投资逻辑。真正意义上的中小创行情，至少要等到下半年以后。

五、资管行业迎来正式发展契机

新年开始，私募基金开始征收“增值税”，实质上就是“资本利得税”，而且实施的是“高水位法”。之所以暂不对公募征收，主要原因应该是公募基金是开放式基金，按月度计算的“高水位法”无法统计大规模的日常申赎。

这种貌似利空的政策，反过来也可以理解为，国家承认私募管理行业长期盈利能力，只要你交税，有能力你就去挣钱，我承认你的合法性。

任何盈利的行业，国家都需要征税，无论做生意，还是买房子，都逃不脱所得税汇算清缴。但是股市从来没有征收过所得税，其原因就是大多数人在股市中没有挣到钱。所以资本利得税的征收，也就意味着这个行业从长期来讲，已经开始具备持续盈利的征收条件了。

以前私募基金的生存经常受到"非法证券"的影响，私募立法为私募基金留出了一条规范发展的道路，也代表着"代客理财"的合法化，资本利得税的征收将推动私募行业健康有序发展。

六、2018 年总体形势判断

2017 年以来市场的一个显著特征就是反技术走势明显。几乎每次单纯从技术角度看必须止损的行情，都是反向指标。比如 2017 年 1 月的 3044 点，5 月的 3016 点，创业板破 1711 点后的 1641 点新低等。技术止损信号强烈，但实际上却是挖坑诱空行情，是最佳介入点。

这是新趋势力量导致的。结构性行情中每次杀跌都是介入时机，所谓"大跌大买，小跌小买"，构成慢牛思维惯性。因此需要注意 2018 年的投资逻辑陷阱，就是可能出现打破夹板操作的清洗行为，市场出现连续破位的行情，这种格局在下半年出现的可能性较大。

随着价值蓝筹的估值修复，二线蓝筹可望获得补涨契机，因此明晟指数指标股是基金配置重点，需要留意的是在明晟指数正式推出之时，指标股将可能处于高位。

资源类个股在技术上呈现出历史大底形态，油气行业、石化行业多年未有表现，极可能成为接替贵州茅台等白马股的新"维稳神器"。"三桶油"将面临比以往更好的基本面支持，新能源泡沫挤出之后，价值有望向资源油田回归。有色金属板块接替钢铁煤炭形成资源热点，铜业是一个大类方向，我们将予以重点关注。

医药、电子行业年年都跑出白马。2018 年可能在汽车电子和生物医药方面有所突破。一级市场可以作为观察产业技术突破的风口标杆。

2017 年基金经理投资报告

5.10 回归传统

深圳市华银精治资产管理有限公司
2017 年 1 月 3 日

2017 年整体机会大于 2016 年，在国家产业结构调整中寻找行业线索，在近几年不涨的个股中寻找标的。传统行业复苏，看好传统纺织、农牧行业。2017 年重要机会产生于 1 月、9 月。

一、实体经济回归

在资本和实业面前，实业更受重视。举牌退潮后，为更大规模的社保资金入市腾出空间。

中央深深知道房产的投机活动将伤害实体经济，因此将房产定性“为住，不为炒”，后续跟进政策必然一是去杠杆，二是调房产税。对房产的宏观调控将有利于实体经济的恢复。2016 年去产能的供给侧结构性改革已经见到成效，2017 年货币政策将会收紧。党的十九大之前，经济面不会有大的作为。

中央希望热钱留在国内，先后启动了股市和楼市，去杠杆后，热钱继续通过汇市寻找出路。央行未来必然会出台鼓励外汇回流以及扩大贸易的政策。

二、命题是注册制

今年真正要讨论的命题应该是注册制。3500 点以上不解决注册制，将浪费本轮行情。作为一项制度性的改革，注册制应该在不断试探股市承受能力的情况下，找到最终的解决方案。当前新股加速发行，以及压缩再融资规模时，可以理解为总量控制，解决存量的命题。当存量新股都上市后，注册制反而会变成利好。

因此注册制真正推出时，必将分两个阶段，一个是新老划断，另一个是退市制度。只有退市制度真正落实之后，注册制才会带来积极的意义，为指数走出美式慢牛做出贡献。从新股存量来看，这个周期还比较漫长。

三、传统人士崛起

特朗普当选美国总统，英国脱欧成功，意大利的公投失败。表明精英们已经不能把握自由经济的政策方向，精英文化已经悄然逝去。

但是左派文化充满变数，2017 年政治事件的不确定性更大，周边领土争端和大国博弈引发的任何军事对抗都不足为奇，军工股几年未动，有望闻鸡起舞。特朗普遇刺可能是未来最大的新闻。

互联网泡沫和创投泡沫在 2017 年可能相继出现，全民创投是全面创业后的政策导向，投资银行成为热门职业，善于守拙的传统企业家会迎来春天。

四、传统行业掘金

在钢铁板块 2016 年崛起之后，传统纺织行业将是 2017 年一大方向。中国会鼓励通过顺差贸易来平衡外汇储备，纺织行业上演掘金游戏。

党的十八大以来，白酒行业受到重创，创业板退潮后，贵州茅台创出了新高，海参等高端消费品可能是今年通胀的受益板块。

2016 年倒奶杀牛的新闻，使目前奶业类似于 2015 年“猪周期”的低谷，通胀迟早会反映到牛奶行业，中国人迟早会喝上自己的牛奶。

2016 年基金经理投资报告

5.11 创业与创投

深圳市华银精治资产管理有限公司
2016 年 1 月 6 日

新年伊始，大阴线让市场明白，大盘绝不会是简单的“慢牛”，宛如跌停的熔断，也将会带来涨停的熔断，大起大落的羊年巨震，终须回归平静。有歌谣云“等到风景都看透，我会陪你看细水长流”。

2016 年十六字箴言预判：震荡收敛，休养生息，回归蓝筹，险资带头。

一、改革进入攻坚阶段

“十三五”规划中，提出消除特困，精准扶贫。同时如果马云说的“未来 10 年，中国诞生 5 亿中产阶级”梦想成真，只有中国经济总体再次上行，才能得以实现。

随着金融反腐的序幕揭开，市场秩序的重整进入新的时间表。反腐的涉案金额高达数千亿元，这将为弥补财政赤字做出贡献，同时也增加 GDP 增速 0.1 个百分点。预计金融反腐在 2016 年仍将升温，并将可能影响到证券市场和私募基金。

反腐对既得利益集团是一次推倒重来的过程，经济的下行也一定会迎来新生。破冰之后的秩序重建，为行业发展和社会进步做出贡献，同时也使中国的文化生活达到新的高度，下一个十年，将是金融时代的十年和文化时代的十年。

二、大资金带动大股票

年末宝万股权争夺的硝烟升起，一方面显示市值管理的重要性，另一方面也显示了保险机构雄厚的资本实力。我们曾经指出，全流通后市值管理必然促使股价高企，小盘股获得高市盈率后，大盘股也同样显示出良好的投资属性，放任股权在外不做任何管理的企业，受到了惩罚，管理层面临出局的危机。

在资金泛滥的背景下，类似万科这样的蓝筹股的股权价值凸显出来。在一级市场并购的市盈率都达到15倍的情况下，二级市场的蓝筹股也同样属于优秀资产。2016年二线蓝筹在此示范作用下应该获得溢价。

在宝万股权争夺战中，再次见到了安邦的“魅影”，这家两年前横空出世的机构，以保险的身份亮相，却未见任何原始积累，便横扫全球资产。一批类似前海人寿等陌生的身影加入多头阵营。在降息作用下，险资开始突袭权益市场，预计该类资金还将进一步扩大头寸，成为未来行情的主力。

汇金在半年前增持的股票，果然采用划拨的方式来解决减持的问题，符合我们当初的预判。这相当于A股市场缩股，为今后蓝筹的崛起打下基础。

在汇金买入过多导致举牌的示范效应下来梅雁等无控股股东的股票迅速创出新高，由此游资在第四季度开创了举牌基金的投资模式。在定性“下跌就是犯罪”的前提下，国家当然对这类资金持欢迎态度，小盘股和次新股在岁末猛炒了一把。

既然资金充足，小盘股对小资金的吸引力，也将提升大票对大资金的吸引力。险资的避险需求，可能会提升蓝筹股的重心，尤其是保险股，也属于优质资产。

三、地产投资属性改变

下一个改革的领域将是养老，近期险资频频出手，是为抢占养老金入市先机，投资端功能的改革，也将改变股市中博弈力量，这笔庞大的资金将对市场产生稳定作用，投资倾向于“业绩+转型”的蓝筹品种，有望重现市场的“二八”现象。

中国当前的现象是物贵人贱。所有物质的价值，都是因为人的存在而存在。白领创造的劳动收入，不能抵消房租，目前这种倒挂的生产关系，将阻碍社会进步和生产力的发展。中产阶级的崛起，应靠劳动和智慧创造财富。靠囤房收租做发财致富的美梦，古今中外，都不值得赞美。

供给端的改革本质上就是转型和去库存。这一轮制造业的大熊市，将进一步压低大类商品价格，房地产虽具有金融属性，但本质上仍属制造业，从投资角度来看，地产的投资属性基本上消耗殆尽。

在经济下行周期开展创业运动，无非是为了解决就业问题。当前创业者的年龄一般在 30 岁左右，这将完成“70 后”和“80 后”社会精英的时代交替。当优质白领都成为老板之后，“白领荒”必然出现，劳动力价值必然提升。将改变中国“东西值钱，人不值钱”的格局，收入进一步向发达国家靠拢。

四、投资社会进步行业

“十三五”掀开了新篇章，去库存是中国制造时代人民大生产运动的遗产，也是生产关系发展到新阶段需要率先调整的内容。应该看到当前在市场经济调节下，商品进入到过剩的时代。物质需求的基本满足，使人民在生活方式和创富手段方面都将发生极大的改变。

人们不再需要过分地劳动来改善生活，物质既然已经过剩，那么创富的积累不应再比拼劳动力，财富的再分配，将体现在资本的金融运动中，下一个转型方向的行业，就是下一批首富诞生的聚集地。

物质的丰富，推动了人类对自身探索的追求，基因族谱、大脑控制、人工智能的发展，在股市中诞生了精准医疗、可穿戴、机器人等热点题材，就像柯达、诺基亚被时代淘汰一样，新的企业也将崛起，互联网的命运在物质过剩时代仍将不断地创造新型商业模式，推动社会进步。

Uber 的市值已经达到了 510 亿美元，以信息化和消费服务业为方向的 O2O，还将上演更多细分故事。中国的人口红利，在城市化的进程中，不会终结。

五、主业突出是核心竞争力

注册制的推出，使所有的创业者都有了更高的资本追求。卖纸钱的、讲笑话的、搞家政的、讨债的，都来凑热闹，讲故事。资本市场大江湖容纳各种事物，媒体从讽刺的角度来戏谑上述公司。

全民创业诞生海量的公司，如果批发上市，这将是股市不能承受之重。因此可以说，注册制，将会进一步消退创业板的泡沫。投行的成熟，使好的公司在注册制下，实现 IPO 融资更加简单，无须通过并购实现与资本市场的对接，跨业并购寻求成长的价值将进一步下降。

投行的价值进一步提升，股权资源储备丰富的公司，成为私募业务中发展最快的公司。也可以实现自身的上市。今后的成长股选择的方向是，有核心竞争优势的主业公司，完成产业链的整合，纵向并购扩张的公司迎来壮大发展时机，实现做大做强的目的。这类企业值得投资。

六、市道由震卦转坤卦

过去的一年，成交不断轰出天量，上万亿元的日成交量也带来了巨震，史上最大的崩盘绞杀了投资者多年的积累，动辄千股跌停，虽然监管者引入了“熔断机制”，可这保险丝并不能给投资者带来保险，欠账终须都要归还，跌停了第二天接着跌。

但是熔断机制将会产生减震的效果，熔断后成交量将大幅下降，平抑市场波动，股市自身损耗减少，过度交易缓解，这将对 2016 年的走势产生影响——震荡收敛，回归平静。

2016 年政局稳固、中产崛起、养老改革，还有奥运盛典，改革和反腐将使社会生活更加美好。正是“旧时王谢堂前燕，飞入寻常百姓家”。

2015 年基金经理投资报告

5.12 为国企改革服务

深圳市华银精治资产管理有限公司
2015 年 1 月 3 日

2014 年的个股行情从金证开始，点燃了以财富管理投资为方向的金融股运动，十个月以来，金证股价上涨了 5 倍，加上 13 年上涨的 3 倍，金证已经毫无争议地当选为两市第一大牛股，市值管理带来的财富效应，已经波及券商银行地产等大蓝筹群体，并且为“国企改革”“金融改革”找到了很好的共振模式。

行情总在意想不到的地方诞生。2015 年的投资思路，将延续蓝筹行情，为国企改革服务。预计上半年将出台国企改革纲领性文件，各地方寻求改革突破，股市继续释放改革红利。小盘股因资金失血重心下沉。注册制推出之后，小盘股有望重获生机。

正是“两岸猿声啼不住，大盘已过三千三”。

一、理财资金搬家推动牛市

自 2013 年四中全会后展开的全面牛市，新资金横扫整个市场的蓝筹股，我们曾经以矩阵方式排列中国各大类资产，告诉投资者资本市场已经是投资洼地，而地产资金则是推手。这些庞大的场外理财资金，曾经熟练运用金融杠杆获得收益，在当前找不到投资出路的情况下，“突然发现”场内还有 8.6% 的廉价两融信贷，直接推动指数上行千点。

我们在两年前预测未来牛市的资金来源时，分析过三条主线：①地产等理财资金搬家；② 80 后及富二代；③证券下乡——“农民把农行的存款取出来变成农行的股东”。而最后一条，正是在 11 月下旬降息时点出现之后，推动市场展开主升浪。

在 2500 点牛熊分界过关后，可以基本确定牛市的成立。目前不动产 120 万亿元的规模，影子银行 36 万亿元的规模，都是弱小资本市场的坚强后盾。2015 年初的行情将继续向上延伸。

二、为国企改革服务

党的四中全会以来崛起的蓝筹股，正果将是“为国企改革服务”。国企改革的核心是体制改革，引入民间资金，推出混合所有制。当然只有在上升走势中，筹码对民间资金才具有吸引力。第四季度降息之后，大量的理财资金，点燃了确立牛市的第一把火，就是政策引导的必然。

因此所有制的改革，完全类似于十年前的那波“股改牛市”，同样都是引进场外资金，我们也看到了当前打破行政垄断的决心，种种为市场让利的政策手段，都远超当年。

而本轮行情的远期目标，就是“打造一批世界级的企业”，最有可能成为世界级企业的，当然是引领这些国企的蓝筹们。所以贯穿未来牛市的主线索，就是“为国企改革服务”的蓝筹先锋。

三、谁说牛市不需要政策引导

本轮行情的近期目标是解决注册制。如果注册制不及时出台，本轮行情就白涨了。新股制度改革成功的关键考评，是注册制的方案何时能被市场接受。目前一二级市场的收购兼并，都是 15 倍市盈率以下，既然待上市企业能够接受如此估值，那么以这样的水平推出注册制的新股，无疑是给市场带来诸多新的机会。

新股改革成功的充分条件，不是中小投资者的投资理念多么成熟，也不是场外资金的调度多么有力，而在于关键一招——刻意压低新股发行价格。一旦这样的政策出台，我们就看到了股市的吸引力，场外资金迅速切入新市场，后面甚至带来的是整个理财兵团。

所以老牌的普通股依然也要有一个良好的市场氛围，才能为注册制的实施保驾护航，估计这个时点要到年报以后了。因此普通股沉寂以后，可能在年报公布日期前后出现转机，开始形成真正的成长性分化。但是胜出的状元毕竟是少数，押宝成功是小概率事件，少数个股还将演化成庄股。

四、选择白马之王投资

历史上，1999 年的科技股行情、2004 年五朵金花行情，都是只迅速启动了一个板块热点，等到其他热点跟进的时候，整个大盘的行情就已经结束了。因此抓住蓝筹热点，将是当前唯一回避风险的操作要点。

上轮熊市的两个关键点 6124 和 3478，都对应了两个著名的空头指标股：中国石油和中国建筑。解铃还须系铃人，市场翻多也需要改变这两个大空头的形象。历史上从 40 多元一路下跌的中国石油，基本面看来似乎越来越好，国际原油的报价如此便宜，提供了投资机会。同时周老虎的石油帮被彻底清洗，也表明老主力的出局与新行情的开始。

传统思维中，股民习惯了中国石油“绿油油”的走势，从感情上还未接受蓝筹思维，也难以割舍小盘股成长的情怀，如此谨慎和纠结，一般表明行情尚未终结。中国石油最大的主力都已彻底出局，后面要什么有什么，不可忽视这个蓝筹之王。

龙头品种要求敢于下重手。由于以雄厚场外资金作为背景，大盘股的走势举重若轻。在中国石油未见顶之前，蓝筹行情不会结束。

五、短期操作思路

就像券商板块启动后，所有的券商股都上涨一样，本次蓝筹股的启动，也是全面性的上涨。未来一段时间的热点，将继续围绕蓝筹和低估值品种周期轮动，因此指数将进一步表现，而小盘股却因此失血进入补跌行列。所以下一阶段的选股重点，将是围绕各行业的龙头品种进行操作。

蓝筹股除了国企改革提升业绩之外，还有并购重组（如中国中车）、升级转型（如万科），以及将来的国际战略合作。这将吸引新资金不断深入挖掘蓝筹的价值。

以地产股为例，万科作为地产之王，在 2014 年最后一个交易日涨停。其基本面的变化在于商业模式转型。将来的地产龙头依托庞大的地产市值基础，开展品牌租赁、地产基金等业务，通过资本支持、团队管理等方式，与地方开发商分红，不再以拿地为商业模式，转型轻资产寻求突破。这正是地产龙头未来的价值所在。

六、小盘股的命运

细分本轮行情结构技术上的低点，应落在 2012 年 12 月上旬，除了上证综指，其他指数纷纷在当时见底。主升指数是创业板综指，涨幅高达 2 倍。由于历来中国股市牛市中继周期皆为 25 个月左右，因此小盘股指数本轮调整时间恐将较长。

小盘股当前有两个致命的利空，一个是注册制的推出，另一个是“监管风暴”。注册制将是对小盘股的重大打击，而通过大数据监控将有更多的小盘股进入黑名单，重演“十八罗汉”的连续跌停走势。而将来注册制真正实施之际，靴子落地有望，使得小盘股重获生机。

七、行情总在意想不到的地方诞生

2015 年的行情攀升到一定高度，必然将引起回落，证监会也可能推出国际板来调节指数。但从短期来看，市场并无风险。蓝筹股的运动将继续推高指数，各白马蓝筹将轮番上涨，待蓝筹之王中国石油也潇洒涨一回之后，行情结束。而小盘股重新崛起之时，可能在注册制实施之后。

2015 年最重大的机会，也继续遵循“最不让人看好的板块”所带来的反向机遇。

2014 年基金经理投资报告

5.13 中国梦 市梦率

深圳市华银精治资产管理有限公司
2014 年 1 月 8 日

2014 年将迎来不平凡的一年。随着新的政策纲领出台，我们将看到包括政策、经济、文化、外交等领域的重大立场和态度的转变，意味着中国梦将引领资本市场走向新的高度。

一、改革行情是 2014 年最大看点

改革是赢得民心的，领导带头厉行勤俭，节约的资金还是回流到百姓手中，最大的受益者就是民企。在中央全面深化改革领导小组的具体改革纲领出台之后，相关的题材还会引起投资者追捧。相关的题材有国企改革、互联网金融、养老制度、粮食安全等。

2014 年改革的重头戏在于：金融反腐、地产破冰、石油动刀。相关的题材有望在以下几个领域催化：以小微服务的互联网金融在政策的不断推动下，形成一波又一波的投资热点；房产税、遗产税、消费税等税制改革带动的房产信息联网的相关热点；石油巨头在分拆呼声中，“老大”被稀释掉的利润，被新的民企所分享，比如潜能恒信。

改革的巨大变化还体现在文化领域。元旦，《新闻联播》的片尾，康辉竟然这样说：“人们说 2013 就是爱你一生，2014 是爱你一世，新闻联播和你一起，传承一生一世的爱和正能量！”如此清新的语调，展现了文化的变革。文化的牛市，还体现在电影市场票房的大幅提高，以及《中国好声音》等创新

节目的崛起。同时，《中国好声音》《我是歌手》等品牌栏目大量引入台湾嘉宾，并且在新年的央视节目中，人们也看到了这样的现象，最大的好处就是中国的强盛，必将有巨大的吸引力，带动台湾的回归。我认为文化领域的牛市在资本市场上才刚刚上演。

改革本身不改变社会财富总量，但是改革领域中所破冰的行业，将释放利润给痛苦的民企，对某些行业的重大利空，就是对另一些行业的重大利好。花无百日红，风水轮流转，传统民营企业的难过指数见底了吗？建议继续将创业板指数作为民企的生存状态先行指标来观察。

二、大盘在挖坑中寻找机会

上证指数下破 1849 点是大概率事件，外交问题、反腐问题、地方债问题都可能是大盘挖坑砸出新低的理由，不过根本原因还是股市本身的资金不够导致。

货币市场的几个老问题，2014 年似乎依旧无解。例如，M2 高企与银行“钱荒”的流动性失衡问题，国内高息与国际低息的利率失衡问题，中国成为世界最大的奢侈品消费国与国内消费不足的消费失衡问题……

上述问题的存在，导致今年的大盘总体资金面依旧紧张，因此资金面主推的牛市行情难以预期。

同时新股以市值配售的方式发行，按照以往的经验来看，市值配售往往是熊市的产物，因为新股的溢价是老股的代价。新股发行本身不属于利空，但是假如未来推出“国际板”，就有可能是砸出历史大底的最后一跌了。

不过 2014 年小盘股指数的机会不小，创业板牛市不会轻易终结。一般来说，新股往哪里发行，哪里就容易产生行情，创业板由于新股众多，带来的机会众多，资金想象空间巨大，带着“中国梦”炒“市梦率”，可以看到，30 倍市盈率以下的股票基本没戏。

创业板的小牛走势，与以贵州茅台为代表的蓝筹股形成了负相关关系，一旦“茅台们”进入反弹，很有可能就是创业板歇菜之时。不过这一点从走势上很容易识别，所以小盘股和低价股，依然是 2014 年重点选股对象。

三、地产行业稳中有升

房地产商对社会最大的贡献，就是“城市让生活更美好”。一幢幢拔地而起的美丽家园，正是经由地产商们的精心设计，才造就了城市的美好。今后政府主导保障房的规划，把商品房的定价权交还给市场，这将是发展趋势。

因此，尽管税收政策对炒房者的打击甚大，但是由于有限购解禁、利率市场化（降息）、地产直接融资等资金面的潜在利好，房价依然有发展空间。未来商品房下乡（城镇化与保障房）是支撑房地产市场发展的要素。

四、三十年河东，三十年河西

中国梦，在股市中就是要做“市梦率”，这大概是银行股在 10 倍市盈率下还屡创新低，创业板在 50 倍市盈率的情况下还不断上涨的最佳注解。2014 年在分化中走出牛股的概率很大，行业机会主要体现在以下几个领域。

互联网金融有望掀起第一波。金融板块因资金面的因素不断下沉，缩水的市值被金融创新行业所吸收，以小微金融为代表的互联网金融、移动支付领域，随着政策的进一步解禁，极可能在微信、银联等平台诞生新的商业模式，从而成就新的暴利机会。

文化牛市推动更多的公司崛起。原先文化难以赚钱，是因为文化行业缺乏商业模式。社会转型后，文人比商人的经济效益更好，电影的一部烂片都有上亿元的票房，已经证明文化牛市的产业机遇来临。央视娱乐明显放下架子，向湖南卫视、浙江卫视虚心学习借鉴。文化产业将为 GDP 的新增长做出重要的贡献，中国也将诞生自己的“迪斯尼”和“好莱坞”。

养老产业处于萌芽期。延迟退休时间，对公务员当然是利好，所以这个政策会很顺利得以实施。大的行业机会类似于当年医改的大牛环境。不过这个产业的周期很长，盈利还没出来，目前处于长周期的底部，牛股不断。

新能源板块异军突起。2013 年以来，充电宝成为商务人士的随身用品，这个新迹象表明能源模式已经到了换季周期节点，以电池为代表的新能源、遥控充电技术、汽车电池的普及应用，都能够产生足够的空间，迎接巨大的市场需求。

紧张的沿海局势，使得军工股可能在 2014 年继续升温，另外还有多年未曾启动的 LED 板块，都值得期待。

环保产业是所有机构都看好的行业，2014 年要特别小心，可能会出现个别的细分牛股，但整体上不应作过多的预期。2013 年疯炒的网游概念，因产生的业绩有限，2014 年也不会有太大的作为。

五、股票池

新朋股份：文化股，马云概念

金证股份：互联网金融，业绩高成长

银轮股份：环保，业绩高增长

蒙发利：养老产业，健康医疗

江苏吴中：抗癌

贵航股份：军工重组

邦讯技术：4G、电池

2022 年疫情结束基金经理投资报告

5.14 逆行的勇者

报告日期：2020 年 2 月 2 日

新冠疫情发展超过预期，春节期间 A50 期货大跌，以及封城扩散效应，让下周市场进入恐慌性补跌阶段，疫情最大冲击将在下周出现。中央极可能释放更加宽松的流动性，刺激经济复苏。

一、疫情属于阶段性冲击

从长期来看，新冠疫情是阶段性的突发事件，可理解为长线资金的极好建仓机会。任何灾难突发事件，例如非典疫情、英国脱欧等都创造了逆向投资机会。从产业角度来看，冲击越大，诞生新的产业革命的机会也越容易。

新冠疫情对经济的最大影响在于封城阻碍了人流和物流，从而影响企业生产和经营。疫情数据没有出现下降拐点之前，将继续影响企业开工，使每年中国特色的企业停工半个月，春运延长到一个月以上，这对 2020 年中国经济 GDP 的影响超过 0.5 个百分点，并且第一季度 GDP 可能下破 5%。

第二季度气温升高，疫情势必退潮，市场需求将在第二季度补回来，因此复苏将在第二季度的数据中体现。复苏分为弱复苏和强复苏，弱复苏是冲击结束后需求回升，周期股启动。强复苏是指地产启动，中央宏观经济政策更大规模地放水。在逆周期调节的顶层设计下，不能因为疫情过分看空股市。

二、逆向投资的最佳时机

证监会对券商机构采取窗口指导后，限制了其卖出行为。中短期将对股市形成压制，因为券商的成本在 3000 点。但是从历史上看，跟着政策走都有好果子吃。股灾和纾困政策中积极跟党走的机构，都是大赢家。

灾难面前民心往往会凝聚，通过突发事件转移焦点矛盾，创造出重建奇迹。日本经济增长最快的时期就是二战之后。

火神山医院 6 天竣工让世界对中国速度有了深刻感受和认知。中国的政治体制是世界上最好的，没有什么是做不到的，想想这种魄力和决心放在股市中会是什么结果？2019 年以来高层不断强调“中央前所未有地重视股市”，若干次外盘重大冲击，都没有对 A 股造成影响，这说明 A 股自去年开始已经具备了慢牛基础，资金进场速度已经说明了问题。

3000 点附近震荡是高层意愿，财政政策和货币政策围绕 3000 点进行逆周期调节。2020 年年初通过降准掀开 3050 点的帽子之后，经济开始回暖，央行正不知如何收场，突如其来的武汉疫情冲击了股市，这将使中央经济政策正好延续。预计短期内高层就会采取降息政策。

三、热点个股依旧精彩

2021 年是建党 100 周年，医院党员先锋示范作用已经在武汉呈现，社会主义改革示范作用更需要稳定的股市，2020 年上半年上证指数还有挑战 3100 点以上的机会。经过这次清洗之后，翻番个股的机会再次来临。

GDP 增量从户外消费转移到了居家消费。原来在春节期间屡创新高的票房、旅游，2020 年转移到了游戏充值并创出历史新高，一些著名游戏的服务器竟被玩到瘫痪。这批强势股有望延续节前热点，调整之后再创新高。

疫情题材中的在线教育、远程办公，还有快递、冷链、智能仓储，都具有短线机会。保险、民航、猪肉等长线个股会砸出黄金坑，特斯拉产业链也有望继续穿越经济下行周期，走出主升浪。

四、验证

1. 突发新冠疫情对股市冲击极大，大盘跌停开盘。本报告认为大跌是极佳建仓点。

2. 在市场极度恐慌之际，在大是大非面前，大胆反向操作，将再次证明这种操作能使人成为大赢家。

2008 年中级上升行情确立投资报告

5.15 中级上升行情确立

报告日期：2008 年 11 月 15 日

我们在《9.19 行情点评报告》中指出，指数二次回压的低点将在 11 月中旬附近出现。目前 11 月 7 日的“立冬”低点时间窗口有效成立，中级行情已经完全确认。启动层次将从低价股蔓延到蓝筹股，4 万亿元大基建拉动内需的政策仅是行情启动的线索，类似于 2005 年中期的人民币升值。

一、市场波动路线

本轮行情是对应 6124 点回调以来的中级上升行情，时间至少将延续到 12 月中旬，在此之前都将保持震荡上行趋势，这将是 2008 年最好的操作时机。其余重要的时间节点分别落在 11 月 17 日、21 日。

我们依然坚信中国股市处在良好的基本环境之中，2008 年指数下调幅度惊人，行情性质被我们理解为“中国金融保卫战”，洗盘目的在于逼迫国际资本撤离中国资本市场。“9 · 19”是启动的信号，理解为超级主力建仓成本区间，因此行情至少将超过 2300 点高度，从 1664 点到 2300 点，大盘上升幅度将超过 50%，个股涨幅将更大。

操作方向：个股行情应以 4 万亿元投资计划为蓝图，以具体建设项目资金落实为驱动因素，逐级展开。抗经济周期性品种可走出中长线行情，低价超跌股是活跃市场的主要力量。

二、4 万亿元投资计划解读

本轮行情启动，伴随有 4 万亿元投资拉动内需的政策同步出台。我们对各大行的报告进行综合分析后，对此政策进行如下评价。

1. 对政策本身的理解

根据相关领导讲话，4 万亿元实际上是一个概数，受益的主要行业是建筑建材以及工程建筑行业，铁路、公路等交通设施建设会呈现加速趋势，而农业中林业的恢复建设是容易被忽视的一个亮点。对金融行业的影响是积极正面的，银行贷款规模有望出现逐步放大的态势。

2. 对宏观经济的影响

积极财政政策对内需的拉动分为直接影响和间接影响两个方面。直接影响主要体现在对钢铁、水泥等建材的需求增加，以及对社会劳务人员的需求增加。间接影响体现在相关保障制度建设有利于提高人民生活水平，增强消费信心。

3. 建议全力做多

综上，在积极财政政策影响下，“人民经济保卫战”已经打响，对于证券市场来说，中级反弹行情发动具有基本面支撑。在实体项目缺乏投资渠道的情况下，资本市场仍是最优选择，未来行情在时间以及空间上均充分可参与，应选择低价股积极操作。

三、验证

2008 年 1664 点于“立冬”见底，我们随后发布《中级上升行情确立》，对行情的性质进行了准确判断。对于行情启动的高度看到 3000 以上，并且对以低价股为热点产生的方向也进行了准确判断。

2007 年转折已现坚定信心投资报告

5.16

转折已现 坚定信心

报告日期：2007 年 6 月 6 日

一、多空较量激烈

6 月 5 日周二股指开盘一步补掉 4 月 23 日上跳空缺口，在极度恐慌情绪之中，中午以后两市出现强劲上涨。在没有任何利好推动的情况下，市场连续出现反拉，表明技术上的自然底部已经形成，和我们上周判断的本周中段出现时间拐点的预期基本一致。

我们注意到目前盘中多空对抗非常激烈，很明显大盘蓝筹股中有刻意做空的力量，在不惜代价地打压权重股，在周一量能并不放大的情况下，影响股指走势出现异常。而其目的也非常明显，就是制造指数在视觉上的震憾效果，以达到让全市场恐慌的目标。

事实上，空头的狙击是很成功的，大盘蓝筹股中多头在早市并没有全力对抗，而是主动回撤。但这却使股指出现了逐波下行走势，盘面之惨状令人无以言表。

而从周一下午我们在各地了解的情况来看，确实有不少散户准备在周二挥泪斩仓。他们从没见过市场这样的下跌，已经到了忍无可忍的地步了。但是，我们说，当所有散户都抱一致的心理，准备卖了股票不受折磨时，市场即使再有惯性下挫，也很快就会到底了。

二、逆势做多

周二，我们于跌停板实战操作了部分股票，如图 5-1 盘口所示，排队抛售的全是十万元级别小散户，不知他们对挥泪抛售之后的随即大涨做何感想？

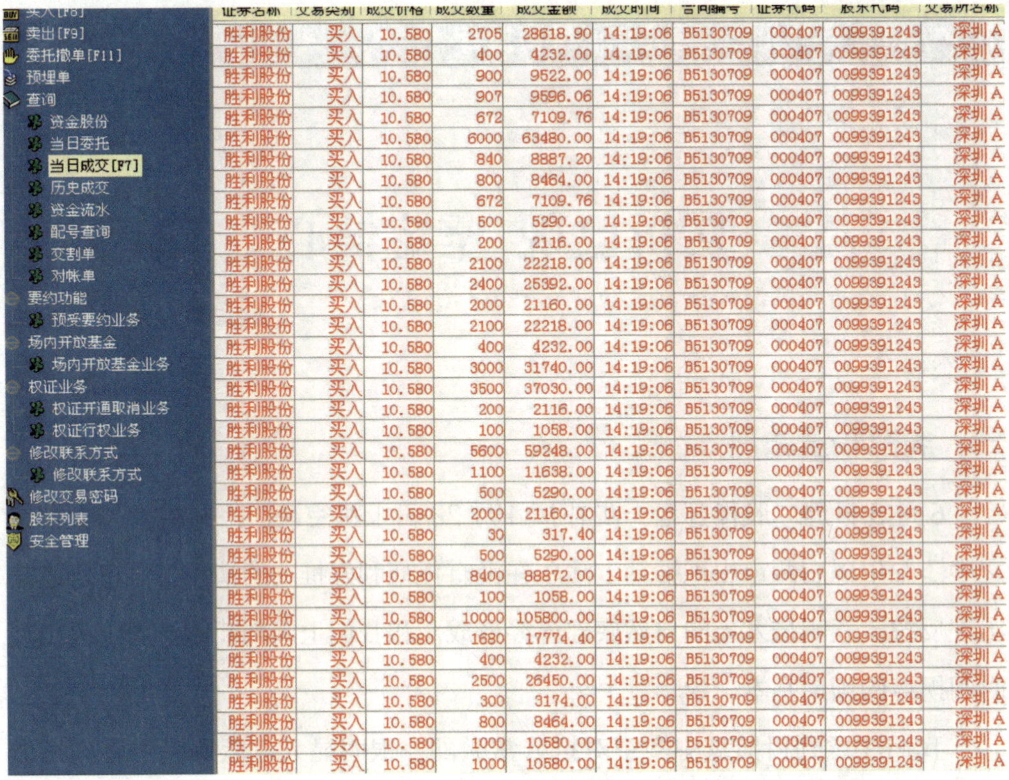

证券名称	交易类别	成交价格	成交数量	成交金额	成交时间	合同编号	证券代码	股东代码	交易所名称
胜利股份	买入	10.580	2705	28618.90	14:19:06	B5130709	000407	0099391243	深圳A
胜利股份	买入	10.580	400	4232.00	14:19:06	B5130709	000407	0099391243	深圳A
胜利股份	买入	10.580	900	9522.00	14:19:06	B5130709	000407	0099391243	深圳A
胜利股份	买入	10.580	907	9596.06	14:19:06	B5130709	000407	0099391243	深圳A
胜利股份	买入	10.580	672	7109.76	14:19:06	B5130709	000407	0099391243	深圳A
胜利股份	买入	10.580	6000	63480.00	14:19:06	B5130709	000407	0099391243	深圳A
胜利股份	买入	10.580	840	8887.20	14:19:06	B5130709	000407	0099391243	深圳A
胜利股份	买入	10.580	800	8464.00	14:19:06	B5130709	000407	0099391243	深圳A
胜利股份	买入	10.580	672	7109.76	14:19:06	B5130709	000407	0099391243	深圳A
胜利股份	买入	10.580	500	5290.00	14:19:06	B5130709	000407	0099391243	深圳A
胜利股份	买入	10.580	200	2116.00	14:19:06	B5130709	000407	0099391243	深圳A
胜利股份	买入	10.580	2100	22218.00	14:19:06	B5130709	000407	0099391243	深圳A
胜利股份	买入	10.580	2400	25392.00	14:19:06	B5130709	000407	0099391243	深圳A
胜利股份	买入	10.580	2000	21160.00	14:19:06	B5130709	000407	0099391243	深圳A
胜利股份	买入	10.580	2100	22218.00	14:19:06	B5130709	000407	0099391243	深圳A
胜利股份	买入	10.580	400	4232.00	14:19:06	B5130709	000407	0099391243	深圳A
胜利股份	买入	10.580	3000	31740.00	14:19:06	B5130709	000407	0099391243	深圳A
胜利股份	买入	10.580	3500	37030.00	14:19:06	B5130709	000407	0099391243	深圳A
胜利股份	买入	10.580	200	2116.00	14:19:06	B5130709	000407	0099391243	深圳A
胜利股份	买入	10.580	100	1058.00	14:19:06	B5130709	000407	0099391243	深圳A
胜利股份	买入	10.580	5600	59248.00	14:19:06	B5130709	000407	0099391243	深圳A
胜利股份	买入	10.580	1100	11638.00	14:19:06	B5130709	000407	0099391243	深圳A
胜利股份	买入	10.580	500	5290.00	14:19:06	B5130709	000407	0099391243	深圳A
胜利股份	买入	10.580	2000	21160.00	14:19:06	B5130709	000407	0099391243	深圳A
胜利股份	买入	10.580	30	317.40	14:19:06	B5130709	000407	0099391243	深圳A
胜利股份	买入	10.580	500	5290.00	14:19:06	B5130709	000407	0099391243	深圳A
胜利股份	买入	10.580	8400	88872.00	14:19:06	B5130709	000407	0099391243	深圳A
胜利股份	买入	10.580	100	1058.00	14:19:06	B5130709	000407	0099391243	深圳A
胜利股份	买入	10.580	10000	105800.00	14:19:06	B5130709	000407	0099391243	深圳A
胜利股份	买入	10.580	1680	17774.40	14:19:06	B5130709	000407	0099391243	深圳A
胜利股份	买入	10.580	400	4232.00	14:19:06	B5130709	000407	0099391243	深圳A
胜利股份	买入	10.580	2500	26450.00	14:19:06	B5130709	000407	0099391243	深圳A
胜利股份	买入	10.580	300	3174.00	14:19:06	B5130709	000407	0099391243	深圳A
胜利股份	买入	10.580	800	8464.00	14:19:06	B5130709	000407	0099391243	深圳A
胜利股份	买入	10.580	1000	10580.00	14:19:06	B5130709	000407	0099391243	深圳A
胜利股份	买入	10.580	1000	10580.00	14:19:06	B5130709	000407	0099391243	深圳A

图 5-1　2007 年 6 月 5 日跌停价格的盘口成交分布

尽管我们一再告诫，现在不是割肉的时候，可还是有人倒在了即将反拉之时。上周我们给出的波动模拟，虽然还不是很完美，但也基本代表了周二的实际走势。这波的调整实际很充分，第 IV 锯齿型修正，还正好是落在了第一级第 IV 子结构的范围里。上证指数周二的低点 3404.15 点与 4 月 19 日的低点相差无几，波动结构完美地符合了相关原则。而周二低点上行，是呈逐波放量上涨了，从成交来看，它本身就应该是个推动浪，反映了回补盘不断进入的浪潮，见图 5-2。更不用说波动结构也是推动浪，这样从低点上行延绵放量逐波抬升的走势，是延伸推动浪第一子结构的一部分。假如看懂这波行情的话，后面的策略自然就不用多说了，如果后面股指有反压，应该是买而不是卖，千万不要搞反了。

原则上讲，本着大跌之后一切谨慎的原则，暂不将现在的上行定义为重新推动上行会好些，因为它既可以是推动浪，也可以是 5-3-5 的锯齿型 B 段。

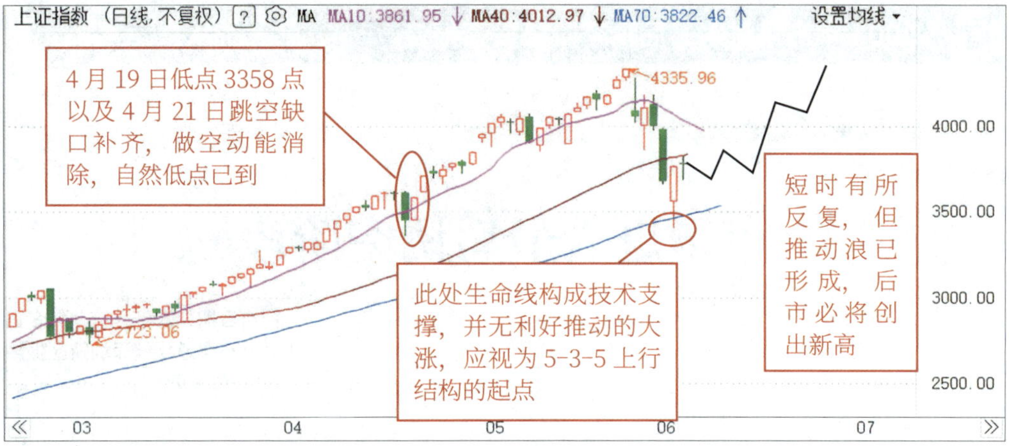

图 5-2　2007 年 3 月 22 日至 6 月 6 日上证指数日线图

但不管是哪种股指都是要上行的。所以，这里应回补原先损失的仓位。

现在可以说第 IV 锯齿型修正已经告一段落了，后面就是机会，股指未来再创新高毫无问题。所以，应准备做多。

三、验证

1. 对行情的判断以及结构的分析都进行了精准预测，准确判断行情在急跌后已经转势，建议补仓操作。

2. 事后验证此处正是锯齿型修正的 B 浪反弹，6 月 5 日形成了双底形态的第一个底。2007 年 10 月 18 日沪指创出年内新高，涨幅达到 80%，见图 5-3。

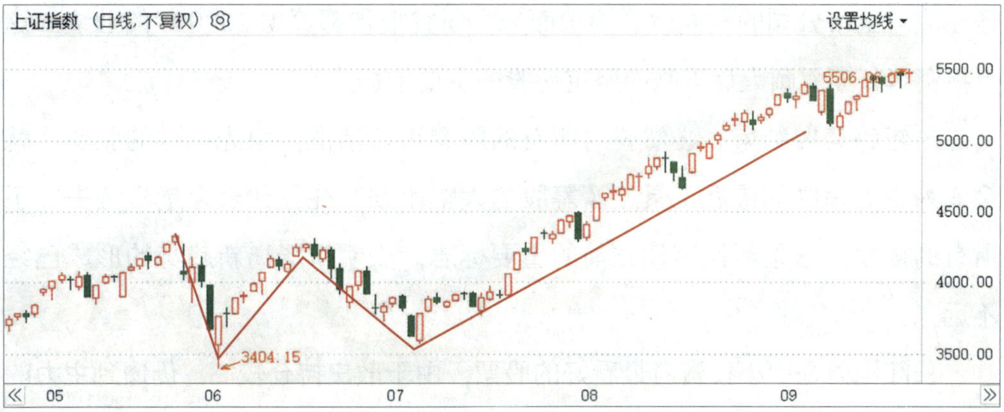

图 5-3　2007 年 5—8 月上证指数日线图

2005 年市场进入最后诱空阶段投资报告

5.12 市场进入最后诱空阶段

报告日期：2005 年 5 月 28 日
发布渠道：《深圳特区报》

本周大盘在历经试点方案冲击后，在 1100 点关口宣告失守，同时回补了“5 · 19”行情的最后一个跳空缺口。我们认为本周每天 20 点的震荡幅度和 100 亿元的成交量是市场强势特征的表现，目前的市场是典型的大鱼进场和虾米奔逃的博弈格局。“千点论”作为短线主力的诱空手段，市场最后一个杀跌工具“长江电力的破位下行”的出现宣告大盘的诱空行情已接近尾声。

一、长江电力是打压大盘的最后工具

在中国联通、宝钢股份相继破位后，长江电力也在本周向下突破横盘 16 个月的平台，带动大盘跌破 1100 点关口，扬子石化、招商银行也跟进补跌。

这批散户持仓比例极高的股票，一旦破位，对投资者的心理影响是极大的。

投资者对长江电力的长线判断是：只要三峡工程不停机，只要长江的水还在流，上市公司的利润就会滚滚而来，研究报告都算出 2020 年的业绩，这是投资者长期忍耐大盘下跌而坚定持股的主要依据。

一轮趋势要结束，必然要对所有的股票进行清洗，原先抗跌的股票，就会成为主力杀跌的最后工具。蓝筹股的大幅杀跌，往往代表存量资金失去了所有的信念，这是新秩序建立前的重要标志，表明市场离新趋势的形成已经不远。

长江电力是中小投资者最看好的股票，由于散户持仓较高，仍遭到主力的无情清洗。作为最后一个补跌的指标股，我们认为大盘杀跌行情已经接近尾声。

二、“千点论”是重要的诱空手段

上证指数位于 1200 点以下，市场拼命去讨论非流通股减持，主力机构借助舆论环境抛出“千点论”的观点，得到散户的一致赞同。

难道大资金要在 1200 点以下逃命？在全流通开始试点的时候撤退？作为 4 年熊市的牺牲者，投资者当然不会选择 1200 点以下割肉出局。

主力机构在这个时候抛出“千点论”，目的是使投资者相信大盘会跌到千点以下，诱使他们先在 1100 点区间割肉出局，再从 1000 点以下补回。

我们认为，大资金在该时期内的目的是借助每次股权分置的消息，制造大阴线，让投资者在一次次股权分置的解决中，一次次失望，乃至彻底绝望，最后缴械投降。

目前的市场是典型的“大鱼”进场和“虾米”奔逃的博弈格局。每天 20 点以上的震荡幅度与 100 亿元的成交量是市场强势的表现，现在市场的参与程度不能和 2000 年时相比。

三、咬紧牙关挺过黎明前的黑暗

在长期市场的形态上，1200 点以下有一个补量的过程。我们认为，大盘在 1200 点以下的量能堆积还不够，股市由熊转牛的时点还没有到来。

虽然大盘最终的转折时点还没有到来，但是投资者在黎明即将到来之前，要咬紧牙关，度过中国证券市场这个最难熬的时期。

2005 年市场转折年大战略投资报告

5.18 市场转折年大战略

报告日期：2005 年 3 月 31 日
发布渠道：《价格与时间》周刊

2005 年 3 月行情以长阴收报，春季行情仅仅展开了 1 个月，就匆忙夭折。自 2001 年以来，上证指数和深成指 R 数次下跌，该挤泡沫的挤了，该与国际接轨的接了，该加息的加了，该试点的试了，还有什么比股权分置问题更利空的政策呢？无论从管理层的思路，还是从证券市场结构性调整的要求来看，A 股市场都面临着重大机遇。

一、市场扩容：用市场控制市场

自 1996 年十二道金牌造成大盘急跌以后，管理层对干预市场的行为进行了反思，于是渐渐远离市场，但又被投资者叫作“不作为”。从管理层的角度来看，对于市场既要少加干预，又要能够控制住。

所以我们看到了大规模基金的设立，看到了大市值股票的发行。其目的就是稳定市场，并且要通过市场的力量来控制市场，它本身的作用并不是为了打压市场。

我们进行如下假设：如果目前的市场是一个管理层还能够控制的市场，如果市场自身规律还需要，那么在中国经济环境需要稳定的背景下，也得“一个台阶一个台阶”下跌。由此我们可以这样推论，三月急跌后市场已经下了一个台阶，这正是后市的机会所在。

目前市场正面临最难熬的阶段，各种利空传闻遍布，关于止损技巧的讨论成为研究热门。我们认为，目前正是大资金逢低介入的好时机。

二、股价回归：为股权分置让路

为什么大部分的公司又出现加速下跌呢？我们认为这是在为股权分置问题让路。

让路的理论依据便是“与国际接轨运动”。从上述分析背景看，“与国际接轨运动”只是股价回归的一个幌子，或者只是市场找到的一个解释的理由，股价向净资产靠拢的最终目的，还是为股权分置问题让路。而在股权分置问题的最终解决上，国家利益和投资者利益不可能“双赢”。

目前有 100 多只股票跌破净资产，从“与国际接轨运动”的积极层面解释，就是使绝大部分上市公司加速回归，未来在股权分置问题的解决和流通股东的补偿问题上，使国家付出的代价最小化。目前市场基本都以“净资产”为国有股退出的底线，跌破净资产后，使以净资产作为“保底”原则的思路难以继续。因此在不少股票跌破净资产的情况下，再去探讨股权分置问题的解决，无疑是刻意打压市场。

另外，A 股的净资产高于面值的主要原因，是由于投资者溢价申购的“贡献”。所以如果流通股与非流通股存在较大差价，必然会促使国有股进行大规模套利，即使启动流通股股东的补偿机制，也难以使资金面达到平衡。

同时以流通股股东补偿机制作为解决上述问题的出路，其资金来源尚不能明确。所以，我们认为股权分置问题的解决办法，不可能在一两年内推出，市场中任何关于股权分置问题的时间表或者试点的传闻，都是主力机构刻意诱空的工具。

三、超级主力进场伴随各种利空

目前各机构将大盘下跌的原因，已经归咎到“1500 亿元海外游资撤退 A 股”和“加息”的问题上。

要知道，这样庞大的机构要撤退，绝不会放出口风。况且，这样庞大的资金入场与退场最少要有 30% 的大盘空间。这两年大盘都没有过“像样”的行情，即使是两年前的存量主力，也不至于选择 1200 点以下杀跌。

说到加息，也是来自各研究机构对加息前景的预测。我们认为，这些咨询机构不代表证监会，更不代表中央银行。

有人散播这些消息的目的，就是要在市场中制造恐慌，以打压建仓为主要策略。我们分析过，目前的市场洗盘，早已不再以清洗散户为目的，逼宫是为了使私募基金和与私募基金性质类似的券商委托理财资金缴械投降。

的确，现在是自营资金坐不住的时候了，在经历了2004年漫长的下跌之后，这类资金本以为熬过了冬天，但是却在春季行情中“再挨一刀”。根据我们了解，目前市场活跃的私募基金已经到了悬崖边缘，能跑则跑，悲观之极。即使已经是5元以下的股票，不少江浙游资都按照8折甚至6折的价格打折平仓。

此筹码正是超级主力打压大盘的目的。

四、坚定信心，主动买套

老股民看到目前市场中密密麻麻2~5元价格的股票，仿佛回到了1996年和1999年的年初。在那两波牛市行情发动一年后，市场中5元以下的股票是不可想象的，竟如此“便宜”。廉价筹码在涨起来后，是如此珍贵。

要知道，没有永远下跌的市场，从整体的绝对股价来看，目前A股也到了面临转折的关键时刻，投资者需要咬紧牙关，坚定信念，争取到“抗战”最后胜利！

2005 年解套全方略投资报告

5.19 解套全方略

发布日期：2005 年 1 月 4 日
发布渠道：《中国证券报》

猴年市场并没有走出“猴性”行情，反而泾渭分明地出现两次单边市，以 250 点的阴线在全年最低点收报，使中小投资者再次告别“微利时代”。

与 2003 年相比，2004 年投资者的亏损面积在增大，市场在寻找“二八”规律和“一九”规律的背后，是亏损与套牢的痛苦。我们研究了 2004 年投资者套牢的各种原因，从操作策略方面提供了三种解套的方法。

一、三种解套方法

1. 深套投资者

套牢幅度：40% 以上

对策：改变操作风格

2004 年跌幅超过 50% 的股票达到 56 只，以跳水庄股为主。“德隆系”的垮台和一些券商重仓股的被迫减持成为这一轮下跌的主要原因。这些股票事先没有任何征兆，而且下跌迅猛，使投资者难以出局。好在庄股筹码集中度较高，一般不被投资者所大量持有。

2004 年庄股跳水后，跌停天数与以往相比有增加的趋势。跳水庄股在急跌之后，往往还有一个缓跌的过程，投资者往往在抢反弹的过程中被缓跌阶段深套其中。

虽然该类股票的基本面都尚有可圈可点之处，但是在经过庄家大肆出货之后，股性变差，往往要经过相当长的时间，才能恢复元气。比如 1994 年跳水出货的重庆药业（600666），1999 年跳水的轻纺城（600790）等，在后来长达数年的股市中都难以跑赢大盘。

持有这类股票的投资者往往都是短线客，其策略是火中取栗、刀口舔血，特点是自以为是、自作聪明，但其结果却往往得不偿失。

教训：即使在 2005 年行情中，也应该尽量避免操作跳水庄股。

策略：持有的庄股应该在任何一次反弹中卖出。

2. 中套投资者

套牢幅度：25% 左右

对策：形成自我风格，反向思考

第一季度的大反弹行情由“积极政策”引导，又在“政策降温”中见顶，“国九条”与“宏观调控”成为影响市场的主线索，市场投资理念在“核心资产”大旗倒下之后，再次迷茫。

2004 年年初，核心主力机构向中小散户全面兜售“价值投资”概念，使“核心资产”概念深入人心，并借“国九条”推出之际，将中国联通等核心资产类股票全面出货。核心资产类股票大幅下跌，表面上看，是受到宏观调控影响“泥沙俱下”，但实际上却是超级主力减持所致。

目前的中国联通筹码极为分散，大量散户持有千位数量级股票的联通，因此不看好这类大蓝筹的后市。虽然联通等股票目前的基本面状况，和 2 月见顶时并没有太大变化，但其股价却被腰斩。其属性类似于 1996 年后的安徽马钢股份和 1999 年深发展 A 等股票。

该类股票未来走势会逐渐趋于平缓，但仍然有一些有利因素使该类核心资产股票产生波段行情，甚至是“局部牛市”。比如：①部分被套中级主力的补仓；②新基金发行后的资金配置需要；③大盘上升行情末期，主力拉抬指数所用。

教训：主力制造定式是为了打破定式，投资者要学会反向思考。股市中赚钱的人是少数，不要盲从于舆论。

策略：所套股票往往是大盘蓝筹，受基金青睐。未来发行新基金，会有一定的资金配置需求，大盘蓝筹不会跑输大盘，可进行补仓操作。

3. 浅套投资者

套牢幅度：10% 左右

对策：学会休息

他们是难以忍受空仓寂寞的职业股民，往往是在第一季度成功出局后，又奋勇鏖战，长期泡在市场中，不肯错过任何一波行情。

在投资技巧上，他们往往有自己的心得，在一年的战斗中，也有过经典的成功案例。但在我国目前交易费率不低的情况下，经不起消耗战。最终被无数的小伤口割出大病，反胜为败。

教训：避免频繁交易，心态放平，勇敢止损，学会休息，耐得住空仓的寂寞。

策略：把握住一年一次的市场机会，采取后验性的看盘策略，底部出现之后再进场不迟，可买入投机性较强的中小盘次新股。

二、2005 年应继续关注市场冷门

2005 年投资者的收益较 2004 年会有所扩大，有以下投资情绪值得注意：

1. 不少投资者对后市悲观失望，采取壮士断臂的策略，年底前留出不小的现金比例。

2. 不少投资者认为 2005 年指数甚至会跌到负 300 点，是典型的泄愤心态。

3. 不少投资者认为短期传闻 C 股市场推出、新股询价发行、国有银行等大蓝筹上市、股权分置解决时间表推出等，是大盘创新低的理由。

我们认为以上现象是市场形成底部的必要条件，在年底各研究报告与基金策略报告都难以指出 2005 年投资重点时，这正是市场的重要机会。其情形与 1995 年年底和 1998 年年底类似。

我们认为 2005 年行情在开年初期的短暂迷茫中，将形成重要低点，2005 年的行情高度将大大超过 2004 年，高点将在下半年出现，股价翻番的股票不低于 50 只，50 元以上价格的股票不低于 20 只。

投资的重点方向是：①新核心资产的复苏行情，如银行类股票；②恐新情绪带来的新股低点，如高价小盘次新股。

后　记

这本书的完成，让我也有机会再次审视当年的自己。这些年来每一次成长都有历史来见证，无论错还是对，都是自己曾经拥有的经历。我想这些错误也都是弥足珍贵的，每个人都是这样一步一步走来的。

一轮轰轰烈烈的创业板牛市，在市值管理的推动下，我有幸抓住了它，深知成功的艰难，投资系统的建立是多么来之不易。

1995 年 10 月，我的技术启蒙老师曹志刚先生预测了“1996 年 1 月 19 日 520±10 点将见历史大底”。四个月以后，该预言成功应验。从此我知道，股市可以进行有效预测。

在我的成长过程中，还受到了很多恩师的指导点拨，赵光波先生是投资心理学的引路人，方继专先生是股市交易学的老师，龚昆林先生为我树立起完善的投资哲学体系，刘立新先生帮助我进一步丰富了技术模型。

特别要对多先生致以崇高敬意！先生作为 30 年前的投资大佬，在股市中修行半生，通晓投资，参悟人性，如今隐忍精进，布施社会，身在局中，心在局外，让我看到榜样力量，也更加勤奋地投入市场。

三十年一路走来，还有一位在资本市场纵横捭阖的带头大哥，在中国股市中达到了相当高度的投资大师，对我悉心指导，成为我进入机构投资领域的引路人。他睿智达观，具有英雄之风、人性之美，让我钦仰不已，使我有幸领悟了股市人生真谛。

历史总是为成功者书写，我们看不见失败者的历史，也很难去了解成功者曾经失败的过去。浮躁和喧嚣日益充斥着我们的工作和生活，理智知性的声音越来越稀少，能袒露自己观点和思路的人也越来越少。

宁静才会纯洁，孤独才有高度。在市场巨人面前，我们都是学生。

丁　洋

读者心得

读者心得